MÉMOIRES

DE

LOUIS XVIII.

IMPRIMERIE DE VANDERBORGHT FILS.

MÉMOIRES
DE
LOUIS XVIII,

RECUEILLIS ET MIS EN ORDRE

PAR M. LE DUC DE D****.

TOME SECOND.

𝔅𝔯𝔲𝔵𝔢𝔩𝔩𝔢𝔰;

LOUIS HAUMAN ET COMP^e.

1832

MÉMOIRES
DE
LOUIS XVIII.

CHAPITRE PREMIER.

Tableaux de famille. — La princesse Clotilde est demandée solennellement en mariage. — Embarras de l'ambassadeur. — Le comte de Provence représente le prince de Piémont. — Cérémonie du mariage. — Épigramme. — Le *Connétable de Bourbon*, tragédie. — Le comte de Guibert. — Le comte de Provence va en Savoie. — Le poète Ducis. — Chambéry. — Le roi de Sardaigne. — La reine sa femme. — Le prince de Piémont. — Le reste de la famille. — Scène dans la loge royale pendant la représentation de *Roméo et Juliette*. — Adieux à la royale famille. — Rentrée à Versailles.

Le mariage de la princesse Clotilde allait être conclu incessamment. Je devais l'épouser par procuration, puis conduire la comtesse de Provence à Chambéry, où nous trouverions la famille royale de Piémont. J'avoue que ce rôle tout nouveau pour moi, et qui allait me montrer, pour la première fois, à une partie de la France, ne laissait pas que de me causer quelque souci. Je voulais paraître à mon avantage ; car j'ai toujours regardé comme un devoir chez un prince de chercher à plaire et à se faire aimer, sans toutefois sortir de la dignité qui convient à son rang.

Le comte de Viry, ambassadeur du roi de Sardaigne à la cour de France, et remplissant dans cette circonstance les fonctions d'envoyé extraordinaire, vint à Versailles, le 8 août 1775, faire la demande solennelle de la princesse Clotilde. Le prince de Marsan alla la chercher à Paris dans le carrosse du roi, et accompagné du cortége d'usage en pareille circonstance. Le comte, quoique homme d'esprit et de sens, faisait quelquefois des sottises dont il était la première victime. Il paraît que dans cette occasion le roi de Sardaigne crut avoir à s'en plaindre ; car il le rappela quelque temps après, et le disgracia d'une manière éclatante.

Le duc de Villeroi, capitaine des gardes du corps, reçut au château l'envoyé du roi de Sardaigne, et le conduisit auprès de S. M., à laquelle il fit la demande en mariage selon la forme usitée. Le roi lui accorda la main de la princesse Clotilde avec une satisfaction que nous partagions sincèrement, car nous voyions son bonheur dans cette union.

Le comte de Viry passa chez moi pour me remettre la procuration de mon futur beau-frère ; puis il se rendit à l'audience du comte et de la comtesse d'Artois, de mesdames Clotilde et Elisabeth, et de nos tantes.

Le 16, l'ambassadeur de Sardaigne fut appelé à Versailles pour la signature du contrat. On observa le même cérémonial en cette circonstance que lors de la demande en mariage. Le comte de Viry dîna à une table particulière, dont Bonnet d'Egvilly, maître d'hôtel du roi, fit les honneurs. Quelque temps avant l'heure fixée pour les fiançailles, l'envoyé de Sardaigne, précédé de son cortége et suivi de plusieurs seigneurs piémontais, sortit de la salle des ambassadeurs pour venir me joindre en ma qualité de représentant du prince de Piémont. Je l'attendais entouré des officiers de ma maison ; il avait à sa droite le prince de Marsan, et à sa gauche Solosar, l'introducteur des ambassadeurs. Après m'avoir fait son compliment, il me pria de venir chez le roi, où tout était disposé à nous recevoir.

Je ne sais ce qui se passa dans ce moment en M. de Viry ; mais il est certain qu'il se troubla, et son discours s'en ressentit. J'en aurais ri, si un prince pouvait rire dans une circonstance si solennelle. Quant à moi, je lui répondis quelques phrases assez bien tournées ; puis nous nous mîmes en marche. J'avais à ma gauche l'ambassadeur, et le prince de Marsan à ma droite. Le grand maître des cérémonies, qui nous attendait au grand escalier, nous conduisit dans le cabinet où nous trouvâmes le roi assis au haut bout d'une longue table. J'allai prendre place près de lui. L'ambassadeur parut moins troublé dans le discours qu'il lui adressa. La réponse du roi prouva que S. M., ce jour-là, n'avait pas la prétention de se mettre en frais d'éloquence.

Sur ces entrefaites, le marquis de Dreux alla avertir la reine de se rendre près du roi. Marie-Antoinette se mit en marche, escortée du comte de Tarannes, son chevalier d'honneur, et du comte de Tressé, son premier écuyer. La comtesse de Provence et nos trois tantes suivaient la reine, accompagnée de leurs chevaliers d'honneur et de leurs premiers écuyers. Venait ensuite la princesse Clotilde, entourée des princesses et d'un grand nombre de dames. Le comte d'Artois donnait la main à madame Clotilde, dont madame Elisabeth portait la queue; les princesses avaient à leur côté la comtesse de Marsan, gouvernante des enfans de France, et la princesse de Guéméné, gouvernante en survivance. Le cortége arrivé dans le grand cabinet, chacun se plaça à la table selon son rang. Les ducs d'Orléans et de Chartres, les princes de Condé, de Bourbon et de Conti ne s'y montrèrent point, parce que, prétendant aux honneurs rendus aux fils de France, on ne leur accordait que ceux qui étaient dus aux princes du sang. Cette difficulté, qui nous priva de leur présence, ne les empêcha pas de signer le contrat, où l'ambassadeur de Piémont eut l'honneur de placer son nom à côté de celui du duc d'Orléans. Lorsque cette cérémonie fut achevée, le cardinal de la Roche-Aymon, grand-aumônier, célébra les fiançailles, et je fus ramené par le cortége qui m'avait conduit près du roi.

Le 21 suivant, on procéda à la bénédiction du mariage, où je représentai encore mon beau-frère. Le soir, nous eûmes un banquet splendide, puis les fêtes se succédèrent. On ne ménagea pas non plus les plaisanteries sur l'embonpoint précoce de la princesse Clotilde ; et le marquis de Montesquiou, qui se piquait de manier facilement la satire, accoucha, dans cette circonstance (ce fut son expression), du quatrain suivant :

> Le bon Savoyard, qui réclame
> Le prix de son double présent,
> En échange reçoit madame ;
> C'est là le payer grassement.

Je fus l'unique confident de l'auteur de ces vers, et je lui gardai fidèlement le secret ; car ma femme aurait pu prendre assez mal ce badinage. Du reste, tous le rimeurs voulurent s'approprier l'œuvre du du marquis de Montesquiou, qui circula bientôt dans tout Paris.

Ma sœur Clotilde se séparait avec un vif chagrin de sa famille ; elle versa des larmes amères en quittant Elisabeth qu'elle aimait tendrement et qui partagea sa douleur. Le ciel avait donné à ces ames pures la vertu des saintes, et il ne leur ménagea pas les épreuves qui attendent la vertu dans son passage sur la terre.

Au milieu des fêtes données à cette occasion, on nous gratifia d'un mauvais ouvrage dont les philosophes faisaient grand bruit. Ce fut une tragédie du comte de Guilbert, intitulée *le Connétable de Bourbon*. Cette pièce, aussi mal conçue qu'exécutée, ne brillait que par la mise en scène, la beauté des décorations et la richesse des costumes ; c'était un spectacle pour les yeux, et rien de plus.

Le sujet d'ailleurs était mal choisi ; nous ne pouvions voir avec plaisir un membre de notre famille jouer le rôle d'un traître envers sa patrie. Je fus le premier à m'en plaindre : la pièce cessa d'être représentée, et n'alla pas par conséquent à la Comédie-Française. Si j'avais besoin de justifier cet acte de censure dramatique, je dirais que ce fut charité de sauver l'ouvrage des sifflets qui l'attendaient, certes, dans un parterre.

L'auteur, le comte de Guilbert, à la fois militaire et bel esprit, faisait de la tactique et de la poésie, et échouait également dans les deux. Néanmoins il était parvenu à se faire une réputation de génie par l'insertion d'articles à sa louange dans les gazettes, et en payant largement les éloges de ses prôneurs ; les philosophes l'encensaient à charge de revanche, enfin on en faisait un homme universel et propre à tout. Le comte de Saint-Germain y fut pris ; il l'appela sous lui à la direction de la guerre ; mais il n'y resta pas long-temps, et l'on vit s'écrouler tout à coup l'édifice qu'il s'était construit avec tant de peine. Il mourut, au commencement de la révolution, d'un accès d'ambition rentrée.

La princesse de Piémont partit en grande pompe de Versailles le 27 août, pour aller rejoindre le prince son époux. Nous nous séparâmes d'elle à Choisy jusqu'au moment où je devais, avec la comtesse de Provence, la revoir à Chambéry. Voulant éviter l'ennui des réceptions solennelles, je convins avec ma femme que nous voyagerions incognito, sous le titre du comte et de la comtesse d'Alençon.

Nous quittâmes Versailles le 2 septembre suivant; et malgré nos précautions nous ne pûmes nous soustraire aux honneurs qu'on se plut à nous rendre sur notre passage. Nous voyageâmes donc bon gré mal gré au milieu des *vivat* et des complimens qui plurent sur nous à l'envi.

J'avais avec moi le poète Ducis, alors mon secrétaire, homme aussi spirituel que probe. J'aimais sa personne, et je devinais toute la noblesse de son ame, qui devait se manifester plus tard. On l'accusait d'affecter trop d'indépendance, ce qui voulait dire qu'il n'était ni flatteur ni rampant. Comme poète, il manquait peut-être de ce génie qui sait embrasser un vaste ensemble; mais il brillait par des détails remplis de grace.

Ducis devait faire représenter à Chambéry, devant la famille royale de Sardaigne, sa tragédie de *Roméo et Juliette*. J'avais du plaisir à parler avec lui littérature, histoire et philosophie. Il était alors attaché au parti encyclopédique, mais non en séide, et avec des réserves qui maintenaient son allure indépendante. Naturellement religieux, il ne pouvait approuver l'athéisme dont ces messieurs se faisaient gloire. Aussi ce ne fut pas à ce titre qu'il recueillit plus tard, à l'Académie, l'héritage de Voltaire.

Nous arrivâmes à Chambéry le 8 septembre. La princesse Clotilde y était déjà depuis le 6. Le roi Victor-Amédée III, accompagné de toute sa famille, s'était rendu aux Échelles pour recevoir sa nouvelle épouse. Nous nous embrassâmes tous comme de simples particuliers, et notre joie eut la même franchise.

Le roi de Sardaigne, mon beau-frère, était peu favorisé du côté de la beauté; mais il avait des qualités qui compensaient amplement ce désavantage, et le faisaient chérir sincèrement de son peuple. Il me présentait, telle que je me la figurais, la royauté des temps antiques, avec ses formes à la fois simples et solennelles. Peut-être lui aurait-on désiré une piété plus éclairée. Il avait surtout en horreur les philosophes; et, craignant Dieu jusqu'à la superstition, il me témoigna la crainte que le Ciel punît le roi de France de la protection tacite qu'il accordait à ces ennemis de Dieu. Il aimait les arts et accordait peu d'importance à la littérature. Du reste, sa vie privée était réglée comme celle d'un couvent : on faisait en commun les prières du soir et du matin; on entendait une messe chaque jour, et souvent deux; on assistait à l'office l'après-midi; bref, c'était aussi édifiant que triste. Ma sœur Clotilde s'arrangea parfaitement de cette existence, qui la fortifia encore dans sa dévotion.

La reine, infante d'Espagne, aurait préféré moins de jouissances en perspective dans l'autre monde, et plus de plaisirs dans celui-ci ; elle n'en avait d'autre que celui de rire aux dépens des hommes et des femmes de la cour de Sardaigne, dont les habitudes lui semblaient fort étranges : on m'a assuré qu'elle ne dédaignait même pas d'étendre ses railleries jusque sur la haute bourgeoisie de Turin. Elle aimait la galanterie espagnole, les sérénades nocturnes et les assemblées d'éclat. Cette princesse me fit l'accueil le plus gracieux, d'abord en ma qualité de gendre et ensuite par la triple alliance qui unissait nos maisons ; elle savait par cœur le règne de Louis XIV, et m'aurait presque demandé des nouvelles de toutes les personnes qui composaient sa cour, si mon air de jeunesse ne l'eût fait souvenir que je devais y être à peu près étranger. La princesse n'avait jamais été jolie, mais elle avait toujours cru l'être, et se parait avec autant de soin que si ses attraits eussent brillé de tout leur éclat.

Le prince de Piémont, plus âgé que moi de quelques années, me surpassait aussi en sagesse. Peu belliqueux, il était plus occupé d'assurer le salut de son âme que d'acquérir de la gloire. Il se faisait un scrupule du moindre divertissement que n'autorisait pas son confesseur. Je ne sympathisais nullement avec ses goûts, et j'avoue que si j'avais eu grand empressement à le connaître, je n'en eus pas moins à le quitter; car mes habitudes s'arrangeaient difficilement de tant d'austérité.

Ses quatre frères, les ducs d'Est, de Mont-Ferrat, de Genevois, et le comte de Maurienne, ne comptaient guère encore par leur grande jeunesse, et n'ont pas compté davantage depuis, quoique deux d'entre eux soient montés successivement sur le trône, en 1802 et en 1820.

Il existait encore un frère du roi sous le nom du duc de Chablais : excellent prince, qui divisait son temps en trois parties égales, consacrées au sommeil, à la prière et à la chasse.

Outre les comtesses de Provence et d'Artois, la famille royale de Piémont était encore composée de deux autres princesses. La première venait d'épouser dans la même année son oncle le duc de Chablais ; la seconde se maria plus tard avec le prince Antoine de Saxe. Ainsi nos liens de parenté se resserraient chaque jour avec les trois ou quatre maisons d'Europe qui avaient seules le privilége de donner des femmes à la maison de Bourbon. Je ne parlerai pas, et pour cause, de la branche de Carignan, bien que, selon toute probabilité, elle soit appelée à recueillir la succession d'Amédée de Savoie, dit le comte Vert.

Les Piémontais cependant sortirent de leur réserve accoutumée pour nous bien recevoir. Notre présence donna quelque vie à Chambéry. La représentation

Roméo et Juliette eut lieu le 20 septembre. Ducis, pour me complaire, avait inséré dans le quatrième acte le portrait d'un roi chéri, qui arrivait là comme mars en carème. J'en ai retenu ce mauvais vers, qui faillit faire crouler la salle sous le bruit des applaudissemens; tant on accueillit avec enthousiasme CE ROI CHÉRI,

<blockquote>Qui prête au diadème un charme inexprimable.</blockquote>

« L'affectation que les spectateurs mettaient à se tourner vers la loge royale, en claquant des mains à tout rompre, causa un vif attendrissement à mon auguste beau-frère, qui ne chercha point à le dissimuler : on vit des larmes s'échapper de ses yeux, en même temps qu'il demandait à la princesse Clotilde de lui donner un exemplaire de la pièce qu'elle tenait, afin de voir si les vers qui causaient tant de rumeur se trouvaient imprimés, et j'eus la satisfaction de lui faire remarquer que Ducis les avait fait ajouter à la feuille primitive. Cette galanterie valut à mon poète..... des remercîmens. J'attendis jusqu'au départ, pensant qu'il recevrait quelque chose de plus positif; mais ne voyant rien venir, je crus devoir réparer l'oubli de mon beau-frère en faisant à l'auteur un cadeau digne de son aimable attention. De retour à Paris, Ducis eut la délicatesse de prétendre qu'il tenait du roi de Sardaigne le bijou que je lui avais donné. Je lui en sus bon gré, car je n'aurais nullement aimé que le nom de mon royal beau-frère fût associé à quelque persifflage.

Il n'est si bonne compagnie qu'on ne quitte, dit le proverbe. Je dus donc songer à me séparer de Clotilde et de sa nouvelle famille. Ma sœur pleura beaucoup ; la comtesse de Provence, toujours réservée, mit de la dignité dans sa douleur. Quant à moi, la mienne fut modérée, et se reporta toute sur la princesse de Piémont. Nous partîmes de Chambéry le 25 septembre. Le soir, à huit heures, nous allâmes souper au palais de Remise, et le lendemain nous fîmes notre entrée à Lyon à la brune et en grande pompe, car notre incognito ne fut pas respecté.

Flesselles, l'intendant, se distingua dans cette circonstance. Nous ne prévoyions guère alors la fin cruelle qui lui était réservée. C'était un homme sincèrement dévoué à la famille royale, bon administrateur, mais manquant de fermeté : aussi était-il peu propre aux fonctions de prévôt des marchands, auxquelles on le nomma plus tard à Paris.

L'évêque de Mâcon nous fit les honneurs de la ville en l'absence de l'archevêque Malvin de Montazet. Nous remarquâmes surtout le chapitre abbatial de Saint-Juste, connu sous la qualification de Comtes de Lyon. Le 28 nous couchâmes à Roanne, le 29 à Nevers, le 30 à Montargis, et le 1er octobre, après avoir dîné à Fontainebleau, chez le marquis de Montmorin, nous prîmes la route de Versailles, où nous arrivâmes à sept heures du soir, fort enchantés de notre voyage, et non moins contens d'être de retour.

La famille royale nous attendait avec impatience pour avoir des nouvelles de Clotilde et nous questionner sur la cour de Piémont. Lorsque nous eûmes satisfait à toutes les questions, nous demandâmes à notre tour ce qui s'était passé pendant notre absence. La matière ne manquait pas : cependant on ne nous conta les choses qu'à demi ; mais, comme on va le voir, il se trouve partout des âmes charitables qui ne regardent pas la médisance comme un péché : on ne nous laissa rien ignorer.

CHAPITRE II.

On se dispute la surintendance de la maison de la reine. — On voudrait en charger la comtesse d'Artois. — Le comte de Provence éclaire son frère sur ce piége. — La brigue continue entre les duchesses de Chartres et de Bourbon. — Propos de la reine. — Les courtisans se font des droits des faveurs des princes. — La maréchale de Mouchy donne sa démission. — La princesse de Chimay. — Maladresse de madame de Lamballe. — Elle lasse la reine. — Les princes du sang disputent au duc d'Angoulême l'*Altesse Royale*. — Acquisition de Runay. — Détails sur la cour. — Le comte d'Artois trop lié avec le duc de Chartres. — Mort du maréchal de Muy. — Intrigues pour le remplacer. — Le comte de Saint-Germain. — Discussion avec la reine au sujet du *Connétable de Bourbon*. — Couplets infâmes contre Sa Majesté.

Le mois de septembre 1775 fut fertile en événemens. J'ai déjà dit que la reine, fort attachée à la princesse de Lamballe, désirait la rapprocher de sa personne, et, dans cette intention, elle avait fait rétablir la charge de surintendante de sa maison. Cette nouvelle faveur, qui faisait grand bruit à l'avance, fut déclarée publiquement le 19, par la prestation de serment d'usage. Dès que les duchesses de Bourbon et de Chartres en eurent l'éveil, elles mirent du monde en campagne pour obtenir cette charge dont les avantages devaient être immenses.

Ce fut à qui se mettrait sur les rangs ; les cabales se croisèrent; il y eut des gens qui, dans leur ignorance des convenances, m'engagèrent à demander la place pour la comtesse de Provence. Je répondis qu'elle était de trop bonne maison pour se mettre au service de personne, et qu'elle était trop honorée d'appartenir à Marie-Antoinette par le titre de belle-sœur, pour chercher à en ajouter un autre.

A mon défaut, on voulut mettre cette fantaisie dans la tête de la comtesse d'Artois, qui, vive, étourdie, avait souvent besoin que sa sœur lui rappelât le rang élevé qu'elle occupait. Elle s'enthousiasma tout d'abord de la charge de surintendante, et en parla à son mari, qui, non moins inconsidéré qu'elle, la laissa agir comme bon lui semblait. Dès que je fus instruit de cette folie, j'allai m'en expliquer avec le comte d'Artois, à qui je dis franchement ma pensée.

Mon frère, qui tenait autant que personne aux prérogatives de son rang, comprit, dès mes premières observations, que la charge en question était indigne de la femme d'un petit-fils de France; il rougit de l'acquiescement tacite qu'il avait donné, et me promit de s'opposer à ce que l'intrigue fût poussée plus loin. En effet, il eut le soir même une explication avec la comtesse d'Artois, à laquelle il fit connaître sa résolution.

Ma belle-sœur, sortant alors de son aveuglement, renonça sans bruit à des prétentions qu'elle n'aurait jamais dû former. La reine, d'ailleurs, comme on le sait, avait d'autres vues; elle destinait cette place à madame de Lamballe. Cependant je doute que sa vanité de reine n'eût pas été flattée d'avoir à son service une princesse de la maison de Piémont.

Le champ resta donc libre de ce côté aux deux concurrentes, les duchesses de Chartres et de Bourbon. Chacune

Avait sa brigue et de nombreux suffrages,

comme dit l'Esther de Racine. La reine, pour échapper aux diverses sollicitations, répondait que le rétablissement de la charge de surintendante n'avait pour but que d'approcher plus intimement de sa personne quelqu'un qu'elle affectionnait, et que par conséquent on ne devait pas la forcer dans son choix. Les deux princesses se virent donc obligées de céder le pas à l'amie de Marie-Antoinette. Mais il restait d'autres obstacles à vaincre, car les princes de notre maison, loin d'être, comme les charbonniers, maîtres chez eux, sont les serviteurs très soumis de toutes les prétentions de ceux qui les entourent. Chaque grace qu'ils accordent sont autant de chaînes qu'ils se préparent pour l'avenir;

il est rare qu'on ne regarde pas comme un droit une faveur qu'on a reçue de nous ; c'est un abus dont la révolution nous a affranchis quelque peu, et encore cherche-t-on quelquefois à nous ramener dans ce cercle vicieux.

La maréchale de Mouchy, dame d'honneur de la reine, connue autrefois sous le titre de comtesse de Noailles, sut à peine que la charge de surintendante allait être rétablie, qu'elle jeta les hauts cris, disant partout que Marie-Antoinette n'avait pas le droit de diminuer l'importance de son emploi de dame d'honneur, en en créant une au dessus. Elle appela à son aide ciel et terre, et tous les Noailles du monde, qui étaient unis comme chair et ongle. Ils mirent Versailles sens dessus dessous ; le roi fut assailli de plaintes, de placets et de mémoires. On voulut me donner un rôle dans cette comédie d'intrigues, ainsi qu'au comte d'Artois ; mais nous nous y refusâmes. La cour prit le parti de la maréchale ; cela devait être, les titulaires de charge ayant intérêt à se soutenir réciproquement.

On s'adressa au comte et à la comtesse de Maurepas ; mais ils avaient plus de crédit sur le roi que sur la reine, qui aurait souffert impatiemment qu'on voulût diriger les affaires de sa propre maison. Madame de Mouchy essaya donc en dernier ressort de parler à Marie-Antoinette elle-même, mais ce fut un tort ; car, ne sachant pas se modérer, elle défendit les droits de sa charge avec aigreur, et se vit forcée de donner sa démission. La reine saisit l'occasion au vol; depuis long-temps elle avait envie de se défaire de la maréchale, dont l'humeur refrognée lui déplaisait. Elle l'avait même gratifiée du sobriquet de *madame l'Etiquette*.

Cette disgrace augmenta encore le nombre de ceux qui s'étaient déclarés contre Marie-Antoinette; tous les Noailles et leurs alliés passèrent dans le camp ennemi et le rendirent encore plus formidable.

Il ne faut pas croire cependant que la maréchale de Mouchy se retira les mains vides, comme le fit la duchesse de Cossé, qui n'avait voulu accepter aucune augmentation de pension pour sa retraite. La première, moins désintéressée, exigea au contraire une rente de soixante mille livres, somme considérable, et qui n'était nullement en proportion avec les services qu'elle avait rendus.

La princesse de Chimay, dame d'honneur de la reine, douée d'excellentes qualités, n'en fut pas moins mordue par le chien de la cour, c'est-à-dire atteinte de la manie de rançonner le plus possible la famille royale. Elle demanda une augmentation de traitement de quarante mille livres, qui lui fut accordée; ce qui porta sa pension à cent mille livres, sans compter une somme semblable provenant de bénéfices divers. C'est une preuve qu'en ce temps-là les choses se faisaient grandement dans la royale maison de France.

Au moyen de ces sacrifices d'argent et de la fermeté que la reine déploya dans cette circonstance, après avoir écarté la comtesse de la Marche, mise en avant par le roi, je ne sais pourquoi, la princesse de Lamballe fut enfin installée dans cette surintendance que la reine notre aïeule avait fait supprimer.

Au lieu de s'attacher à satisfaire Marie-Antoinette sur tous les points, l'amie qui lui devait tout lui suscita de nouveaux désagrémens, en voulant lui augmenter l'importance de sa charge. Ses exigences semblaient devoir s'étendre fort loin; mais elle oublia d'y mettre plus d'adresse. En lassant ma belle-sœur, elle prépara elle-même sa disgrace.

Il y eut, il est vrai, des explications et des raccommodemens, mais amitié refroidie est bientôt éteinte. Le portrait de madame de Lamballe, qui était placé sur une glace dans l'appartement intérieur de la reine, en disparut, et l'intimité de tous les jours, de tous les instans, cessa bientôt entièrement. La comtesse Jules de Polignac gagnait dans l'esprit de Marie-Antoinette ce qu'y perdait la princesse, et au commencement de 1775 madame de Lamballe ne fut plus chez la reine que ce qu'on appelle proverbialement une cinquième roue au carrosse, c'est-à-dire un embarras pour ma belle-sœur, qui se croyait forcée à une continuation d'égards envers une personne qui, après avoir eu toute sa tendresse, n'avait plus que son indifférence.

J'avais prévu ce qui arriva. Je savais que la princesse de Lamballe avait trop de prétentions pour se conduire avec sagesse, et qu'ensuite elle se laissait diriger par des gens sans perspicacité; mais je dois

avouer avec la même franchise que je me trompai
à l'égard de madame de Polignac, ayant prédit aussi
que sa faveur ne serait pas de longue durée. Cependant il ne fallait rien moins que la révolution
pour la lui faire perdre. Elle dut, je crois, le crédit
dont elle jouit auprès de Marie-Antoinette à son caractère naturellement froid et peu démonstratif.
Jamais cette nouvelle favorite ne se montra contraire aux volontés de la reine ou à ses opinions; la
douceur de son commerce écarta les orages qui
troublent toujours des affections trop vives. Au surplus, je traiterai ce sujet plus au long lorsque j'arriverai à l'époque où madame de Polignac parut à
son tour sur la scène.

Je veux encore faire connaître quelques événemens qui eurent lieu cette année, mais je me bornerai simplement à les esquisser. Par exemple, les
ducs d'Orléans et les autres princes du sang refusèrent d'abord le titre d'altesse royale au duc
d'Angoulême, prétendant qu'il devait s'arrêter aux
petits-fils des rois et ne point aller au delà : il fallut toute la science du marquis de Brézé pour les
convaincre de leur tort. Je pris le parti du nouveau-né avec chaleur, car c'était défendre ma propre
cause, et, sans avoir besoin de recourir au registre
du grand-maître des cérémonies, je fis un Mémoire
qui aurait suffi pour faire condamner l'opinion des
princes, si le roi n'avait tranché la difficulté en
vertu de sa pleine puissance, en accordant au duc
d'Angoulême le titre qu'on lui contestait.

J'avais fait l'acquisition de la terre de Brunoy pour aller m'y délasser de temps en temps du tumulte de Versailles; je croyais d'ailleurs que le moyen de faire désirer sa présence était de ne pas la prodiguer. Brunoy devint bientôt mon lieu de délice. J'y fis de nombreux embellissemens, bien que mon prédécesseur y eut dépensé des sommes immenses : je dirai même, en passant, qu'on avait fini par interdire cet extravagant, parce qu'il dépensait une grande partie de sa fortune en cérémonies religieuses, tandis qu'on s'occupait à peine de ceux qui se ruinaient avec les demoiselles d'Opéra.

Le duc de Bouillon, un des hommes les plus dissipés de l'époque, et à qui une danseuse, la Guerce, avait fait tourner la tête, vendit au prince de Guéméné la charge de grand chambellan, en s'en réservant la survivance. Le roi et la reine virent avec peine cette mutation, bien que le prince de Soubise fût rentré en grace à la cour. Quant à moi, qui n'ai jamais aimé les Rohan, et qui voyais le prince Louis sur le point d'arriver à la grande aumônerie de France, je ne pouvais qu'être mécontent de nous sentir presser de tous côtés par cette famille, qui cherchait à tout envahir. Néanmoins mes représentations furent inutiles, et madame de Marsan, qui avait tout crédit sur le roi, emporta d'assaut son agrément en faveur de sa maison.

Le comte d'Artois continuait à resserrer les liens de son amitié avec le duc de Chartres, qui, par son âge, aurait dû être son Mentor; mais ce Mentor-là ne nous cachait pas la déesse Minerve. Ce n'est pas lui qui lui aurait dit de fuir l'île de Calypso; il avait au contraire intérêt à l'y conduire, et il le fit. Pour parler sans figure, ils faisaient ensemble des parties fines et des soupers chez les femmes à la mode. Je frémissais des suites d'une telle conduite, et la fin déplorable du prince de Lamballe ne sortait pas de devant mes yeux.

Le comte d'Artois était à cette époque fort épris d'une des dames de la duchesse de Chartres : il la visitait dans un incognito qui aurait été de l'éclat pour un autre. On le voyait sans cesse sur la route de Versailles à Paris. Enfin il multipliait ses étourderies sans songer que jusqu'à ce moment toutes les espérances de la famille royale reposaient sur sa tête. Je n'étais pas sans inquiétudes : j'en dis quelque chose au roi ; mais je m'en expliquai plus franchement avec la reine, qui était loin d'approuver la liaison du comte d'Artois. Cependant le moyen de la rompre? Notre frère, ainsi qu'un coursier fougueux qui n'obéit ni au mors ni à la bride, allait au gré de ses passions, sans songer ni à l'avenir ni aux conséquences qui pouvaient en résulter : il était donc difficile de lui faire entendre raison, et de le détacher d'abord du duc de Chartres. Cette liaison prit fin beaucoup plus tard, et heureusement qu'elle n'eut pas les inconvéniens que nous avions craints.

Nous eûmes à déplorer un événement bien triste : la mort frappa inopinément le maréchal du Muy, ministre de la guerre. Il était attaqué de la pierre, et ayant voulu subir l'opération, il succomba peu de jours après, au grand regret du roi, qui lui était sincèrement attaché. Nous en éprouvâmes tous un vif chagrin. La sépulture honorable qu'on accorda à ses restes dans l'église de Sens, au pied du tombeau du dauphin notre père, prouva la reconnaissance de notre famille à son égard.

M. du Muy ne laissa point de postérité. Néanmoins sa succession au ministère fut disputée avec un acharnement sans exemple : chacun en voulait, et même des gens en disgrace, tels que MM. de Broglie et de Maillebois, le duc d'Aiguillon, chaudement appuyé par son oncle M. de Maurepas ; le duc de Choiseul, qui se croyait tout possible, et le prétendu marquis de Pesay, qui, ayant l'oreille du roi, travaillait directement pour lui-même.

De toutes ces concurrences, la plus redoutable était celle du duc d'Aiguillon, et je ne sais ce qui serait arrivé s'il n'eût pris soin de se fermer tout crédit auprès de la reine par son amour extravagant pour madame Dubarry. Restait le duc de Choiseul ; mais le roi s'était prononcé de telle sorte, qu'il n'y avait nul espoir de le fléchir ; d'ailleurs, M. de Maurepas, grace aux insinuations de sa femme, avait le dessein de mettre à la guerre Montbarrey, l'un de mes serviteurs, homme toujours heureux jusqu'à la révolution, sans que rien justifiât en lui ce bonheur.

M. de Maurepas cependant, n'osant encore le

mettre en avant, le réservait *in petto*, à la manière du saint père. Il se décida donc à placer provisoirement à ce poste un ancien militaire doué de beaucoup de mérite, mais sans naissance d'ailleurs, et perdu dans la foule, car depuis long-temps on avait oublié ses services. En un mot, c'était le comte de Saint-Germain, qui, nouveau Cincinnatus, fut tiré de sa retraite obscure où il végétait en Franche-Comté, avec une pension de dix mille livres, pour être mis à la tête du ministère et nommé secrétaire d'état.

Son arrivée surprit tout le monde, car nul ne l'attendait. On crut d'abord qu'il ferait merveille; mais il développa un système de mesures mesquines et impolitiques. Il affaiblit la force de la maison du roi en supprimant les mousquetaires, les compagnies rouges, à une exception près, et en désorganisant l'armée au moyen de réglemens vexatoires et impraticables. On ne tarda pas à s'apercevoir combien ce choix était funeste; mais en renvoyant M. de Saint-Germain, on ne put détruire le mal qu'il avait fait.

En général, je crois qu'on a tort de mettre en évidence des hommes qui, par leur position sociale, sont incapables de conceptions vastes, et qui, au lieu de saisir l'ensemble, ne s'attachent qu'aux détails. Un souverain doit toujours choisir ses ministres dans les gens habitués à traiter ou à voir traiter sous leurs yeux de hautes questions politiques et administratives, afin qu'en mettant la main à la machine ils n'y soient point étrangers.

Je ne m'étendrai pas davantage sur le comte de Saint-Germain. On a tant écrit sur son compte, que ce serait répéter ce que d'autres ont dit.

Mais je ne veux pas passer sous silence la mort du grand-maître de Malte, qui eut lieu au commencement de 1776. Il eut pour successeur un Français né en Espagne, où son père avait été chercher fortune. C'était un Rohan Polduc, un de ceux que la branche princière cherchait à élaguer de l'arbre commun. Cependant cette origine, qu'ils niaient avec persévérance, fut établie victorieusement par un jugement sans appel.

La reine, qui s'était déclarée pour le comte de Guilhen, persistait encore à faire jouer sa tragédie, bien que son sujet nous parût inconvenant à tous. Je le lui avais vainement représenté ; et, abusant de son influence sur le roi, elle obtint que cette mauvaise pièce serait jouée une seconde fois. Il en advint une seconde chute plus complète que la première. Je ne pus m'empêcher de dire à ma belle-sœur en cette occasion :

— Il existe en France, madame, un tact des convenances dont on ne s'écarte jamais impunément.

Marie-Antoinette parut piquée de ces paroles, et me pria de lui en donner l'explication.

— Je veux dire, madame, répliquai-je avec une bonhomie parfaite, que la nation réprouve qu'un tel sujet soit représenté en présence de la famille royale.

La reine ne répondit rien ; mais je m'aperçus à sa physionomie que mon explication ne la satisfaisait qu'à demi.

Un soin plus important l'occupa bientôt après : nous sûmes, et ma belle-sœur l'apprit une des premières, qu'on répandait en public une série de couplets infâmes qui attaquaient la majesté du trône.

Ils parurent successivement : les premiers étaient dirigés contre la reine, et ne ménageaient pas non plus la princesse de Lamballe. J'en fus indigné, et je me hâtai d'aller chez le comte de Maurepas, pour m'entendre avec lui, afin d'arrêter la circulation de ces pièces odieuses. Mais avec sa légèreté ordinaire, il s'attacha davantage au mérite littéraire des couplets qu'aux calomnies qu'ils renfermaient. Néanmoins je parvins à lui faire sentir l'importance de remonter à la source d'où partait le venin, et nous discutâmes sur les mesures à adopter en conséquence.

CHAPITRE III.

Conversation avec M. de Maurepas sur les couplets criminels. — M. de Sartines fait des révélations tardives. — La reine est moins bien reçue par le peuple. — Elle s'en plaint au roi. — Cabale contre les trois ministres, Saint-Germain, Malesherbes et Turgot. — M. de Clugny. — Mot du chevalier de Coigny. — Détails d'intérieur du château. — Causerie avec M. de Montbarrey. — Le prince de Saint-Mauris son fils. — Commencement de la faveur de madame de Polignac. — La maison de son mari. — Anecdote d'une première nuit de noces. — Portrait de la comtesse Jules de Polignac.

Je ne sais pourquoi il me vint quelques soupçons sur la bonne foi de M. de Maurepas; peut-être étaient-ils sans fondement : mais pour plus de sûreté, après être convenu avec le comte de mettre sur pied tous les limiers de police, et en tête le lieutenant-général Albert, je résolus de consulter M. de Sartines. Il me semblait qu'il devait plus qu'un autre tenir en main les principaux fils qui se rattachaient à cette trame odieuse. Conséquemment je le fis prier de venir chez moi en secret, et il m'obéit avec un empressement dont je lui sus gré.

Je n'eus rien à lui apprendre, car il était déjà au fait de tout ; il m'en témoigna son indignation, puis il me dit avec un calme qui me causa quelque impatience :

— Ni vous, monseigneur, ni la reine, ne parviendrez à connaître les coupables, et par conséquent à les punir.

— Ils sont donc plusieurs ?

— Oui, cinq ou six, des hommes, des femmes, et tous puissamment appuyés. Je crois donc qu'il serait sage de conseiller à S. M. d'abandonner toutes poursuites ; car en restant infructueuses, elles ne serviraient qu'à augmenter la rage de vos ennemis communs.

— Ainsi donc vous les connaissez ?

— Je ne sais rien, répondit M. de Sartines en souriant tristement ; ne me questionnez pas davantage maintenant, monseigneur ; plus tard je pourrai peut-être vous en dire plus long.

Cette réponse, loin de me satisfaire, piqua ma curiosité. Je pressai M. de Sartines, mais sans succès ; il se maintint dans une réserve prudente dont il ne se départit en rien. Cependant mon zèle n'en fut point ralenti, et je fis procéder avec activité à la recherche des coupables. Tous mes efforts furent inutiles ; il semblait que les auteurs du méfait s'étaient enveloppés d'un voile impénétrable ; tant il y a, que le comte de Maurepas n'ayant pas été plus heureux dans ses tentatives, nous fûmes forcés de renoncer à en faire de nouvelles.

La seconde chanson, toujours sur le même air :

Lanlaire lanlaire, suivit de près la première, comme pour se moquer des soins que je prenais pour découvrir les lieux d'où partaient ces traits empoisonnés. Ici on mettait en jeu Bezenval, vieux berger de Cythère, lieutenant-colonel du régiment des gardes suisses, que les bontés de la reine avaient enorgueilli au point de lui faire prendre un air d'importance que rien n'autorisait. C'était le galant du jour dont on faisait honneur à Marie-Antoinette; il avait alors 54 ans, et certes elle aurait pu mieux choisir. Ces vers, où respirait la malice la plus envenimée, avaient cependant un air de vérité auquel les dupes et les badauds pouvaient se laisser prendre.

Le troisième couplet était sur l'air connu : *Vous qui du stupide vulgaire.*

La reine y était moins maltraitée; on se contentait de l'attaquer sur son mépris pour l'étiquette; mais en revanche on déchirait sans pitié les hommes et les femmes qui formaient sa société habituelle ou qu'elle admettait dans ses quadrilles. On disait avec quelque raison qu'ils n'étaient pas d'un rang assez illustre pour prétendre à un tel honneur. C'étaient MM. de Gallifet, Adhémar, de La Vauparlière, de Caraman, et mesdames de Guibert, de Neuwkerque, de Cassini, et d'Henneri.

Mais ces misérables œuvres finirent par avoir le sort qui est réservé à toutes choses de ce genre, on s'y accoutuma, et elles ne firent plus d'effet. On parvint à en dérober la connaissance au roi, ou du moins à les lui représenter comme indignes de son attention. Plusieurs années s'écoulèrent, M. de Maurepas mourut, et j'avais déjà oublié ces turpitudes, auxquelles d'autres non moins infâmes avaient succédé, lorsque M. de Sartines, me prenant un jour à part, me dit :

— Je puis aujourd'hui, monseigneur, vous révéler sans me compromettre ce que je vous ai tu en 1776. Les ducs d'Aiguillon, de Saint-Florentin, les Rohan, les Noailles, et des personnes attachées au parlement Maupeou, ne furent point étrangers aux chansons qui outragèrent si indignement la reine. Pour mieux se mettre à l'abri des poursuites, ils avaient tout avoué au comte de Maurepas; le lieutenant de police était aussi dans la confidence : et voilà la cause qui rendit vaines toutes vos recherches.

Je ne fus pas aussi surpris de cette découverte que s'y attendait M. de Sartines. J'avais des raisons pour me douter d'une partie de la vérité, et je fus convaincu que mes soupçons sur M. de Maurepas n'étaient que trop fondés. C'est ainsi que mon malheureux frère et sa femme étaient trahis par l'homme qui aurait dû leur être tout dévoué. Je gardai pour moi la révélation de M. de Sartines, qui précéda de peu de temps l'affaire du collier. Je me sus bon gré à cette époque de ma discrétion ; car si la reine eût été instruite de l'ancienne intrigue dans laquelle avait trempé le cardinal de Rohan, elle l'aurait poursuivi avec plus d'activité et sans plus de succès.

Ces libelles portaient de rudes atteintes au respect et à l'amour que Marie-Antoinette devait attendre de la nation. Elle ne s'en apercevait que trop à la froideur avec laquelle on l'accueillait à Paris. Les bouches restaient muettes, et aucun applaudissement n'éclatait à sa vue. Un soir qu'elle revenait de l'Opéra, où sa présence n'avait excité nul enthousiasme, le roi, qui l'ignorait, lui demanda comment on l'avait accueillie. La reine garda le silence, et fit un geste de dépit qui fut compris de sa majesté.

— C'est probablement, madame, lui dit-il, parce que vous n'aviez pas assez de plumes.

Louis XVI faisait allusion au goût outré de ma belle-sœur pour ce genre de parure. Marie-Antoinette, prenant mal cette épigramme, répondit avec quelque impatience :

— Je ne sais si vous seriez mieux reçu dans la compagnie de MM. de Turgot et de Saint-Germain..

La reine s'était mise à la tête de la cabale ennemie du trio ministériel, Saint-Germain, Turgot et Malesherbes. Le premier déplaisait à toute la cour, le second la ruinait par ses économies, et le troisième était un reproche continuel de sa conduite. Il n'était pas un courtisan qui, du matin au soir, ne fit des huées contre M. de Turgot principalement. La fermeté avec laquelle il tenait les cordons de la bourse royale lui était imputée à crime. Chacun travaillait à sa perte : la reine, le comte d'Artois, la princesse de Lamballe ; il était impossible qu'il résistât à de tels adversaires. Mon influence ne pouvait rien faire contre tant d'efforts réunis, et le Mentor, qui désirait sa chute, dans l'espérance qu'elle entraînerait celle de M. de Malesherbes, ne se faisait pas faute non plus d'y travailler.

Le ministre de la maison du roi était de moitié dans la cabale qui devait le renverser ; la vie de Versailles lui était insupportable, et il était à peine arrivé à la cour qu'il aurait déjà voulu en être loin. Ennemi des grandeurs, toute son ambition était de vivre heureux dans la retraite. Le roi, auquel il faisait part de son désir, le conjurait de lui sacrifier ses goûts en restant au ministère, et il n'y avait consenti jusqu'alors qu'à condition que M. de Turgot conserverait sa place.

Mais qu'était la volonté de Louis XVI contre toute la cour ? Vainement il tenait à ces deux hommes dont il appréciait le mérite, on les lui enleva malgré lui ; et cette intrigue fut conduite avec tant d'adresse, que le roi eut l'air de renvoyer lui-même M. de Turgot, bien qu'il n'en eût nulle envie. Quant à M. de Malesherbes, fidèle à son engagement, il s'éloigna malgré les vives instances du monarque, qui lui dit avec une profonde douleur au moment de leur séparation : *Pourquoi, comme vous, ne puis-je aussi quitter ma place !*

Je ne siégeais pas au conseil, dont avaient soin de m'éloigner ceux qui en faisaient partie ; et cependant il me semblait que j'y aurais tenu dignement ma place. Mais les personnes qui dirigeaient la reine auraient craint les conseils que j'aurais donnés au roi. M. de Maurepas fut le premier à m'en écarter, tout en me berçant, jusqu'à sa mort, de l'espoir de m'y faire entrer. Lorsqu'on n'eut plus à objecter ma trop grande jeunesse, on prit pour prétexte la légèreté du comte d'Artois, qu'on ne pouvait admettre au conseil, et qui cependant acquérait le droit d'en faire partie si j'y étais moi-même appelé. Ce motif était pitoyable, mais je devais m'en contenter.

Je ne pus donc apprendre la décision prise contre M. Turgot que lorsqu'elle s'effectua. Je me demandai ce que deviendrait la monarchie de mon frère, si dès son début on le privait de ses meilleurs soutiens. La réponse vigoureuse du ministre disgracié au Mentor, qui avait osé lui écrire pour lui témoigner des regrets qu'il n'éprouvait pas, m'amusa beaucoup. Elle était conçue en ces termes :

« Je ne doute pas, monsieur, de *la part* que
« vous et madame de Maurepas avez prise à l'évé-
« nement qui vient de m'arriver ; mais quand on
« a servi son maître avec fidélité, qu'on s'est fait
« un devoir de ne lui taire aucune vérité utile, et
« qu'on n'a à se reprocher ni faiblesse ni dissimu-
« lation, on se retire sans honte, sans crainte et
« sans remords. Je suis, avec les sentimens que je
« vous dois, votre, etc., etc. »

M. de Maurepas, accablé de ce coup de massue, en perdit pendant quelque temps l'envie de chanter. Il aurait payé cher le secret de ce billet accusateur; mais en vingt-quatre heures il y en eut plus de cent mille répandus dans Paris, après avoir été copiés sur l'original; puis vint le tour de toutes les provinces du royaume, qui en eurent aussi leur part. Le cri poussé contre le Mentor fut universel. Le départ de deux hommes de bien remplacés par deux machines, M. Amelot à la maison du roi, et M. Clugny au contrôle général, acheva de prouver qu'on avait voulu seulement se débarrasser de deux capacités gênantes.

L'économie était d'autant plus odieuse à la cour, qu'elle menaçait d'arrêter les dilapidations qui allaient toujours en croissant. La fureur du jeu et des paris ruineux était poussée à son comble. La reine et le comte d'Artois, avec une incroyable légèreté, se livraient à ce genre de plaisir, où l'on m'entraîna moi-même pendant quelque temps. Les courses de chevaux nous occasionnèrent aussi des dépenses considérables. Mon frère n'hésitait pas à perdre dans une soirée quatre à cinq cent mille francs, et à payer un cheval dix-sept cents louis. Peu favorisé du hasard, ou trop irréfléchi, il ne gagnait presque jamais; et sa constance à jouer et à parier fournit au duc de Coigny l'occasion de faire un bon mot fort bien appliqué. On s'occupait de former dans la société de la duchesse de Chartres un ordre sous le titre de la Persévérance; le chef n'en était pas encore nommé, et M. de Coigny dit au comte d'Artois :

— Monseigneur, on est embarrassé du choix d'un grand-maître pour l'*Ordre de la Persévérance* ; personne n'est plus digne de l'être que vous.

Je n'étais pas mal cette année avec la reine, quoique je me fusse prononcé contre le renvoi des deux ministres. Elle me savait gré encore de mes démarches dans l'affaire des couplets. Nous nous voyions assez familièrement, et elle me proposa, le 21 juillet, de l'accompagner au Colysée, où se préparait une soirée brillante. Ma femme, constante dans son système de réserve, refusa de se joindre à nous. Ces parties sans cérémonie ne lui convenaient point. Quant à moi, charmé de trouver l'occasion de complaire à Marie-Antoinette, j'acceptai avec empressement.

Ma belle-sœur ayant mis de côté les plumes et les diamans, portait une robe de soie couleur des *cheveux de la reine*, qualification que je lui avais donnée quelque temps auparavant, pour entrer dans les vues de S. M. J'avais un habit *prune monsieur* sans aucun ornement. Nous ressemblions donc par le costume à de simples bourgeois du Marais, et nous allâmes nous mêler sans façon aux quadrilles et aux coteries des plébéiens qui composaient le Colysée. Chacun nous examinait d'un air ébahi, et nous partîmes au bout d'une heure, laissant messieurs les Parisiens tout attendris du bon accord qui régnait dans la famille royale.

Le roi surtout était enchanté quand il ne voyait aucun nuage entre nous ; il ne se plaisait que dans notre intimité. Louis XVI commençait à devenir fort épris de sa femme, qui, il faut le dire ; était charmante, à moins qu'elle n'eût quelqu'un à bouder. Le prince de Rohan, par exemple, n'était guère favorisé des sourires de Marie-Antoinette ; elle lui conservait rancune de la lettre qu'il avait écrite sur Marie-Thérèse, et il en avait été puni par son renvoi de Vienne, où il était en ambassade. Le baron de Breteuil, son ennemi personnel, et qui ne valait guère mieux que lui, l'avait remplacé dans ce poste. Le prince Louis était donc revenu à Paris ; il suivait la reine partout, attendant d'elle un mot, un regard qui pût lui annoncer son pardon. C'était en vain qu'il la sollicitait avec tant de persistance, ma belle-sœur ne songeait au prince Louis que pour souhaiter qu'il ne se montrât jamais devant ses yeux ; mais lui ne se décourageait pas. Ce fut cette monomanie de la faveur qui le poussa plus tard dans l'intrigue du collier, dont tous les inconvéniens retombèrent sur la reine.

La comtesse de Balbi, née Gontaut, fut présentée cette année à Versailles, le 12 mai, par la princesse de Monaco. Il est des noms qui sont pour moi des dates, et celui-ci est du nombre.

J'avais deviné en partie la brillante perspective qu'on réservait à Montbarrey ; il vint me faire part dans le mois de février, que le roi le nommait directeur de la guerre.

— Et qu'en dit M. de Saint-Germain ? lui demandai-je.

— C'est lui, monseigneur, qui a engagé sa majesté à m'accorder cette faveur.

— L'excellent homme! dis-je avec ironie.

— Il veut bien avoir quelque confiance en mes talens, répondit Montbarrey avec sa suffisance ordinaire.

— Je me figure que madame de Maurepas réserve encore dans l'avenir quelque chose de plus au nouveau ministre.

Le prince de Montbarrey, car déjà il portait ce titre, se prit à rire. Je lui fis mon compliment sur ses espérances futures. Il se mit à mes pieds, en m'assurant que sa personne n'en serait pas moins toujours à ma disposition. Sa bonne étoile ne se démentit pas, car le 5 novembre suivant il prêta serment entre les mains du roi pour la charge de secrétaire-d'état au département de la guerre en survivance. On ne pouvait plus galamment dépouiller un ministre pendant sa vie ministérielle. Toute la cour, dès ce moment, regarda comme certaine la retraite prochaine du comte de Saint-Germain et l'élévation du prince de Montbarrey.

Quelques jours après, celui-ci me demanda la permission de se démettre, en faveur de son fils le prince de Saint-Mauris, de sa charge de capitaine-colonel des Suisses de ma garde, s'en réservant la survivance si je ne voulais y consentir. Je ne m'y refusai pas; son fils prêta serment entre mes mains, le 8 novembre, et le même jour je le présentai au roi sous son nouveau titre. Ce jeune homme, à qui

4

son père ouvrait un si bel avenir, n'en profita pas ; il vécut sans considération, et termina sa vie sur l'échafaud, où tant de gens vertueux portèrent leur tête.

Nous vîmes poindre la faveur naissante de madame de Polignac, faveur qui s'accrut si rapidement, et dont les suites eurent une si grande influence sur les affaires de l'état.

Ma position me mettant au dessus de l'amitié et de la haine, je puis, sans égard pour ceux que mes paroles pourraient blesser, dire le fond de ma pensée sur une liaison qui fut si fatale à notre famille et à la France.

Les Polignac, Challençon d'origine, furent substitués dans le quinzième siècle avec noms et armes, par divers arrêts des parlemens de Paris et de Toulouse. Ainsi tombe cette fastueuse descendance de *Sidonius Appollinaris*, qui, quoique fort ancienne, ne remonte cependant pas jusqu'à l'antique Rome; mais soit Challençon, soit Polignac, leur généalogie ne présente pas un personnage digne de célébrité, tandis qu'il y en eut pour lesquels l'oubli de la postérité serait une faveur. Du reste, c'est en général ce qu'on pourrait dire des maisons féodales de cette époque, où tout était en relief, les vices comme les vertus, et où l'intrigue n'usurpait pas les titres du mérite.

On ne cite chez les Polignac modernes qu'un seul nom, celui du cardinal, beau parleur, et qui aurait dû toujours faire des vers latins contre Lucrèce ;

car sa diplomatie ne valut pas ses dactyles et ses spondées, Il ne fit rien de bon en Pologne, et ne réussit qu'à faire perdre la couronne de ce royaume au prince de Conti.

On ne pouvait donc guère s'attendre que cette famille dominerait un jour la France pendant treize ou quatorze ans, par elle-même ou par ceux qui la faisaient mouvoir. Le comte Jules de Polignac, destiné à soutenir la renommée de sa maison, racheta par mille qualités fort estimables sa nullité politique. Il épousa en 1767 Yolande-Martine-Gabrielle de Polastron. Cette famille, noble de nom et d'armes, était du midi de la France. Je me rappelle à ce sujet une anecdote que j'ai entendu raconter par un Dubarry, le comte d'Argicourt, et que je veux consigner ici parce qu'elle peint les mœurs de l'époque.

Le père de madame de Polignac paria, en se mariant, que sa femme se réveillerait le lendemain des noces comme elle s'était couchée la veille. On pratiqua dans la muraille une espèce d'ouverture d'où les parieurs pouvaient tout entendre. Voilà les deux époux couchés : le marié souhaite le bon soir à sa femme et fait mine de s'endormir; mais celle-ci, à qui sans doute on avait annoncé quelque chose d'extraordinaire, n'eut garde de fermer l'œil, et au bout d'une heure d'attente réveilla le dormeur. — Monsieur de Polastron, lui dit-elle en le poussant avec le coude, êtes-vous fatigué ?

— Non, madame.

— M. de Polastron, êtes-vous malade ?

— Non, madame.

— M. de Polastron, avez-vous touché la dot?

— Oui, madame.

— Eh doncques! s'écria la fiancée avec un accent gascon, qui ajoutait quelque chose encore à ce qu'il y avait de significatif dans cette conjonction. Mais M. de Polastron avait juré de gagner, et *fit le mort* jusqu'au lendemain.

Madame de Polastron se leva le lendemain furieuse, et se plaignit à son père qui, ayant entendu heureusement parler du pari, lui conseilla de prendre patience encore vingt-quatre heures. L'histoire dit que madame de Polastron pardonna enfin à son mari d'avoir gagné sa gageure, qui servit à acheter le baptême d'un nouveau-né neuf mois après.

La comtesse de Polignac avait un genre de beauté qui ne soutenait peut-être pas un examen trop minutieux, mais qui frappait au premier coup d'œil. On pouvait être plus belle, mais il était impossible d'être plus séduisante. Ses ennemis eux-mêmes ne pouvaient lui refuser leur tribut de louanges, et ne lui reprochaient que son crédit. Madame de Polignac, naturellement froide, ne se livrait qu'avec réserve aux sentimens qu'elle inspirait. Elle n'était ni fausse ni vindicative; jamais on ne la vit demander vengeance contre ceux dont elle avait à se plaindre; peut-être, du reste, était-ce plus par indifférence que par magnanimité. Elle se laissa aimer de la reine, car je doute qu'elle ait jamais partagé la vivacité de son attachement. Elle tenait peu à la faveur, et encore moins à la fortune. Elle reçut des sommes immenses sans les demander, et jamais elle ne se mêla dans les intrigues qu'on ne cessait de former autour d'elle, à l'abri de son crédit et de son nom.

Si madame de Polignac fût restée isolée de la cour, sa vie eût été exempte de reproches ; mais malheureusement sa famille et ses amis, dont les prétentions étaient insatiables, en firent souvent l'instrument de leur ambition ; et attendu qu'ils ne pouvaient concevoir rien de grand et d'utile, ils l'entraînèrent dans bien des fautes. Madame de Polignac eut donc peu de torts personnels, et je me plais à lui rendre la justice qu'elle mérite. Elle répandait mille agrémens dans la société intime : sans être remarquable par son esprit, elle possédait la grace, la délicatesse et l'urbanité qui en tiennent lieu. Simple dans ses goûts, dédaignant le faste, elle recherchait l'obscurité et la solitude, et aurait voulu se dérober aux empressemens des flatteurs titrés qui lui prodiguaient leur encens, comme ils font et feront à toutes les favorites passées, présentes et futures.

Le crédit de madame de Polignac, au lieu de s'affaiblir, alla toujours croissant, et cependant on la vit constamment humble dans sa gloire. Son humeur égale ne connaissait point les caprices. Elle n'était ni haineuse ni fantasque, et son ame se reposait dans un calme que rien ne pouvait troubler.

C'est ainsi qu'elle me parut, et c'est ainsi que

4.

je la peins, sans chercher ni à la flatter ni à lui nuire. Je ne dirai rien de sa famille, dont tous les membres se ressemblaient à tel point, qu'on aurait cru qu'ils avaient été jetés dans le même moule. C'était même orgueil, même avidité, même désir d'agrandissement, portrait qui, au reste, pourrait être adapté à la plupart de ceux qui fréquentent la cour.

CHAPITRE IV.

La comtesse de Provence et la comtesse d'Artois. — Le comte de Polignac, premier écuyer. — Mauvaise humeur de la famille de Noailles. — La faveur continue dans la maison de Polignac. — L'abbé Legay veut enseigner au roi le moyen d'avoir des enfans. — Fête à Brunoy. — Méchancetés contre la reine. — Le roi serrurier. — Conversation à ce sujet. — La reine s'occupe du cérémonial. — Lettre que lui écrit l'empereur son frère. — Il vient à Versailles. — Détails sur son séjour à la cour. — Malice du comte de Provence. — Conduite de l'empereur envers la famille royale.

Je fus attaqué cette année de la rougeole, ainsi que plusieurs membres de la famille. On me conseilla de changer d'air, et j'allai passer quelque temps à Brunoy, où j'ai dit que je me trouvais toujours bien. La comtesse de Provence, dont les soins ne s'étaient point démentis pendant ma maladie, m'accompagna dans mon voyage. Elle était bien aise aussi d'échapper quelque temps à la vie de Versailles, qui n'était pas toujours de son goût. Sa gravité ne pouvait s'arranger de la légèreté de la reine; elle ne concevait pas qu'on pût renoncer même un instant à l'étiquette, et gémissait en secret de voir Marie-Antoinette la dédaigner sans cesse, dans le cercle intime qu'elle s'était formé.

La comtesse d'Artois, avec un caractère tout opposé à celui de sa sœur, préférait le plaisir à la représentation. Non seulement elle approuvait la reine, mais elle cherchait encore à l'imiter. Ma femme, usant de son droit d'aînesse, le lui reprochait parfois, et il en résultait de petites querelles qui me forçaient d'interposer ma médiation entre elles. Nous étions donc bien aises, la comtesse de Provence et moi, d'aller oublier quelque temps ces picoteries dans la charmante solitude de Brunoy.

Marie-Antoinette, s'attachant chaque jour davantage à madame de Polignac, voulut la fixer à la cour de manière à ne plus s'en séparer. Elle persuada au roi de donner au mari de la favorite la charge de premier écuyer en survivance, dont le comte de Tessé était titulaire. Celui-ci, craignant que le crédit du comte de Polignac l'emportât sur le sien, témoigna son mécontentement de ce qu'on l'avait choisi sans le consulter; et les prévenances de la reine, qui par bonté alla au delà de ce qu'elle se devait, ne purent même l'apaiser.

Les Noailles, habitués depuis Louis XIV à envahir tout ce qui était à leur bienséance, et qui de plus avaient jeté les yeux sur la charge de premier écuyer, firent encore plus de bruit que M. de Tessé. On aurait dit que toutes les faveurs leur revenaient de droit; ils poussèrent si loin l'inconvenance de leur conduite, que je me vis forcé, dans l'intérêt de ma belle-sœur, d'en dire un mot au duc d'Ayen ; mais il me répondit par une plaisanterie si impertinente, que je crus devoir le remettre à sa place.

Cependant ses parens, auxquels il fit part de ce que je lui avais communiqué, comprirent qu'ils devaient mettre plus de mesure dans leur manière d'agir, et surtout dans leurs paroles. Ils savaient d'ailleurs que la reine avait trop d'influence sur son mari, pour manquer de moyens de vengeance si on la poussait à bout. C'est donc grace à moi, que cette affaire s'arrangea tant bien que mal. Du reste, ma belle-sœur l'avait conduite avec autant de finesse que de vigueur, et elle n'avait commencé la lutte qu'en étant sûre d'avance d'en sortir victorieuse.

Cette scène d'éclat révéla ce qu'on soupçonnait déjà à la cour, que la faveur de la princesse de Lamballe était sur son déclin. Il n'était pas difficile également de nommer l'heureuse rivale qui la remplaçait. La favorite disgraciée, qui depuis longtemps était préparée à sa chute, se retira insensiblement de la société intime de la reine, ne voulant pas y jouer un rôle secondaire après y avoir rempli le premier. Elle se renferma dans les attributions de sa charge, et la manière dont elle supporta sa disgrace fit honneur à son caractère.

Le 28 août, la comte Jules de Polignac fut présenté au roi par le duc de Fleury, gentilhomme de la chambre en exercice, pour le remercier de la charge qu'il venait de lui accorder. Le lendemain il prêta son serment entre les mains de la reine, qui lui dit :

— J'espère, monsieur de Polignac, que vous ne nous quitterez plus désormais.

C'était prendre un immense engagement pour l'avenir ; Marie-Antoinette l'a tenu. Elle s'est toujours montrée constante dans ses affections ; la famille de Polignac, l'abbé de Vermont, et plusieurs autres en sont une preuve. La santé de la reine fut un peu dérangée à cette époque ; elle resta quelque temps languissante, et ses ennemis ne manquèrent pas de prédire que cette maladie la conduirait au tombeau ; mais il n'en fut rien heureusement, et des remèdes sagement administrés l'eurent bientôt rétablie complètement.

Le jour de Noël, au moment où le roi revenait de la messe, environné de toute la cour, l'abbé Legay, qui se mêlait d'alchimie, mettant un genou en terre, présenta à sa majesté un placet soigneusement ployé. Le roi, surpris de cette posture dans un ministre des autels, prit la pièce qu'il lui donnait, et rentrant dans son appartement, il voulut voir lui-même ce qu'elle renfermait. Ce n'était rien moins qu'une recette merveilleuse pour assurer au roi une nombreuse postérité.

Louis XVI, qui était en gaîté, prit fort bien la chose ; il la communiqua à la reine, ainsi qu'à plusieurs personnes qui se trouvaient avec elle et dont je faisais partie. Nous nous disposions tous à en rire, lorsque le prince de Tingry, capitaine des gardes du quartier, prétendit que l'abbé Legay avait manqué de respect envers la personne du roi ; puis il se hâta de sortir afin d'aller à la recherche du coupable. On trouva ce dernier dans la galerie, où on lui fit subir un interrogatoire des plus plaisans. Il fallut cependant le relâcher, car on s'aperçut qu'il n'était coupable que d'un excès de zèle. Nous nous amusâmes beaucoup aux dépens du prince de Tingry, qui se fâcha tout de bon. Le duc d'Ayen dit à cette occasion que son collègue, voulant à toute force faire parler de lui, avait saisi l'à-propos d'attacher son nom à un ridicule. D'Ayen avait véritablement du venin dans la langue.

Le 6 octobre, je donnai une fête à Brunoy, au roi et à la reine. Je tâchai d'y mettre plus de galanterie que de magnificence, car je n'avais point envie de me ruiner en pétards et en guirlandes. Cette réunion n'était composée que de l'élite de Versailles et de tous les Polignac, car sans eux la reine m'aurait su peu de gré de mon attention. On trouva que je faisais passablement les honneurs de ma chaumière ; la comtesse de Provence s'en acquitta avec non moins de succès. Je n'entrerai dans aucun détail de cette fête de famille, ayant à parler de faits plus intéressans. J'ajouterai seulement qu'on parut content, et que j'eus l'approbation générale.

L'hiver de 1777 amena les mêmes plaisirs, les mêmes intrigues que les années précédentes. La faveur de madame de Polignac faisait bien des désespoirs. La cabale Choiseul surtout ne pouvait pardonner à la reine de ne pas lui réserver entièrement ses bonnes graces. Il en résultait des coups de langue contre la protectrice et la protégée; mais c'était en pure perte, du moins par rapport à la favorite; car chaque fois qu'on cherchait à lui nuire dans l'esprit de Marie-Antoinette, on ne la lui rendait que plus chère.

La reine recevait des lettres anonymes de toutes parts, dans lesquelles madame de Polignac n'était pas ménagée; mais ma belle-sœur, pour prouver le cas qu'elle en faisait, avait pris le parti de les brûler toutes sans les lire. J'approuvai cette résolution; il y avait long-temps que je me conduisais ainsi dans mon intérieur. C'est le moyen d'éviter mille soupçons, mille méfiances qui tourmentent la vie d'un prince. La vérité peut bien nous arriver quelquefois par cette voie incognito; mais c'est une vérité intéressée qui appelle plutôt une nouvelle injustice qu'elle ne demande la réparation de celle dont on se plaint.

Les goûts simples du roi n'étaient point non plus à l'abri de la malice : on ne voulait pas lui permettre de s'adonner aux travaux de Vulcain, car Louis XVI ne dédaignait pas de forger le fer de sa main royale. Il travaillait dans un atelier construit sous les combles du château, qui conduisait à son appartement par un escalier dérobé, et se faisait aider, dans cette bizarre distraction, par des ouvriers ordinaires. A dire vrai, nous aurions tous autant aimé qu'il en choisît une autre; car, outre les inconvéniens du métier, qui souillaient les vêtemens et les mains du monarque d'un vernis peu en harmonie avec l'éclat du trône, les méchans pouvaient encore en profiter pour l'assimiler sur tous les points au dieu dont il remplissait les fonctions.

Dans l'intimité je reprochais souvent au roi cette manie qui jetait sur lui du ridicule. — Aimeriez-vous mieux, me répondit-il, me voir fréquenter de mauvais lieux?

Mais, répliquai-je, entre la forge et le mauvais lieu il existe, ce me semble, des distractions plus convenables.

— Il n'en existe pas du moins de plus conformes à mes goûts; d'ailleurs je n'y vois rien que de fort naturel : j'aime tous les arts mécaniques, et celui de la serrurerie m'intéresse particulièrement. Mademoiselle de Bourbon avait du plaisir à maçonner, et cependant on ne lui en a pas fait un crime; quant à moi, je crois qu'en limant et façonnant un métal utile, je ne puis choisir de distraction moins susceptible de blâme.

Je persistais en vain; Louis XVI tenait à sa lime et à ses marteaux. J'allais donc, en riant, raconter à la reine la manière dont j'avais été reçu, car elle aussi était fort contrariée de voir son royal époux transformé en serrurier. Le roi s'adonna plus tard à la chasse, sans renoncer à la serrurerie, dont il s'occupait encore, je crois, lorsqu'il vint habiter les Tuileries en 1789.

Marie-Antoinette apprit avec joie que son frère,

l'empereur Joseph II, désirant parcourir la France, viendrait la voir dans sa tournée d'observateur. La reine, qui se rappelait le peu de succès que l'archiduc Maximilien avait eu parmi nous, s'inquiéta beaucoup de l'effet que sa majesté impériale produirait à son tour. Elle voulut d'avance régler le cérémonial, afin d'éviter tout désagrément; car elle savait que les princes du sang seraient peu disposés à faire les concessions qu'exigerait peut-être l'empereur.

Ma belle-sœur écrivit en conséquence à l'impératrice pour la conjurer de lui faire connaître les prétentions de sa majesté. Ce fut l'empereur lui-même que fit la réponse, que je vais transcrire ici avec d'autant plus de plaisir qu'elle sera mise pour la première fois sous les yeux du public :

« Madame et chère sœur,

« Votre Majesté se tourmente inutilement sur
« un point qui ne m'occupe guère. Je vais voyager
« pour mon agrément, et non pour passer mon
« temps en discussions pointilleuses d'étiquette.
« L'empereur d'Allemagne doit avoir le premier
« rang partout, et nul ne le lui conteste; mais le
« comte de Falkenstein, titre sous lequel je me pré-
« senterai à la cour de France, ne peut s'amuser à
« disputer la préséance à personne. J'accepterai ce
« qu'on m'accordera; mais je n'exigerai rien. Je
« veux, en sortant de mes états héréditaires, ou-

« blier, pendant ma course aventureuse, le rang
« que j'y occupe ; ainsi donc, rassurez-vous, et ras-
« surez ceux qui sont à cheval sur l'étiquette, car
« je ne chercherai point à les en faire descendre,
« etc., etc. »

La reine fut enchantée de cette lettre qu'elle nous communiqua. J'en conçus une idée favorable de l'empereur, dont le voyage en France devait coïncider avec celui que le comte d'Artois et moi avions l'intention d'entreprendre cette année, lui pour aller à Bordeaux et sur les côtes de l'Océan, tandis que je parcourrais les provinces du midi. Ce projet souriait au roi, qui voulait nous faire examiner par nous-mêmes la situation du royaume au moment où la guerre menaçait d'éclater. Nous touchions à une époque critique, celle de nous déclarer pour ou contre l'Angleterre, alors en lutte ouverte avec ses colonies d'Amérique qui voulaient établir leur indépendance. Je m'étendrai davantage sur cette partie importante de l'histoire, lorsque j'arriverai au moment où la guerre fut enfin déclarée.

L'empereur arriva le 19 avril à Versailles, dans le plus sévère incognito. Son ambassadeur près de notre cour, le comte de Merci-Argenteau, étant alors retenu au lit pour cause de maladie, sa majesté impériale marchait sous la conduite du comte de Belgioso, son ambassadeur à Londres, qui était à Paris à cette époque. La reine s'attendrit tellement en revoyant son frère, qu'il lui demanda en riant si son arrivée lui faisait de la peine. Puis, après ce début peu sentimental, il répondit avec beaucoup de bonhomie aux nombreuses questions qu'elle lui adressa sur sa famille et sur plusieurs personnes de leur service intime. Lorsque la curiosité de Marie-Antoinette fut satisfaite, ils se rendirent ensemble chez le roi.

Louis XVI, qui n'attendait pas l'empereur d'aussi bonne heure, était dans son atelier livré à son occupation favorite. Dès qu'il sut que l'auguste voyageur était venu avec la reine, le roi se hâta de descendre, et après avoir fait disparaître les traces de son travail, il alla rejoindre le frère et la sœur. L'entrevue eut lieu dans une antichambre, ce qui contribua encore à en écarter le cérémonial ; et après s'être complimentés réciproquement, on entra dans l'appartement de sa majesté, où la conversation devint bientôt fort animée.

La reine voulait nous faire avertir, le comte d'Artois et moi, que son frère était chez le roi, afin que nous lui fissions la première visite ; mais l'empereur, qui était décidé à violer toutes les règles de l'étiquette, déclara qu'il prétendait nous prévenir ; puis, sans attendre la réponse du roi et de la reine, il se mit en route. Sa majesté impériale se rendit d'abord chez les comtesses de Provence et d'Artois et chez nos tantes, et ne s'arrêtant pas là, il honora même les ministres d'une visite, démarche qui fit du bruit.

Ce début mit à l'aise tout le monde, et écarta

tout d'abord les obstacles que la reine avait craints ; l'empereur se moquait de nos antiques coutumes, et les foulait aux pieds en nous accusant d'avoir hérité de la morgue de Philippe II. Enfin il se conduisit d'une manière tout opposée à l'archiduc Maximilien, et répara complètement les fautes de son frère. On sait qu'il dit au comte de Buffon, avec autant d'esprit que de grace : Je viens, monsieur, réclamer l'exemplaire de vos OEuvres, que mon frère, en partant, a eu l'étourderie d'oublier. On ne pouvait s'y prendre avec plus d'adresse pour faire pardonner une gaucherie.

L'empereur enchanta les Parisiens par l'aisance de ses manières et son laisser-aller qu'il savait contenir dans de justes bornes. Il plut également à la masse des courtisans et aux ministres, qui se pavanaient de ses prévenances. Mais il réussit moins bien près de nous; car, dès qu'il se trouvait dans notre intimité, son abandon se changeait en une familiarité et un ton de persiflage qui, sorti de sa bouche allemande, blessait un peu nos oreilles françaises.

Le roi, naturellement timide, se trouvait gêné devant son beau-frère, qui lui en imposait par son âge, et le ton sans façon qu'il affectait. Il gardait généralement le silence, et se contentait de sourire, même aux choses qui lui plaisaient le moins. Quant à moi, tout en conservant ma réserve ordinaire, je laissais échapper de temps en temps quelques répliques qui prouvaient à l'empereur qu'il aurait trouvé à qui parler, si je n'eusse cru devoir, par égard pour les droits de l'hospitalité, lui faire les honneurs de la conversation.

La reine, dont le tact était parfait, cherchait à adoucir ce qu'avait de trop piquant le langage de son frère. Elle tournait en plaisanterie ses paroles les plus sérieuses, l'accusait de ne pas connaître les Français, et rejetait sur son ignorance les inconvenances qui lui échappaient parfois. Enfin elle se montrait excellente sœur, et nous ne pouvions que lui savoir gré de ses efforts.

Mais l'empereur, ne s'apercevant de rien, ou voulant ne rien voir, continuait ses saillies sans s'inquiéter sur qui elles tombaient. La reine elle-même ne fut pas épargnée; il la plaisanta sur le choix de sa société intime; et je vis, au sourire forcé de ma belle-sœur, que ce sujet n'était point de son goût. Sa majesté impériale m'ayant interpellé sur ce point, je lui répondis en prenant mon air le plus digne :

« Je sais trop, monsieur le comte, ce qu'un « prince doit à des souverains, pour me rendre « juge dans aucun de leurs différends. »

L'empereur fit la grimace, étant sans doute de ces gens qui se croient tout permis envers les autres, et s'étonnent qu'on ose leur résister. Il parut remarquer la princesse Élisabeth. Nous crûmes même un instant qu'il songeait à l'élever sur le trône impérial; mais ce n'était qu'une galanterie de bon parent : il n'en fut rien.

Marie-Antoinette, malgré ses attentions, eut peu à se louer de son frère; il tint même un propos fort peu galant sur son compte à Clerval, l'acteur qui, selon son usage, l'éclairait en sortant d'une représentation qu'on avait été voir à la Comédie italienne.

— Vous avez, lui dit-il, une jeune reine bien étourdie; mais elle doit plaire aux Français, qui lui savent gré sans doute d'avoir oublié le sang autrichien qui coule dans ses veines.

J'avoue que si je m'étais trouvé là je n'aurais pu m'empêcher de prouver à sa majesté impériale que les Français du moins ne souffraient pas patiemment l'outrage; mais si c'en était un il retombait sur lui-même, car sa sœur ne pouvait être attaquée sans que l'injure lui devint personnelle.

Le jeu immodéré auquel on se livrait à la cour, et les courses de chevaux, étaient particulièrement l'objet des sarcasmes de l'empereur. Il appelait les dernières le cours d'études du comte d'Artois; mais, s'il abusa de notre politesse, il n'emporta pas notre amitié.

On lui donna des fêtes magnifiques qu'il trouva moyen de critiquer en taxant d'extravagance les dépenses qu'elles avaient dû occasionner. Rien enfin ne trouvait grâce à ses yeux; et, censeur perpétuel, on aurait pu croire qu'il était venu à Versailles avec l'intention de ne rien approuver.

Cependant je doute qu'il ne remarquât pas avec un œil d'envie, sinon d'admiration, l'état florissant du royaume et sa fertilité, qui lui prouvaient que la nation n'avait besoin que d'un chef apte à la commander pour enfanter des merveilles. Il en conçut une humeur qui ne le quitta pas dans les diverses provinces qu'il parcourut, humeur qui n'était pas justifiée par l'empressement qu'on lui témoignait de tous côtés.

Lorsque l'empereur arriva à Versailles, il refusa positivement le logement qu'on lui destinait au château, et persista à s'établir dans une auberge. C'est de là qu'il venait *faire sa cour* au roi et à la reine, ainsi qu'il le disait avec affectation.

Il vit peu M. de Maurepas, mais il s'amusa beaucoup en revanche de ce qu'il appelait sa vieille expérience de futilités. Ce mot m'a paru plaisant, et M. de Maurepas eût été encore plus de mes amis, que je le lui pardonnerais à cause de sa justesse. Il prétendit encore que tout le monde était roi en France, excepté le monarque; que Marie-Antoinette faisait oublier la reine, et qu'il était étonné qu'avec tant d'élémens de troubles le royaume fût aussi tranquille.

Enfin, après avoir épuisé tout le venin de sa causticité, et s'être moqué sans ménagement de ceux qui le recevaient à bras ouverts, il partit le 31 mai. En se séparant de la reine, l'auguste voyageur lui promit de venir la voir une seconde fois; mais aucun de nous n'insista pour qu'il ne manquât pas à sa promesse.

CHAPITRE V.

Voyage dans le Midi. — Orléans et la Pucelle. — Blois et le duc de Guise. — Tours. — Le comte de Provence se fait recevoir chanoine de Saint-Martin. — Bordeaux. — La route. — Toulouse. — Sorèze. — Deux élèves. — Carcassonne. — Une femme d'esprit. — Montpellier et la robe de Rabelais. — Marseille. — Toulon. — Lyon. — Mâcon et Châlons. — Rentrée au gîte. — Necker aux finances. — Son portrait. — Sa femme et sa fille. — M. de Clugny. — L'archevêque de Toulouse.

Mon voyage fut retardé jusqu'après le départ de l'empereur ; la reine m'aurait su mauvais gré si je m'étais mis plus tôt en route ; et, de mon côté, je connaissais trop les égards de la politesse dus à un prince pour y manquer, bien que celui-ci ne se gênât pas de s'en dispenser quand bon lui semblait. Ainsi que le rat de la fable, « j'étais charmé de voir du pays, » quoique cependant je ne fusse pas ignorant au point qu'on pût m'appliquer ce vers de La Fontaine :

La moindre taupinée était mont à ses yeux.

Ma juste ambition a toujours été de mériter l'estime des Français ; et il me semblait qu'en échappant au cercle étroit de la cour, et en me faisant connaître au dehors, j'acquerrais à la fois de l'importance et de la popularité.

Je choisis moi-même les officiers de ma maison qui devaient m'accompagner. Je voulais avoir une suite imposante, et qui ne pût néanmoins entraver la rapidité de mon voyage. Voici la liste de ceux qui la composaient : le duc de Laval, premier gentilhomme de ma chambre ; le marquis d'Avaray et le comte de Cresnay, maîtres de ma garde-robe ; le marquis de Lévis et le comte de Chabrillant, capitaines de mes gardes ; le marquis de Montesquiou, premier écuyer ; le comte de Modène et le marquis de La Châtre, gentilshommes d'honneur, et le comte de Monard, gentilhomme ordinaire.

J'avais désigné un uniforme particulier pour la route. Il était simple quoique élégant, et contrastait avec la richesse des habits qu'on devait porter dans les villes où on séjournerait. Je courais avec quinze voitures, sans compter les bagages ; enfin je représentais passablement. Nous partîmes le 10 juin. Le comte d'Artois était revenu la veille au soir, peu satisfait de sa tournée, qui avait devancé la mienne. Mon frère ayant, comme à son ordinaire, dédaigné de se mettre en frais d'amabilité, avait vu insensiblement succéder la froideur à l'enthousiasme. Je ne le vis qu'un instant ; mais ce fut assez pour juger de son mécontentement.

En arrivant à Orléans, j'allai visiter le monument de la Pucelle, la cathédrale, et la rue royale non encore achevée. J'eus dans cette ville un avant-goût des harangues qui m'attendaient dans le cours de mon voyage. L'évêque Sextien de Sarente me prodigua tous les tropes de sa rhétorique épiscopale. Je m'amusai à lui laisser croire qu'à la mort du grand-aumônier, qui ne pouvait être éloignée, on lui rendrait la feuille des bénéfices. Rien n'est crédule comme les ambitieux, et celui-ci prit mon assurance au pied de la lettre, quoique aucune qualité en lui ne justifiât ses espérances.

A Blois, je me fis conduire au château, à la salle des États, et dans les appartemens où s'était passée la célèbre tragédie du mois de décembre 1588. Je méditai quelque temps dans la salle où le duc de Guise tomba sous le poignard des assassins, à défaut du glaive de la justice qu'Henri III ne tenait pas d'une main assez ferme pour en frapper ce grand coupable. La splendeur de la branche de Bourbon surgit de ce coup d'état, qui décida, par forme de représailles, la mort violente du roi son auteur. Jamais un monarque ne doit laisser élever dans son royaume une popularité qui mette la sienne en péril; il doit empêcher que l'amour de la nation se porte sur un autre que sur lui-même, et malheur à lui s'il rend puissant l'homme qu'on lui préfère. Il n'y a au contraire nul danger à accorder du pouvoir à celui que le peuple repousse, car sa chute tourne toujours à l'avantage du prince auquel il devait son élévation.

Lorsque j'arrivai à Tours, le chapitre de Saint-Martin, dont le roi de France était abbé par droit héréditaire, me supplia de me faire recevoir chanoine d'honneur. J'accédai à sa demande, bien qu'à part moi la chose me semblât passablement ridicule. Un prince doit ménager l'influence du clergé, qui est toujours puissante. Je me rendis donc au chœur, où se célébra la cérémonie.

Nous nous amusâmes beaucoup dans mon carrosse de cette œuvre pie. On voulut m'insinuer la sainte ambition de prétendre à l'épiscopat, au cardinalat, voire même à la papauté. Je renvoyai ces esprits tentateurs à la comtesse de Provence, afin de la décider à prendre le voile, condition sans laquelle je ne pouvais entrer dans les ordres sacrés. J'ai vu depuis en Angleterre les frères du roi titulaires d'évêchés de la religion anglicane.

Tours est située dans une position des plus pittoresques, sur les bords de la Loire, qui en font le plus bel ornement. Paris deviendrait un lieu de délices, tranporté dans cette charmante contrée.

Je traversai toutes les villes qui se trouvèrent sur mon passage jusqu'à Bordeaux, et partout on m'accueillit de manière à me prouver l'estime qu'on me portait.

Le maréchal de Mouchy, commandant en chef de la Guyenne, vint me recevoir à Saint-André de Cabsac. Le duc de Richelieu, gouverneur de la province, encore sous le poids de son procès avec la présidente de Saint-Vincent, me fit prier de le dispenser de me faire les honneurs de son gouvernement. J'y consentis d'autant plus volontiers que j'étais charmé d'éviter tout rapport direct avec lui.

Mon entrée à Bordeaux par la rivière nous offrit un spectacle admirable. Il n'y a pas de ville en France qui se présente sous un aspect plus séduisant. La Gironde, couverte de bâtimens de toute grandeur, pavoisés de guirlandes, de flammes, de banderolles, et sur lesquels on voyait se mouvoir une multitude de personnes dans les costumes les plus variés, ajoutait encore à la beauté du tableau. Le corps de ville me reçut avec tous les honneurs possibles. Les fêtes, les surprises me furent prodiguées ; on ne négligea rien de ce qui pouvait m'être agréable ; de mon côté, je fis de mon mieux pour plaire aux Bordelais, peu charmés de l'empereur, qui était encore dans leur ville la veille, ou l'avant-veille de mon arrivée. Ma conduite, toute différente de la sienne, car il avait pris à tâche de mécontenter tout le monde, enchanta les bons habitans de Bordeaux.

Je ne fus pas accueilli avec moins d'empressement à Blaye, où je me rendis le 18. Je quittai Bordeaux le 19, et après avoir traversé Marmande, Tournain, Agen et Montauban, je m'arrêtai à Toulouse, afin de visiter en détail cette ville célèbre par ses monumes du moyen âge, par son parlement et par le rôle qu'elle a joué dans l'histoire. J'allai visiter l'académie des jeux floraux qui était réunie pour me recevoir. Son président, l'abbé d'Aufray, me fit une harangue dont la briéveté me sembla le plus grand mérite. Quant à moi, je ne ménageai point les politesses envers les quarante membres de l'assemblée, au nombre desquels se trouvaient des hommes fort érudits. J'acceptai les jetons que m'offrit l'académie, et je pris congé d'elle après lui avoir promis mon portrait. Je ne me souviens plus si je tins cet engagement.

Le collége célèbre de Sorèze étant presque sur ma route, je voulus aller le voir, ainsi que le bassin de Saint-Féréol, qui alimente pendant toute l'année le canal du Midi. C'est à Piquet que la France doit cet ouvrage immortel, qu'on a voulu attribuer avec tant d'impudence à l'ingénieur Andréossy.

Sorèze était dirigé par des bénédictins, seul ordre de moines que j'ai vu disparaître avec regret, car ils ont rendu d'importans services aux lettres. Cette maison, située au pied de la Montagne-Noire, renfermait un grand nombre de jeunes élèves qu'on y envoyait des quatre parties du monde. Je parcourus toutes les classes, j'assistai à divers exercices, et même à un des repas des pensionnaires. L'un d'entre eux, neveu de nom du pacha Bonneval, âgé à peine de douze ans, me dit avec esprit :

— Monseigneur, nous allons à Versailles voir manger les princes, mais ici ce sont les princes qui nous font l'honneur de nous voir manger.

Tandis que je parcourais le cabinet d'histoire naturelle, on me montra un cœur pétrifié, et un autre élève, nommé, je crois, Montgaillard, me dit avec un peu de recherche peut-être :

— C'est le seul cœur, monseigneur, qui soit ici insensible, car tous les autres sont attendris de votre présence.

Ce compliment fit fortune ; les personnes de ma suite le mandèrent à la cour ; et, à mon retour, le roi s'informa s'il était bien réel. En quittant Sorèze, je fis aux directeurs l'éloge de leur établissement, et en effet je le trouvai encore au dessus de sa réputation.

J'admirai aussi le bassin de Saint-Féréol avec le canal qui en est la suite, et je formai le projet d'engager le roi à multiplier dans le royaume les canaux, qui donnent tant d'accroissement au commerce, en facilitant les communications.

Je remarquai, en soupant à Carcassonne, une bonne femme qui, debout devant moi, semblait me dévorer des yeux, tant je lui paraissais à son gré. Je crus que tant de persistance méritait de ma part quelque attention ; en effet, m'adressant à elle, je lui dis :

— Vous devriez être fatiguée, madame, de rester ainsi dans cette position.

— On ne se lasse jamais, me répondit-elle, à voir son prince.

Ce mot me plut ; je m'informai de la personne à qui je le devais, et j'appris que c'était une simple bourgeoise.

Montpellier, Nîmes, ainsi qu'Aix, se signalèrent

par l'enthousiasme que leur causa ma présence. Dans la première de ces villes, on me montra la robe de Rabelais, dont on affuble les nouveaux docteurs les jours de leur réception. Je crois que cette guènille a déjà reçu la façon de plus d'un tailleur, et que le drap rongé dont elle est faite ne date pas du temps de François Ier. Quoi qu'il en soit, relique vraie ou supposée, cette robe, pareille au couteau de M. de Motignon, qui était toujours le même depuis cinquante ans, bien qu'il en eût fait changer la lame quatre fois et autant de fois le manche, cette robe, dis-je, me rappela la malice de Rabelais, sa gaîté et ses quolibets contre les moines.

Je ne pus apercevoir sans admiration la cité de Marseille, lorsqu'elle m'apparut comme sortant de la mer, ses bouquets de pins avec ses bastides, où les Marseillais chassent par la fenêtre. Six mille habitans sous les armes faisaient haie sur mon passage, depuis la porte d'Aix jusqu'à l'hôtel de Piles, où je devais loger. Je passe sous silence les discours, sérénades et pièces données en mon honneur ; je ne puis taire cependant l'impression produite sur moi le lendemain, à la vue du port et de deux cents vaisseaux tous illuminés. On avait peint un volcan sur la montagne de Notre-Dame de la Garde, laquelle Bachaumont et La Chapelle signalent dans leur voyage avec tant d'enjouement comme un

Gouvernement commode et beau,

A qui suffit, pour toute garde,
Un Suisse avec sa hallebarde,
Peint sur la porte du château.

Ce volcan était alimenté par plus de huit cents vieilles bariques goudronnées, auxquelles on avait mis le feu. Il s'en élevait par intervalles des bombes et des pièces d'artifice combinées de manière à rendre l'illusion complète. Je me crus presque transporté à une éruption du Vésuve ou de l'Etna.

Il y eut ensuite une pêche le 3 juillet. Le corps des prudhommes, juges-pairs des pêcheurs, vint me prendre pour me conduire sur le lieu de la scène. Ils avaient amassé, au moyen de filets, dans une enceinte assez étroite, une multitude innombrable de poissons destinés à mon amusement. On m'offrit, pour les pêcher, un harpon d'argent dont Louis XIV avait fait usage. Je refusai de m'en servir par respect pour la mémoire de mon aïeul, et me contentai de prendre à pleines mains le frétin qui venait se heurter contre ma barque. Les personnes de ma suite m'imitèrent; Montesquiou en outre s'avisa de saisir un vieux tyran des mers qui, en se débattant, inonda à tel point mon premier écuyer, qu'il nous fit presque l'effet d'un triton transi, ce qui excita la risée générale. J'eus aussi ma part de l'inondation, à la grande colère des prudhommes, qui ne pouvaient comprendre que ces habitans des eaux prissent tant de liberté envers un prince, ni plus ni moins que s'il eût été *un enfant*

6.

de Marseille. Ils crurent me dédommager, en m'offrant un costume complet de pêcheur, que j'acceptai avec reconnaissance, en les assurant que je le ferais voir au roi et à la reine, ce qui les combla de joie.

J'étais toujours suivi ou précédé par le comte de Falkenstein. Nous ne pûmes nous éviter à Toulon; il me sembla plus aimable, car il ne fut que boudeur; il était le seul dont le visage ne s'épanouît pas au milieu de l'hilarité générale. Peut-être comparait-il son port de Trieste avec celui de Toulon. Il ne se doutait pas qu'environ vingt ans plus tard sa maison posséderait Venise, sans avoir pour cela une meilleure marine.

En me dirigeant sur Paris par Lyon, j'admirai l'arc-de-triomphe d'Orange. Les antiques merveilles de Saint-Remi m'avaient déjà causé une admiration légitime. Ja traversai Valence, Vienne et Lyon, où l'on ne put mieux m'accueillir, comme on l'avait fait à mon précédent voyage. Je visitai Mâcon et Châlons, où mon refus d'accepter le dais à mon entrée étonna beaucoup les Bourguignons. Je ne négligeai pas Auxerre; et enfin, le 17 juillet, j'arrivai à Versailles, rapportant avec moi l'affection de toutes les provinces que j'avais parcourues, ainsi qu'une nombreuse provision de notes et d'observations en tous genres, me promettant de les soumettre à sa majesté dans un but d'utilité pour ces contrées. Je pus en outre démentir victorieusement cet adage :

> Rarement à courir le monde,
> On devient homme de bien,

car j'espérais prouver l'avantage que j'avais retiré de cette promenade de prince, tant au moral qu'au physique, ma santé y ayant gagné beaucoup aussi.

Pendant mon absence, le roi appela à la direction des finances l'homme dont on espérait le plus et qui fit tant de mal au royaume : Necker, puisqu'il faut le nommer.

J'avoue que je me laissai prendre le premier aux apparences ; que je le crus capable de grandes choses, et ne le jugeai véritablement qu'à sa seconde rentrée aux affaires. Ses débuts trompèrent les plus fins ; on le porta aux nues, et malheureusement l'erreur se prolongea trop ! Il y avait deux hommes dans Necker, le financier et le glorieux. Séparés, l'un faisait toujours merveilles ; mais réunis, il n'en résultait plus que des fautes.

Comme financier, ce ministre avait de la sagesse, des vues éclairées, une habitude consommée des calculs, de l'économie politique, un vif désir de balancer la dépense avec la recette, des ressources en lui-même pour y parvenir, une probité méticuleuse, et assez de force pour lutter contre l'avidité des courtisans et la prépondérance de plus hauts personnages. Sa prudente habileté lui assurait la confiance des bailleurs de fonds. On savait qu'il ne chercherait point par des moyens ruineux à combler un déficit toujours croissant, et qu'il emploierait, à cet effet, des mesures bien calculées qui n'accableraient ni le peuple ni l'état.

Mais le bourgeois possédé de la manie d'être grand seigneur, en un mot, l'important au suprême degré, était l'alliage qui se mêlait en lui à tant de qualités supérieures, et les atténuait au point de les rendre presque inutiles. Qui n'a jamais vu de près M. Necker ne peut avoir une idée exacte de sa suffisance et de son orgueil. Il avait une si haute opinion de sa personne, que les éloges les plus exagérés lui semblaient toujours au dessous de son mérite. On l'a vu enfin, en 1789, ne pas craindre de se proposer pour régent du royaume, représenté par l'assemblée constituante à laquelle on ne peut refuser des lumières supérieures.

M. Necker portait ses prétentions dans le monde comme dans la vie privée; elles étaient même au bout de sa plume, et semblaient faire partie de l'air qu'il respirait. Il en résultait qu'au lieu de plaire il se rendait insupportable; qu'en voulant s'élever au dessus de tout le monde, il blessait l'amour-propre de chacun; et que, loin de lui tenir compte de son mérite, on ne voyait que ses ridicules. Il passait sa vie à rêver aux récompenses honorifiques qu'il croyait dues à ses services. N'attachant nul prix à l'argent, toute son ambition se concentrait sur un cordon bleu ou un duché-pairie; car, quoique protestant et sans titres de noblesse, il s'imaginait devoir tout attendre de la reconnaissance du souverain.

Sa femme et sa fille l'entretenaient dans cette illusion. C'était un dieu auquel elles auraient volontiers élevé des temples et des autels. Le parti philosophique aurait composé le gros des fidèles, tandis que les ministres de ce nouveau culte se seraient facilement trouvés parmi quelques seigneurs et quelques hommes de lettres, qui se laissaient aussi éblouir par l'éclat emprunté de cet homme bizarre.

Au reste, chacun dans cette famille philosophe était possédé du désir de l'illustration. La fille du ministre, madame de Staël, ne pouvait vivre dans une atmosphère plébéienne; et craignant, d'après ses principes, d'être accusée d'aristocratie, elle inventa la qualification de *noms historiques*, qu'elle substitua au mot noblesse, pour tranquilliser sa conscience libérale. Je ne ferai pas son portrait, il est partout; je craindrais d'ailleurs de la peindre d'une manière peu impartiale; car, tout en rendant justice à son génie, je ne puis avoir oublié sa conduite peu courtoise à notre égard. Ses écrits la jetèrent dans une autre voie; mais avant 1790 elle nous avait traités en ennemis, surtout la reine et moi.

La monarchie légitime vit en 1814 se réunir autour d'elle, non seulement les fidèles serviteurs qui lui étaient toujours restés dévoués, mais encore quelques royalistes convertis : madame de Staël fut du nombre. Je me plais à croire que sa conversion était sincère; elle fut, il est vrai, payée d'un million. *Je traitai Corinne en fille de financier.*

M. de Clugny, homme sans moyens et de mœurs fort relâchées, n'avait fait que passer au contrôle général pour disparaître dans l'autre monde Ou mit à sa place Taberreau, conseiller au parlement de Paris, qui n'administra que pendant neuf mois, et ne fit rien pour remédier au désordre toujours croissant des finances.

M. Necker fut nommé son successeur pendant mon voyage. J'arrivai fort bien disposé en sa faveur; quant à la reine, elle aurait mieux aimé pour contrôleur général des finances l'archevêque de Toulouse, dont l'abbé de Vermont ne cessait de lui parler, et qu'on commençait à croire utile, en attendant qu'on le crût indispensable.

Mais M. de Maurepas n'était point pour lui; il craignait l'ambition d'un archevêque qui pourrait devenir cardinal et lui disputer le pouvoir. Il persuada donc au roi que M. de Brienne était trop nécessaire au Languedoc pour qu'on le lui enlevât. Louis XVI qui, au fond, n'avait de préférence pour personne, accepta M. Necker, au grand scandale du clergé qui vit avec une sainte indignation un protestant appelé au ministère. Il prit néanmoins son parti, et attendu que le contrôleur général n'était pas janséniste, l'archevêque de Paris l'invita solennellement à dîner.

CHAPITRE VI.

Cromot-Dubourg, surintendant des finances du comte de Provence. — Ses manies. — Son fils Fongy. — MM. de Saint-Germain et de Maurepas. — Le matou de la comtesse. — On veut renvoyer M. de Saint-Germain. — — Conversation du roi et du Mentor sur le prince de Montbarrey. — Celui-ci est nommé ministre de la guerre. — Grossesse de la reine. — Dilapidation des finances. — Fête de la Saint-Louis à Trianon. — Mauvaise humeur du roi. — Querelle dans le ménage. — On y mêle le comte de Provence. — Comment il s'en tire. — Le petit Trianon. — Madame de Canillac. — Mort du cardinal de la Roche-Aymon. — Les Rohan, le comte de Maurepas, la reine, l'abbé Georgel. — Intrigues et révélations à la grande-aumônerie.

Cromot-Dubourg, surintendant de ma maison, joignait à une rare intelligence je ne sais combien de manies bizarres qui le rendaient peu aimable dans son intérieur. Il était sévère et même dur envers ses enfans, qui ne paraissaient devant lui qu'en tremblant. Il ne se déridait qu'auprès de sa maîtresse Coraline des Italiens. Son fils aîné suivait la carrière des armes. Je le vois encore, petit et chétif, vif et remuant, sorte de mouvement perpétuel. Le cadet, qui ne le lui cédait en rien pour la petitesse de la taille, était beaucoup plus posé; il aimait les arts, la peinture, et tout ce qui procurait des plaisirs tranquilles. Dubourg aurait dû choisir celui-ci pour succéder à sa charge; mais point; il lui prend un matin fantaisie de venir me trouver pour me prier d'accorder sa survivance à Valdec de Lessart, maître des requêtes, et qui depuis a été un instant ministre de Louis XVI.

Je me récriai sur une telle demande, et crus même devoir solliciter en faveur du jeune de Fongy, auquel d'ailleurs je m'intéressais; mais ce fut inutile; le père demeura inflexible.; et je me vis forcé de lui complaire. Le 7 septembre 1777, je reçus donc la visite de M. de Lessart, qui vint me remercier de la grâce que je lui avais accordée. Le pauvre Fongy, de son côté, me fit parler en sa faveur et s'adressa même directement à moi pour défendre son droit. Je l'engageai à prendre patience, en lui disant que son père n'ayant aucun grief contre lui, ne tarderait pas à revenir à de meilleurs sentimens. En effet, quelques années après M. de Lessart se retira volontairement, et Fongy succéda à Dubourg. Je le gardai jusqu'au moment de la révolution. En 1814 les circonstances ne m'ont pas permis de le reprendre sous le même titre, mais je me suis efforcé de l'en dédommager.

Je voyais le comte de Saint-Germain s'embourber chaque jour plus avant dans l'ornière. Ses innovations avaient mal réussi. Les formes de la discipline allemande qu'il voulait introduire en France étaient trop antipathiques à l'esprit national pour qu'il pût les supporter. Le ministre lui-même n'avait rien de ce qu'il fallait pour plaire. Il était brusque, méticuleux, dévot et même bigot. Il pesait à chacun ; enfin, le fruit était mûr, et Montbarrey n'avait plus qu'à le cueillir.

M. de Maurepas avait jeté ses vues sur ce dernier, parce qu'il savait qu'il n'avait rien à redouter de sa capacité, et qu'il aurait en lui un esclave docile. En effet, il ne pouvait choisir un homme plus convenable pour jouer le rôle de ministre sans en remplir les fonctions. D'ailleurs, madame de Maurepas, qui, comme je l'ai dit, s'intéressait beaucoup à mon serviteur, ne cessait de faire son éloge à son complaisant époux. On nous raconta cependant qu'un soir, M. de Maurepas ayant paru céder au sommeil en écoutant sa femme, elle lui avait jeté son chat favori à la tête pour le réveiller.

Or, qui a hanté Versailles depuis 1774 jusqu'à 1781 sans avoir entendu parler de ce matou fameux, qui, toujours en permanence auprès de sa maîtresse, recevait de moitié avec elle les hommages de la cour? Minon tenait, parmi le peuple chat, un rang élevé ; il avait ses fournisseurs, ses menins, ses flatteurs ; on se dérangeait pour lui faire place quand il passait dans les grands appartemens, et plus d'un garde lui aurait porté les armes dans l'espoir d'un avancement, n'eût été la crainte de lui faire peur.

Je vois encore nos duchesses les plus huppées, nos seigneurs les plus arrogans, et même quelques cardinaux, et jusqu'à ma bonne tante Adélaïde, admirer les graces, la vivacité ou la nonchalance du malin personnage, dont la griffe impertinente se portait sans distinction de rang sur toutes les mains qui osaient l'approcher de trop près. Cependant il se trouvait dans le château quelques mécréans qui, semblables à Mardochée, auraient dédaigné de fléchir les genoux devant l'idole : c'étaient les pages qui, plus enclins encore à l'espiéglerie qu'à l'ambition, jouaient mille tours pendables à Minon, lui pinçaient la queue quand on ne le voyait pas, ou lui tiraient la moustache en feignant de le carresser : aussi le matou, qui connaissait ses ennemis, hérissait son poil à leur approche, et signalait par ses miaulemens réitérés les téméraires qui avaient osé porter sur lui une main sacrilége. On faillit inventer pour lui le crime de lèse-chat.

Il fallait donc que madame de Maurepas fût étrangement coiffée de Montbarrey pour traiter son favori avec si peu de retenue ; et le Mentor, effrayé d'une hostilité qui équivalait à une déclaration de guerre, se dépêcha grand train de faire battre en retraite le comte de Saint-Germain, puis de persuader au roi que Montbarrey était seul capable de le remplacer.

Mais, dit Louis XVI lorsqu'il lui en parla, êtes-vous

bien sûr que le prince est en état de remplir des fonctions de cette importance?

— Je puis du moins assurer votre majesté, répondit en riant M. de Maurepas, qu'il fera aussi bien que son prédécesseur.

— J'aurais voulu qu'il fît mieux, dit le roi, sans se dérider par cette plaisanterie.

— Soyez persuadé, sire, que les talens de M. de Montbarrey ne demandent pour se développer qu'à être mis évidence. D'ailleurs mes conseils ne lui manqueront pas, et nous l'entourerons de gens de mérite. Votre Majesté n'a pas oublié sans doute non plus qu'elle lui a donné la survivance de cette charge.

Ce fut ainsi que M. de Maurepas arracha en quelque sorte au roi son consentement à la nomination de Montbarrey. Celui-ci, à qui il rapporta cette conversation, me le raconta le surlendemain; mais il se montre moins véridique dans ses mémoires, où il donne à entendre que son mérite seul décida le roi à le choisir, tandis qu'il devait tout à M. de Maurepas ou plutôt au saut intempestif du matou de la comtesse.

Le pauvre Saint-Germain reçut son congé sans mot dire; il ne demanda rien, accepta ce qu'on lui donna, et retourna paisiblement dans sa retraite, où il resta jusqu'à sa mort. Montbarrey, au contraire, prit fièrement en main le sceptre de sa puissance, mais il manquait d'habileté pour le soutenir.

Cette nomination ne convint point à la reine.

Son cercle intime aurait voulu au ministère de la guerre M. de Ségur, ou le maréchal de Castries, ou enfin quelqu'un à sa dévotion ; tandis que Montbarrey lui semblait l'homme de M. de Maurepas et le mien. Je ne tardai point à m'apercevoir que ce choix mécontentait ma belle-sœur, et j'en prévins le nouveau ministre, afin qu'il cherchât à faire changer les dispositions de Marie-Antoinette à son égard ; mais il était si gonflé de son importance, que loin de consentir à plier devant elle, il se plaignit de son injustice et s'avisa de la contrarier dans tout ce qu'elle désirait ; c'était mal entendre ses intérêts. L'appui du Mentor ne pouvait pas toujours balancer l'influence de la reine. J'essayai encore d'ouvrir les yeux à Montbarrey sur les dangers qui le menaçaient ; mais il ne m'écouta pas, et trois ans après il fut précipité du ministère.

Cette année allait augmenter la puissance de Marie-Antoinette, car elle devait la rendre *véritablement reine de France*, ainsi qu'elle le dit à madame Campan, qui ne se fit faute de me le répéter. Ce fut pour nous une époque mémorable qui m'éloignait du trône, ainsi que le comte d'Artois, jusqu'à ce que la Providence, dans ses décrets immuables, daignât nous en rapprocher.

Mais avant que la grossesse de sa majesté nous eût été révélée, nous nous apercevions chaque jour de l'empire qu'elle prenait sur le roi : aussi, malgré l'économie que Louis XVI désirait mettre dans les finances, les dépenses allaient toujours croissant, surtout depuis le renvoi de M. de Turgot ; car les deux contrôleurs généraux qui l'avaient successivement remplacé s'étaient fait un devoir de satisfaire toutes les fantaisies de certains membres de la famille royale. La reine, croyant les ressources de l'état inépuisables, voguait à pleines voiles, comblait de présens toutes ses créatures, dont on a publié à tort le désintéressement. Ainsi, ma belle-sœur, le comte d'Artois, et quelquefois moi-même, peut-être entraîné par l'exemple, nous tirions sans cesse sur le trésor public lorsque le nôtre ne pouvait suffire à nos dépenses. Le règne de Louis XV n'y faisait rien. M. de Maurepas, qui d'après son grand âge pensait qu'il y en aurait toujours assez jusqu'à la fin de sa vie, nous laissait faire au lieu de nous contenir. Le roi seul semblait lutter contre le torrent, et tentait de frapper quelque coup de vigueur qui ne servait qu'à faire ressortir davantage son impuissance. J'en citerai ici une preuve.

La reine ayant pris goût aux fêtes qu'on avait données au petit Trianon en l'honneur du comte de Falkenstein, voulut les renouveler pour son agrément particulier. Elle imagina en conséquence d'en dédier une au roi vers la fin d'août 1777. On ne pouvait choisir un prétexte plus adroit pour en faire excuser les dépenses. Aussitôt les directeurs de ces sortes d'ouvrages mettent la main à l'œuvre ; on dresse un programme, on veut ménager au roi les surprises les plus ravissantes ; les décorateurs, les peintres, les artificiers rivalisent de zèle ;

7.

les choses marchent rapidement, lorsque tout à coup M. Necker, qui vient d'être installé, s'apercevant déjà avec quelle dextérité on fait disparaître les fonds de sa caisse, s'effraie de cette nouvelle branche de dilapidation. Il en fait parler au roi par un de ses admirateurs, M. Thiars, que S. M. traitait avec distinction.

Louis XVI, en apprenant qu'on travaille aux préparatifs d'une fête qui coûtera plus de cent mille livres, se fâche, d'autant mieux que cette année il avait supprimé, par économie, le voyage de Fontainebleau, ainsi qu'une foule d'agrémens qu'il trouvait qu'on lui faisait payer trop cher. Il se décide donc à donner une leçon à son auguste compagne, ne la prévient de rien, et lorsqu'elle lui fait l'invitation de se rendre au petit Trianon, il lui répond par un refus.

Marie-Antoinette, surprise, lui en demande l'explication.

— C'est, lui répliqua S. M., parce que je ne veux point autoriser par ma présence des prodigalités que la situation des finances rend onéreuses à l'état.

Marie-Antoinette se récria en disant que la fête ne coûterait qu'une bagatelle.

— En avez-vous vu le devis, madame ?

— Non, sire.

— Eh bien, ordonnez qu'on vous le soumette, et vous trouverez qu'il dépasse quatre-vingt mille livres! Je serais condamnable si, par ma présence, je me mettais de moitié dans de telles folies. Ainsi donc je suis décidé à rester ici.

La reine, piquée, se retira dans son appartement sans insister davantage. Elle prit pour un complot contre elle ce qui n'était qu'une leçon de sagesse dictée au roi par son excellent esprit. Mais le comte et la comtesse d'Artois, et madame de Polignac, l'ayant engagée à persister dans son avis, qu'elle ne demandait pas mieux de suivre, ma belle-sœur se décida à remettre la fête pour une autre époque que la Saint-Louis, si elle ne pouvait avoir lieu ce jour-là, afin de ne point en avoir le démenti.

Le roi tint bon d'abord ; et le comte d'Artois, qui ne savait rien taire, vint me dire un matin qu'on m'accusait de monter la tête à S. M., et d'être l'instigateur de sa conduite dans cette circonstance. Ce reproche tout-à-fait gratuit ne pouvait m'émouvoir. Cependant je résolus de ne point en supporter le poids, et le même jour me trouvant avec le roi et la reine, je dis au premier :

— Sire, on prétend que je vous ai conseillé de ne point assister à la fête que la reine voulait vous donner pour la Saint-Louis ; on va même jusqu'à dire que j'ai exagéré les dépenses qu'elle occasionnerait. Veuillez bien me justifier vous-même du tort que l'on m'impute ; car vous pouvez mieux que personne certifier de mon innocence.

La reine, fort embarrassée par une attaque aussi brusque qui s'adressait indirectement à elle, se hâta de dire qu'elle était persuadée de l'injustice de cette accusation.

— Je vous croirais, madame, répliquai-je, si je ne savais qu'il existe des gens qui cherchent à me nuire dans votre esprit ; mais la seule grâce que je demande à votre majesté, c'est de ne jamais me condamner avant de m'avoir entendu.

Le roi, prenant alors la parole, déclara qu'en effet j'étais pur du reproche dont on me chargeait, et que la personne qui l'avait instruit n'avait même aucun rapport intime avec moi. Je saisis cette ouverture pour prier Louis XVI en mon nom, puisqu'il refusait de faire connaître le délateur, de venir au petit Trianon, afin que les préparatifs n'eussent pas été faits en pure perte. La reine, de son côté, le pressa avec cette grace à laquelle il était difficile de résister, et le roi se laissant toucher, la fête eut lieu le 3 septembre. On n'en avait pas vu de plus belle et de mieux ordonnée. L'architecte de Marie-Antoinette et M. Campan se surpassèrent encore dans cette circonstance. La beauté de la nuit ajouta à l'agrément général ; et à part le roi et M. Necker, personne ne songea aux sommes que coûterait tant de magnificence.

Le petit Trianon était un lieu de délices ; la reine aurait voulu y passer sa vie. Elle y soupait tous les soirs dans la belle saison, et semblait être l'Armide de ce palais enchanté. Mon Brunoy même était éclipsé.

Le comte d'Artois, qu'aucune considération d'argent n'arrêtait, se mourait d'envie de créer un autre petit Trianon. Il possédait dans le bois de Boulogne une espèce de masure élégante, appelée Bagatelle, dont les jardins fort resserrés étaient susceptibles d'agrandissement. Il imagina d'y bâtir un joli pavillon, et prétendit devant la reine que ce travail demanderait à peine un mois. Marie-Antoinette dit que cela était impossible; mon frère insista; enfin un pari s'engagea entre eux, dont le prix fut fixé à cent mille livres, somme que coûterait la nouvelle construction. On traita des conditions par écrit; les deux parties y apposèrent leur signature, et je fus chargé de les faire exécuter en temps voulu. Le comte d'Artois se hâta d'envoyer chercher Gallant, son premier architecte, afin de lui faire part de ses intentions.

Celui-ci promet que l'ouvrage sera terminé à l'époque fixée, et assure que les cent mille francs de la reine suffiront à son exécution. On voit donc s'élever, comme par magie, ce nouveau pavillon de Bagatelle. Le comte d'Artois ayant gagné son pari, la somme lui est comptée; et avec cinq cent mille livres qu'il y ajoute, il a le plaisir de voir admirer cette miniature de palais par tous les badauds de Paris qui viennent en foule s'y coudoyer.

Ce lieu devint bientôt le séjour favori de mon frère. Sa chambre à coucher formait une tente avec des ornemens guerriers, et c'était là que cet Achille moderne venait chercher le repos, non des fatigues de la guerre, mais des plaisirs de la cour.

Sa passion pour madame de Canillac commençait alors à naître; il avait quitté pour elle une dame attachée à la duchesse de Chartres, à laquelle j'ai déjà fait allusion.

Madame de Canillac, qui faisait d'abord partie de la maison de la duchesse de Bourbon, avait inspiré au mari de cette dernière un sentiment fort tendre. Il avait pris si peu de peine pour le dissimuler, que la duchesse ne tarda pas à être instruite de cette intrigue. Elle aimait encore le duc à cette époque; et au lieu de tolérer cette fantaisie d'un moment, elle se fâcha, et renvoya sans ménagement l'objet de ce sentiment coupable.

Madame de Canillac, dont la réputation reçut un cruel échec de ce coup d'éclat, se retira la rage dans le cœur chez la marquise de la Ferté, sa tante, en attendant le moment de se venger. Elle resta ainsi jusqu'à l'époque où le crédit de la princesse de Guéméné la fit placer auprès de ma sœur Élisabeth. C'est là que le comte d'Artois, la voyant, s'avisa de s'éprendre de ses charmes. Mais je remets à parler de ce nouvel amour à l'année suivante, ayant maintenant à raconter ce qui se passa à la mort du cardinal de la Roche-Aymon.

La grande-aumônerie étant passée successivement sur la tête de deux prélats de la maison de Rohan, cette maison regardait cette dignité comme sa propriété exclusive. A entendre les Rohan, le cardinal de la Roche-Aymon leur avait fait un vol, et ils prétendaient qu'à sa mort sa charge devait leur revenir de droit. Les souverains ne devraient pas permettre que les places fussent ainsi en quelque sorte héréditaires. Leurs faveurs ne doivent point rester exclusivement dans un seul cercle : il est juste de les répartir également sur ceux qui peuvent y prétendre. C'est d'ailleurs le moyen de maintenir l'équilibre dans le pouvoir des grandes familles ; c'est se ménager des amis partout, et éviter de se faire des ennemis, ce qui arrive presque toujours quand on accorde tout aux uns et rien aux autres.

Madame de Marsan, qui ne respirait que pour la grandeur de sa maison paternelle, était parvenue, à force d'intrigues, à obtenir de Louis XV un écrit signé de sa main, par lequel il assurait la grande-aumônerie au prince Louis. A l'avènement de Louis XVI, cette dame, qui ne se lassait jamais, lui avait arraché la confirmation de l'engagement pris par son aïeul. Mais la haine que la reine voua au prince Louis dut faire craindre à cette famille ambitieuse que la première charge de la couronne, qu'elle convoitait si ardemment, ne passât dans d'autres mains.

Le comte de Maurepas, adversaire secret de la reine, soutenait les Rohan, à l'insu de Marie-Antoinette, qui, sur ce point, lui aurait rompu en visière si elle l'eût soupçonné. Le ministre fit prévenir madame de Marsan que la reine, instruit que M. de la Roche-Aymon était à l'extrémité, s'était empressée de desservir le prince Louis auprès du roi, et que le projet de leurs majestés était de nommer à la place du défunt le coadjuteur de Reims, M. de Talleyrand, que plus tard j'ai moi-même appelé à cette haute dignité, après qu'elle eut échu en partage au cardinal de Montmorenci.

Madame de Marsan, qui se hâta de parler au roi, le fit revenir, non de ses préventions, mais en lui mettant sous les yeux la nécessité de choisir le grand-aumônier dans la maison de Rohan. Il y avait dans cette famille deux prélats qui pouvaient l'exercer, le prince Louis et le prince Ferdinand son frère, alors archevêque de Bordeaux. Celui-ci qui, par sa conduite peu régulière, n'offrait guère plus de garantie que le premier, fut cependant choisi par le roi, qui pensa, en agissant ainsi, satisfaire à la fois la reine et remplir sa promesse envers cette famille. Louis XVI, selon son usage, confia son projet au Mentor, qui s'empressa d'aller en faire part au prince Louis. Voici comment la chose se passa.

Le 26 octobre, la princesse de Guéméné ayant été instruite par son père le maréchal de Soubise, que le cardinal de la Roche-Aymon ne passerait pas la journée, elle se décida à écrire à la reine, qui lui témoignait beaucoup d'intérêt, pour la conjurer de ne point être contraire à son beau-frère le prince Louis. Marie-Antoinette ne voulant point convenir de ce qu'elle avait fait auprès du roi, et forcée de répondre à la gouvernante des enfans de France, essaya de se tirer d'embarras par un faux-fuyant. Elle écrivit en conséquence à madame de Guéméné ces deux lignes.

« Soyez sans inquiétude, madame, on n'enlè-
« vera point à votre maison la grande-aumône-
« rie. »

Le père et la fille, charmés de cette assurance, dont ils ne comprenaient point le sens, se crurent certains du succès. Il expédièrent l'abbé Georgel, ex-jésuite, et l'ame damnée de cette maison, au comte de Maurepas, pour lui communiquer cette bonne nouvelle. Le Mentor, voulant voir la missive rassurante, la lut deux fois d'un air malin, puis il dit à l'ambassadeur Georgel :

« C'est la seconde édition du billet de La Châtre. »

L'abbé, surpris de ces paroles, en demanda l'explication.

« Elle est facile, répliqua le ministre. La reine a
« dit vrai en certifiant que la grande-aumônerie
« rentrerait dans la maison de Rohan; mais c'est
« l'archevêque de Bordeaux qui l'obtiendra, et non
« le prince Louis. »

L'abbé Georgel, muni de cette révélation importante, s'empressa d'aller en faire part au prince de Soubise et à madame de Guéméné. Le premier quitte précipitamment Fontainebleau, et vient à Paris conter à madame de Marsan ce qui se passe. Celle-ci s'indigne qu'on veuille lui manquer de parole; et à peine le cardinal de la Roche-Aymon a-t-il rendu le dernier soupir, dans la nuit du 26 au 27 octobre, que madame de Marsan se dispose à aller trouver le roi le lendemain matin, afin d'être la première à lui annoncer cette nouvelle.

CHAPITRE VII.

Conversation du roi avec madame de Marsan. — Sa Majesté veut charger le comte de Provence de parler à la reine relativement à la grande-aumônerie. — Il refuse. — On l'y force. — Colère de la reine. — Propos du roi. — Suite de cette affaire. — Les Montesquiou deviennent les aînés des princes à la couronne. — Causerie à ce sujet. — Mot piquant du comte de Maurepas. — Épigramme. — Mort du marquis de Pezay. — Son oraison funèbre. — La généalogie et le jeu de l'oie. — Le peintre Doyen. — Le comte de Chabrillant. — L'ambassadeur de Maroc. — Son discours. — Réponse du roi.

Louis XVI ignorait encore la mort du grand-aumônier; il fut donc fort surpris de voir la princesse de Marsan, qui ne venait à Versailles que dans les grandes occasions, depuis qu'elle s'était démise de sa charge. Elle jouissait des entrées de faveur, aussi parvint-elle sans peine jusqu'au roi. Lorsqu'un personnage de distinction manifestait le désir de parler à sa majesté, il était d'usage que les individus présens s'éloignassent au fond de l'appartement, afin de ne point gêner la conversation royale. C'est ce qui se fit dans cette circonstance, et madame de Marsan, après avoir présenté ses hommages respectueux au monarque, lui dit :

— Sire, le cardinal de la Roche-Aymon étant mort cette nuit, je viens réclamer vos bontés et votre parole royale en faveur de mon cousin le coadjuteur de Strasbourg.

Le roi, qui n'était point préparé à cette attaque, fut un peu embarrassé, d'autant mieux que depuis son enfance il était accoutumé à vénérer madame de Marsan, en qualité de sa gouvernante. Il répondit donc, en hésitant, qu'il regrettait que des circonstances indépendantes de sa volonté l'empêchassent de lui complaire dans cette demande.

Le visage de madame de Marsan exprima autant d'émotion que de surprise.

— Cependant, sire, reprit-elle, j'aurais cru qu'aucune circonstance ne pouvait entrer en balance avec la promesse de votre majesté.

— Je crois, madame, répondit le roi d'un ton sec, que rien ne peut me contraindre à nommer dans ma maison une personne que je n'y verrais pas avec plaisir.

— Sire, j'oserai encore vous représenter qu'une simple répugnance ne saurait l'emporter sur votre fidélité à tenir votre parole.

Cette réponse, faite d'un ton qui en atténuait la sévérité, produisit sur le monarque une vive impression, et loin de se fâcher de tant d'insistance, il chercha à se justifier en disant :

— Il me semble, madame, que votre maison

ne peut se plaindre que je lui refuse mes faveurs, puisque en écartant un de ses membres par des raisons qui me sont particulières, je nomme à la place de grand-aumônier son frère l'archevêque de Bordeaux.

Le roi se figurait qu'après cette explication la princesse allait le remercier de ses bontés et se retirer fort satisfaite. Mais il ne connaissait pas madame de Marsan, qui, loin de manifester sa gratitude à sa majesté, se plaignit de l'injustice qu'on faisait au prince Louis, en disant que Louis XV lui avait accordé la charge de grand-aumônier par un écrit formel, sanctionné par Louis XVI, et que cette exclusion jetterait sur sa réputation une tache ineffaçable. Elle ajouta que, si on avait quelques griefs à lui reprocher, il était du moins convenable de les lui faire connaître.

Cet argument était spécieux, Louis XVI le sentit, et pour sortir d'embarras il offrit de nommer au cardinalat le coadjuteur de Strasbourg, ou de lui accorder toute autre faveur qui pût le réhabiliter dans l'opinion publique. Mais madame de Marsan, qui était résolue d'en venir à ses fins, répondit au roi :

— Il n'est rien que votre majesté puisse accorder en compensation de la grande-aumônerie. Vous ne pouvez d'ailleurs ignorer, sire, que c'est le seul prix que j'aie demandé pour les soins que j'ai pris de votre enfance. Je me flattais que vous ne l'aviez point oublié.

Le roi, poussé dans ses derniers retranchemens, se vit forcé de déclarer que la reine elle-même lui avait fait promettre de ne point nommer le prince Louis à la charge de grand-aumônier.

— Je serais désolée de manquer au respect que je dois à la reine, répondit madame de Marsan; mais, sire, il s'agit de savoir aujourd'hui si vous avez deux paroles, et je suis persuadée que sa majesté elle-même vous engagerait à tenir celle qui a été donnée d'abord. Déjà elle est connue; car, me fiant à votre promesse, je n'ai pas cru devoir la taire. C'est, sire, un engagement pris en votre nom, envers le public, que vous ne me forcerez pas à rétracter. Combien il serait dur pour moi de mêler le nom auguste de la reine dans cette affaire!

Il y avait une adresse si raffinée dans la manière dont la princesse présentait les choses, que le roi, craignant le blâme qui pourrait en retomber sur Marie-Antoinette, laissa voir à l'expression de son visage qu'il était à demi vaincu.

Madame de Marsan, qui attendait que la conversation se tournât en négociation, demanda au roi que le prince Louis fût du moins nommé pour deux ans, ajoutant qu'à l'expiration de ce terme il donnerait sa démission en faveur de son frère, s'il continuait à déplaire à leurs majestés. Le roi, croyant satisfaire à sa conscience sans mécontenter la reine, accepta cette proposition. Le traité fut conclu par un nouvel écrit qui resta plus de deux ans entre les mains de Louis XVI, et il est probable qu'il n'en aurait jamais exigé l'exécution, si l'affaire du collier n'eût achevé d'exaspérer la reine contre le prince Louis.

Madame de Marsan partit victorieuse, tandis que le roi se prépara, avec une contenance morne, à supporter la mauvaise humeur de Marie-Antoinette. Cependant, voulant au moins s'effacer devant la première explosion, il imagina de se décharger sur moi de ce fardeau : je reçus en conséquence l'ordre d'aller le trouver. Lorsque j'entrai chez mon frère, il était avec M. de Maurepas, que quelque esprit invisible avait déjà prévenu de ce qui se passait ; il semblait rayonnant, bien qu'il cherchât à dissimuler sa joie.

Le roi m'apprit la nomination que son ex-gouvernante venait de lui extorquer ; puis il me pria d'aller de sa part en instruire la reine.

— A dire vrai, sire, répliquai-je, j'aimerais autant être chargé de toute autre mission. Néanmoins je remplirai celle-ci, bien qu'elle dût échoir de droit à M. de Maurepas.

Le Mentor recula, en se signant, à l'idée d'aller affronter le regard scrutateur de Marie-Antoinette, d'autant mieux que sa conscience lui disait qu'il n'était pas étranger à la surprise qui venait d'être faite au roi, ainsi que je l'appris plus tard du prince Louis, qui, dans ses momens de jactance, ne laissait pas, comme dit Sancho, *môisir* un secret. Je me rendis donc sur-le-champ chez la reine, bien que l'instant fût peu convenable pour obtenir l'entrée de son appartement ; mais le nom du roi était un passeport.

Marie-Antoinette venait d'apprendre la mort du cardinal de la Roche-Aymon : néanmoins, d'après ce qui avait été résolu avec la roi, elle ne se tourmentait point des suites de cet événement; aussi son désappointement fut au comble lorsque je l'informai du guet-à-pens dans lequel l'ex-gouvernante avait fait tomber sa majesté. La reine eut peine d'abord à maîtriser sa colère ; mais enfin son bon esprit lui fit sentir qu'elle devait m'imiter, c'est-à-dire se résigner à ce qu'on ne pouvait empêcher.

— Vous voyez, madame, lui-dis-je, qu'on aurait voulu mettre Louis XVI dans le cas de vous donner un démenti formel.

— Oh ! je n'ai rien de semblable à craindre de sa part ! Cependant je me serais attendu que sa majesté aurait eu assez d'égards envers moi pour ne pas mettre journellement en ma présence un homme que j'ai tant de raison de ne pas aimer. Je croyais que le roi devait être le maître; mais il paraît que je me suis trompée.

Le mécontentement de ma belle-sœur avait besoin de s'exhaler : je la laissai faire. N'ayant d'ailleurs nulle estime pour le grand-aumônier, je ne cherchai pas à l'excuser lorsque la reine me fit avec amertume l'énumération de tous ses torts à son égard, appuyant surtout sur le dernier, dont la plaie était encore saignante. Le jour de la fête que Marie-Antoinette avait donnée à l'empereur, au petit Trianon, le prince Louis, qui n'était point invité, avait osé se montrer dans les jardins en bas rouges et en chenille; puis il y avait eu des propos impertinens, de piquantes équivoques et des couplets malins, qui avaient blessé la reine au vif, et qu'elle n'avait point encore pardonnés.

Marie-Antoinette me renvoya ensuite près du roi lui dire qu'il était le maître de nommer le prince Louis grand-aumônier de France; mais que, quant à elle, jamais elle n'aurait de rapport direct avec lui.

— Fort bien, répondit sa majesté soulagée d'un grand poids; la reine en cela fera à sa fantaisie, et je le trouverai toujours bon.

Cependant Marie-Antoinette ne consentit que le 9 novembre suivant à recevoir la visite d'étiquette du grand-aumônier. Elle l'accueillit avec une froideur glaciale, et répondit à peine, par une inclination de tête, à son compliment. L'humiliation du prélat fut d'autant plus éclatante qu'elle eut pour témoins de nombreux assistans. Le prince de Rohan en était aux abois: des larmes de dépit s'échappèrent de ses yeux; il sortit la rage dans le cœur, et jura qu'il se vengerait. Il tint parole; car si sa vengeance ne fut pas volontaire, elle fut du moins bien cruelle, ainsi que la suite le prouvera. Le grand-aumônier obtint aussi sa nomination au cardinalat, qui était destinée à l'archevêque de Rouen, M. de La Rochefoucault. Cette seconde victoire augmenta encore son orgueil, et ajouta à l'exaspération de la reine, que le baron de Breteuil ne tarda pas à venir fortifier d'une manière bien fatale.

Pendant toutes ces intrigues, je prêtais la main à une affaire de bien plus haute importance, qui ne tendait à rien moins qu'à rapprocher du trône une famille rivale de la nôtre, que mes ancêtres en avaient fait descendre. C'était sans doute de ma part un acte d'abnégation vraiment chrétien, et cependant je m'y livrai avec autant de zèle que si j'eusse travaillé pour moi-même, certain de la reconnaissance de ceux que je voulais servir. Il s'agissait de réhabiliter dans ses honneurs une branche prétendue de la race mérovingienne; mais il est nécessaire d'entrer préalablement dans quelques détails, afin d'expliquer ce que ces paroles peuvent avoir de mystérieux, sinon de plaisant.

Mon premier écuyer, le marquis de Montesquiou, ne cessait de me répéter que sa famille descendait en ligne directe d'Aimery, comte de Fezensac.

— Mais il me semble, lui disais-je, que cet Aimery vient des ducs de Gascogne?

— Certainement, monseigneur.

— Et ceux-ci remontent, d'après la charte d'Alaon, aux ducs de la première Aquitaine.

— C'est incontestable, repliquait-il d'un ton résolu.

— Les ducs Bertrand et de Poggis n'étaient-ils pas fils de Caribert, roi de Toulouse, frère de Dagobert, roi de France de la première race?

— Cela pourrait être, répondait Montesquiou d'un ton un peu plus humble.

— Si bien que vous ne seriez séparé de Clovis que par une généalogie de plusieurs siècles?

— Je n'oserais, monseigneur...

— Cette réticence me semble pleine de modestie ; cependant ne croyez pas, monsieur le Gascon, que nous vous donnions des verges pour nous frapper.

— Je ne prétends à rien, monseigneur.

— La chose aurait lieu cependant, si nous étions assez dupes pour tomber dans le piége.

— Il est possible, répondait le rusé courtisan, que la charte d'Alaon (1) se trompe.

— Ainsi donc vous vous contenteriez de descendre d'Aimery, qui remonte à 1050 ?

— Il le faut bien.

— Soit. A cette condition je consens à vous prêter mon appui pour faire reconnaître vos droits.

En effet, les titres présentés par MM. de Montesquiou, pour justifier leurs prétentions à descendre du comte Aimery, qui vivait au onzième siècle, me semblèrent valables, et je décidai le roi à nommer

(1) Fondement de cette généalogie qui fut déclarée authentique par les bénédictins. C'est dans cette charte d'Alaon qu'on trouve la filiation d'une foule de princes, de souverains et de maisons nobles du midi de la France et de l'Espagne ; elle fait particulièrement connaître l'origine du duc Eudes d'Aquitaine.

(*Note de l'éditeur.*)

une commission, sur le rapport de laquelle les membres de cette famille furent autorisés à joindre à leur nom celui de Fezensac. Le public se refusa à partager ma conviction; il plaisanta sur cette reconnaissance : le comte de Maurepas lui-même dit au marquis de Montesquiou, en lui remettant l'acte qui confirmait ses prétentions :

—Voici, monsieur, l'acte qui vous déclare l'héritier de Clovis; mais on ne reconnaît votre antique origine qu'à condition que vous nous laisserez trôner.

Quelque temps après, mon premier écuyer, qui faisait des vers et des comédies fort agréables, ayant été reçu au nombre des quarante immortels, fut salué par le distique suivant, que l'on attribua à vingt auteurs, excepté au véritable :

> Montesquiou-Fezensac est de l'Académie :
> Quel ouvrage a-t-il fait ?... Sa généalogie.

Après mention faite de cette *grande affaire*, je puis passer sous silence une foule de faits et de détails de ma famille, d'une importance trop secondaire pour être rapportés; d'ailleurs

> Le secret d'ennuyer est celui de tout dire.

Malheureusement mes souvenirs trop présens amènent en foule à mon esprit les événemens qui précédèrent la révolution, à mesure que ma plume me rapproche de cette fatale époque. Je les retracerai ici en historien fidèle, depuis la première assemblée des notables, en 1787, jusqu'au moment où je quittai la France ; je ne tairai pas même des particularités secrètes, me faisant en quelque sorte un devoir de mettre au jour tout ce qui se rattache à cette grande phase de notre histoire.

Le marquis de Pezay, marié à une femme de qualité, mourut cette année, en pleine disgrace. Il aurait voulu le ministère de la guerre en retour de ses dénonciations ; mais le Mentor commençait à le craindre, sachant que, fort des services qu'il lui avait rendus, il ne se gênait point pour le tourner en ridicule. Ceci ne pouvait se pardonner : aussi le marquis se vit-il frustré dans ses espérances ; ce qui contribua à le faire mourir plus tôt.

La nomination du prince de Montbarrey lui sembla faite à son préjudice ; il ne cessait de le persifler auprès du roi et de la reine, que ses plaisanteries amusaient. Il expira après quelques jours de maladie. Sa femme, qui n'avait eu à s'en louer qu'à moitié, eut un caprice de deuil, et regretta le pauvre défunt en manière d'Arthémise : elle eut le mérite d'être la seule à le pleurer.

On fit sur la vanité de Pezay un de ces contes hyperboliques qui peignent un homme. Le petit-fils d'un épicier s'était fabriqué une généalogie qui le faisait descendre d'une antique famille d'Italie : on dit qu'il portait toujours ses titres de noblesse dans son porte feuille lorsqu'il était en voyage, et dès qu'il était stable quelque part il les suspendait à la muraille afin d'en gratifier les amateurs. Un jour que le mauvais temps l'avait retenu dans une auberge, il tira à demi sa généalogie, et la laissa pendre négligemment sur une table qui était devant lui. M. de Poulharey, brigadier des armées du roi, qui se trouvait là, proposa au marquis de jouer pour tuer le temps.

— Nous n'avons pas de cartes, dit Pezay.

— Eh bien! jouons au jeu de l'oie; justement en voici un.

En parlant ainsi, M. de Poulharey tire à lui le tableau héraldique, qui se déroula complétement, à la grande confusion du marquis, et qui excita l'hilarité générale; car, dans ses tournées d'inspection, Pezay était accompagné d'une espèce de cour. Cette méprise si simple fut pour lui une cruelle mystification, qu'il ne pardonna point à M. de Poulharey.

Doyen, le peintre, qui avait fait le portrait du marquis de Pezay, ne l'aimait pas davantage pour cela : il en plaisantait à qui voulait l'entendre et l'avait surnommé le ministre de la guerre du Parnasse. Ce Doyen avait autant d'esprit que de verve, une imagination ardente, qui se reproduisait sous son pinceau; il était sans contredit le plus habile peintre de son temps. Je l'avais donc nommé mon premier peintre, et, en cette qualité, je m'amusais quelquefois à causer avec lui. Il possédait un répertoire complet d'anecdotes de tous genres, et de piquantes reparties; il excellait surtout dans ce qu'on a appelé depuis des charges. Doyen n'aimait pas les philosophes, parce qu'il prétendait qu'ils décriaient les tableaux d'église. Et cependant, disait-il, ce sont les braves marguilliers et les moines qui nous donnent les moyens d'avoir des maîtresses. Supprimez les églises, et bientôt on croira acheter trop cher un tableau en le payant cinq louis.

Doyen quitta la France quelque temps avant nos malheurs. Appelé à Saint-Pétersbourg par Catherine, il y vécut en paix jusqu'à sa mort, qui eut lieu au commencement du siècle actuel.

Au début de 1778, le comte de Moreton-Chabrillant, l'un de mes capitaines des gardes, me pria de faire passer la survivance de sa charge sur la tête de son fils, alors capitaine de cavalerie au régiment de Royal-Roussillon. Je ne m'en souciais guère; car ce *chat-brillant*, pour me servir d'un jeu de mots que l'on fit quelque temps après sur lui, ne me plaisait pas : il semblait que je prévisse l'aventure des porcelaines et du roi, dont les contemporains se souviennent sans doute encore. Je cédai néanmoins, et ce jeune homme fut attaché à ma personne. Il m'en fit ses remercîmens, et en vérité je ne les méritais guère, car je l'avais accepté bien malgré moi.

Le 22 janvier, nous eûmes au château une cérémonie qui rappela les splendeurs de Louis XIV : ce fut la réception d'un ambassadeur du roi de Maroc. Cet envoyé, appelé Sidi Taher Fenie, était un homme de sens. Il prononça un discours fort bien fait, qui nous donna un échantillon de l'éloquence africaine. Je vais le transcrire ici, ainsi que la réponse du roi. On remarquera que par analogie il fait à la France *l'honneur* de la traiter d'empire, et au roi celui de le traiter d'empereur.

« Sire,

« Chargé des ordres suprêmes de l'empereur
« mon maître, j'ai l'honneur de présenter en son
« nom à votre majesté impériale les vœux les plus
« ardens pour la prospérité de votre empire, les
« complimens les plus sincères sur votre avène-
« ment au trône de vos ancêtres, ainsi que l'assu-
« rance formelle du désir que mon maître aura
« toujours de maintenir avec fidélité le traité conclu
« sous le règne de l'empereur de France Louis XV,
« de glorieuse mémoire.

« L'amitié qui réunit depuis cette heureuse épo-
« que les empires de Maroc et de France lui fait
« regarder les Français comme ses propres sujets.
« Le capitaine Dupuy et les gens de son équipage
« en ont éprouvé les heureux effets. L'empereur
« mon maître a fait briser leurs fers, et, après les
« avoir rachetés des peuples qui habitent le Zahra,
« il m'a ordonné de les ramener à votre majesté
« impériale. Le commandant de la province les a
« reçus par vos ordres à Marseille, et je n'ai re-
« tenu avec moi que leur capitaine, pour le mettre
« aux pieds de votre majesté impériale. Je ne pou-

« vais être chargé d'une mission plus agréable au-
« près d'un jeune monarque appelé à être le père
« de ses sujets, et croyez, sire, que ce moment est
« le plus beau de ma vie.

« La lettre de l'empereur mon maître, que je
« viens de remettre à votre majesté impériale,
« contient encore quelques autres objets qui inté-
« ressent l'avantage respectif des deux empires. Je
« supplie votre majesté impériale de les prendre
« en considération, et de me faire connaître ensuite
« ses intentions.

« J'ai rempli celles de mon maître, en vous ex-
« primant, sire, ses sentimens d'amitié et de haute
« estime que lui ont inspirés vos vertus. Permet-
« tez-moi d'y joindre l'hommage de mes respects
« et de ma profonde vénération. Il ne me restera
« rien à souhaiter si votre majesté daigne jeter sur
« moi un regard favorable. »

Le roi, ayant entendu l'ambassadeur avec bienveillance, lui répondit en ces termes :

« Je suis très sensible au procédé généreux de
« l'empereur de Maroc. Ce prince ne pouvait me
« donner une plus grande marque d'amitié; il doit
« être assuré de la mienne et de mon désir de lui
« en offrir des preuves.

« J'examinerai avec soin les objets que votre
« maître me propose. Il ne pouvait m'envoyer un
« ambassadeur qui me fût plus agréable, et je vous

« vois avec plaisir, monsieur, sur les terres de ma
« domination. »

Sidi Taher alla faire ensuite sa révérence à la reine. J'eus ma part de ses salamalecs, ainsi que d'Artois : nous l'accueillîmes avec obligeance. Cette relation prouve la considération dont nous jouissions parmi les peuples barbares. J'espère que mon règne saura la maintenir, et que mes successeurs se rendront non seulement respectables au dehors, mais encore envers leurs sujets; car du mépris à la révolte il n'y a qu'un pas.

CHAPITRE VIII.

Le page Dubourget. — Scène chez le roi. — Le comte d'Artois au bal de l'Opéra. — Esclandre. — Colère de la famille de Condé. — Le comte de Provence donne un conseil inspiré par l'honneur. — L'étiquette parfois est une sottise. — La comtesse de Provence et sa sœur. — Le prince de Condé chez le comte de Provence. — Billet du roi. — Attitude chevaleresque du comte d'Artois. — Conversation avec lui. — Le comte de Maurepas et le comte de Provence dans le cabinet de Louis XVI. — Audience accordée au prince de Condé. — Ce qui s'y passe. — Comment elle se termine. — La clef de la cassette. — A quoi on songe dans un moment important.

J'ai à raconter cette année trois événemens principaux : le duel du comte d'Artois avec le duc de Bourbon ; le voyage de Voltaire à Paris, et la déclaration de guerre contre l'Angleterre. Je commencerai par l'affaire du comte d'Artois, dont le récit sous ma plume ne peut être conforme à celui du baron de Bezenval, grace à une foule de détails qui n'ont été connus que de quelques membres de la famille.

Le mercredi des cendres 1778, j'étais à Paris pour aller visiter le Luxembourg, que le roi m'avait donné, lorsque Dubourget, page de la grande écurie, arriva à franc-étrier pour m'apporter une lettre de Louis XVI, qui, sans entrer dans aucuns détails, m'enjoignait de me rendre sur-le-champ à Versailles, où mes conseils étaient nécessaires. Ma curiosité fut piquée, et je ne pus résister au désir de questionner le page; mais il ne savait rien, sinon que le roi, en lui remettant la lettre écrite de sa main, lui avait recommandé une extrême diligence. Dubourget, me croyant aussi leste que lui, me certifia qu'avec un bon cheval je pourrais être à Versailles dans une heure. Je le remerciai en riant de cet avis, et lui dis que je m'en souviendrais si j'étais page et lui prince. Une chaise de poste me conduisit rapidement à la cour. En descendant chez moi, j'appris que le roi avait déjà envoyé trois fois pour savoir si j'étais arrivé. Je me hâtai donc de me rendre près de lui, pensant à tant d'empressement que le cas devait être grave.

Je trouvai sa majesté avec la reine et M. Amelot, ministre de la maison de Louis XVI. Ils avaient tous un air solennel et inquiet qui m'effraya.

— Vous voilà donc enfin ! dit le roi.

— Nous vous attendions avec bien de l'impatience, ajouta la reine.

— De quoi s'agit-il? m'écriai-je avec quelque émotion.

— D'une aventure arrivée la nuit dernière à l'Opéra, reprit Louis XVI.

— Que ne me le disiez-vous plus tôt ? poursuivis-je gaîment ; je me figurais déjà qu'il était arrivé quelque événement fâcheux.

— La chose est plus sérieuse que vous ne le pensez, répliqua Marie-Antoinette. Le comte d'Artois a eu l'étourderie d'insulter la duchesse de Bourbon ; tous les Condés sont furieux, et nous ne savons comment arranger cette affaire.

— C'est la vérité, reprit mon frère ; nous désirons avoir votre avis.

— Mais il faut auparavant que je sache ce qui s'est passé.

— Faites-en le récit, dit la reine à M. Amelot ; vous savez tout, ainsi ne déguisez rien.

Le ministre, peu charmé de la tâche qu'on lui imposait, dans la crainte d'être compromis dans cette affaire en étant appelé en témoignage, raconta ce que je vais rapporter, en complétant sa narration par ce que je sus depuis.

Madame de Canillac, dont j'ai déjà parlé, avait accueilli les hommages du comte d'Artois depuis qu'elle était entrée dans la maison de madame Elisabeth. Cette liaison, que personne n'ignorait, causait particulièrement du dépit à la duchesse de Bourbon, qui avait quelques prétentions aux hommages de mon frère, et qui conservait d'ailleurs une vieille rancune à madame de Canillac pour lui avoir dérobé pendant quelque temps le cœur de son mari.

Le mardi-gras, à la suite d'un souper où les vins de liqueur avaient circulé à grands flots, le comte d'Artois conduisit sa belle au bal de l'Opéra ; la duchesse de Bourbon y était aussi en la compagnie du beau-frère de sa rivale : celle-ci eut l'imprudence d'engager le comte d'Artois à la venger de l'affront que lui avait fait naguère la duchesse en la renvoyant ignominieusement de chez elle.

Mon frère, sans réfléchir aux conséquences d'une pareille prouesse, s'approche du cavalier de madame de Bourbon, lie conversation avec lui, fait semblant de prendre sa compagne pour une dame de bonne volonté, et en parle en termes peu mesurés. La princesse, surprise de l'audace de ce masque, lui ordonne impérieusement de se taire ; mais, loin d'obéir, il ajoute de nouvelles impertinences à celles qu'il a déjà dites, rappelle l'aventure de madame d'Henin, et va si loin que la duchesse, ne pouvant tolérer cet excès d'insolence, soulève la mentonnière du comte d'Artois et le reconnaît.

Mon frère, furieux à son tour de cette violation de toutes les règles du bal, saisit par représailles le masque de madame de Bourbon, le froisse et le brise sur son visage, puis s'éloigne en pirouettant sur ses talons. La princesse retourne dans son hôtel, désolée et à demi morte d'effroi ; elle redoute les suites de cette aventure, se résout du moins à ne pas l'ébruiter, et fait promettre à son chevalier la plus grande discrétion.

Ce fait serait donc resté dans l'oubli si le comte

d'Artois, tout fier de cet exploit, ne se fut empressé de venir le raconter, en sortant du bal de l'Opéra, dans le salon de la comtesse de Polignac, si bien que le lendemain avant quatre heures Versailles et Paris étaient dans le secret; le roi lui-même, le roi, le dernier instruit de tout assez ordinairement, en entendit parler ce jour-là même.

Ce fut la reine qui, ne sachant à quel saint se vouer, imagina de me faire venir pour me consulter.

Cet événement prouva combien le comte d'Artois était en général peu aimé, excepté de ses alentours; car, bien que la duchesse de Bourbon eût peu de droits à l'estime publique, la ville et la cour se rangèrent de son parti. Les femmes surtout se récrièrent contre le manque de courtoisie du comte d'Artois; on ne le ménagea pas, et avant deux fois vingt-quatre heures il était presque isolé, tandis que l'hôtel de Bourbon était plein de gens qui venaient faire à la duchesse des complimens de condoléance et des offres de service. On se serait cru au temps de la minorité de Louis XVI.

Le prince de Condé et le duc de Bourbon, encouragés par ces preuves universelles d'intérêt, s'échauffent et déclarent hautement que, si l'insulte n'est réparée d'une manière convenable, ils la vengeront les armes à la main. Déjà avant mon arrivée ils avaient fait demander une audience au roi, qui les avait remis au lendemain, voulant d'abord me consulter.

Ce récit, sur lequel j'ai anticipé, car l'opinion publique ne se manifesta que quelques jours après, me fit réfléchir sérieusement. Le roi et la reine m'examinaient avec attention, comme pour deviner ma pensée; mais c'était une peine inutile, n'ayant nulle envie de la leur cacher : aussi je dis, après avoir médité un instant :

— Je ne vois qu'un seul moyen d'arranger cette affaire il faut que le comte d'Artois aille faire des excuses à la duchesse de Bourbon, en disant qu'il ne l'a pas reconnue, et qu'il rejette sa conduite sur les fumées d'un vin capiteux.

— Cela ne se peut, répliqua la reine ; le comte d'Artois a dit publiquement qu'il savait que c'était la duchesse avant de l'attaquer ; d'ailleurs il ne veut s'humilier en aucune manière.

— Dans ce cas, il ne lui reste plus qu'à soutenir cette conduite l'épée à la main.

— Mon frère se battre en duel! dit le roi avec un mouvement d'effroi.

— Un petit-fils de France vider une querelle par la voie des armes! s'écria la reine.

— Monseigneur le comte d'Artois sur le terrain, comme un simple gentilhomme! ajouta Amelot en se signant, cela est impossible.

— Et pourquoi non, monsieur, répondis je en m'adressant au ministre ; l'honneur ne commande-t-il pas à un petit-fils de France d'agir dans cette circonstance comme un gentilhomme?

—Mais, dit le roi, le rang illustre de mon frère....

— Sire, pris-je la liberté de répondre, la rang du comte d'Artois ne l'empêchera pas d'être déshonoré s'il refuse de rendre raison à ceux qu'il a offensés.

— Réfléchissez à ce que vous dites, monsieur, reprit la reine avec émotion.

— C'est parce que j'y réfléchis, madame, que je tiens à conserver sans tache le sang des Bourbons : c'est ici que l'étiquette doit être mise de côté ; car on pourrait prendre pour une lâcheté le désir de s'y conformer.

— Mon frère ne se battra pas, cependant, dit Louis XVI.

— Tant pis, sire, car je suis persuadé qu'il regrettera, lorsqu'il sera trop tard pour y remédier, de ne point avoir suivi la seule route que lui indiquaient l'honneur, l'opinion publique, et une puissance à laquelle on ne résiste pas.

— J'attendais mieux de votre prudence, dit la reine d'un ton de reproche.

— Je ne puis, madame, prendre ceci pour un compliment ; car je crois que dans aucun cas on ne doit transiger avec la renommée d'un homme, quel que soit son rang.

— Le comte d'Artois, reprit sa majesté, est dans une situation particulière ; je me charge de réparer son imprudence. Monsieur Amelot, poursuivit le roi en s'adressant au ministre, vous allez écrire sur-le-champ au chevalier de Crussol une lettre de cachet, en vertu de laquelle je lui défends de perdre mon frère de vue, et le rends responsable de tout ce qui pourrait lui arriver de fâcheux.

Voyant que ma présence était inutile, et bien résolu à avoir une explication avec le comte d'Artois, je me retirai et me rendis sans délai chez mon frère. Je trouvai la comtesse d'Artois qui pleurait avec sa sœur, car l'aventure leur était également connue. Elles me prêchèrent aussi le pardon des injures, et je ne voulus pas augmenter la douleur de ma belle-sœur en contrariant trop ouvertement son opinion. Sa position méritait des égards, car elle venait d'accoucher le 24 janvier de mon neveu bien-aimé le duc de Berry.

Je rassurai de mon mieux la comtesse d'Artois, en lui disant que, dans tous les cas, si mon frère était forcé de se battre, le combat ne serait pas sanglant, remettant à le voir le lendemain. Je pris congé des princesses, et, en rentrant chez moi, je trouvai le prince de Condé, qui, sachant que j'étais de retour à Versailles, était venu me voir sous le plus sévère incognito.

Le prince de Condé, comme tous ceux de sa race, était le plus intrépide des hommes sur le champ de bataille, et le plus faible dans la vie privée. Madame de Monaco, sous la fin du règne de Louis XV, lui avait fait faire des fautes qui avaient eu trop de publicité pour ne lui avoir pas nui à la ville et à la cour. Du reste, ces petites taches ont été depuis glorieusement effacées par la conduite magnanime qu'il tint lors de l'émigration. Si je continue mes Mémoires jusque là, je dirai quels furent, pendant nos malheurs, sa vaillance, sa fermeté et son désintéressement.

A l'époque où je parle, tout en estimant le prince de Condé, je vivais très froidement avec lui. Cependant, dans une circonstance si délicate, je crus devoir l'accueillir avec tous les égards qu'il meritait. Après s'être plaint vivement de l'outrage fait à sa fille, il me déclara qu'il était résolu d'en obtenir réparation.

— Je vous prends pour juge, me dit-il; veuillez seulement me dire si vous n'en feriez point autant à ma place?

Je répondis à cette question de manière à satisfaire l'interrogateur sans compromettre mon frère. Le prince me pria ensuite d'assister à l'audience que le roi devait lui accorder. J'accédai à sa demande, si sa majesté le permettait; et, au résultat, connaissant la brusquerie de Louis XVI et la vivacité du prince, je n'étais pas fâché de pouvoir au besoin m'interposer entre eux.

Le reste de la journée s'écoula sans autre incident, mais dans l'agitation la plus grande. Je prévins le roi, par un billet, du désir qu'avait manifesté le prince de Condé. Sa majesté me le renvoya avec cette apostille de sa main :

« Je consens à la demande du prince; mais ma
« résolution est prise, et croyez que ni lui ni vous
« ne m'en ferez changer. »

Je ne m'effrayai point de ces paroles, car je savais que le roi de France finirait toujours par se ranger de l'avis qui prévaudrait. Le lendemain je fis dire au comte d'Artois que je désirais lui parler chez moi, une indisposition m'empêchant d'aller le trouver. Il arriva de grand matin ; il avait un air embarrassé et inquiet qui ne me plut pas. Dès que nous fûmes seuls, car j'eus soin d'écarter ceux qui pouvaient gêner notre entretien, je dis à mon frère, d'un ton moitié sérieux, moitié badin.

— Eh bien! chevalier discourtois, au lieu de combattre pour la beauté, c'est donc aux jolies femmes maintenant que vous déclarez la guerre?

— Ah! ne me parlez pas de cette ridicule affaire, répondit le comte d'Artois avec un geste d'impatience; je me vois dans une situation fort embarrassante.

— Je n'en disconviens pas. Et comment prétendez-vous en sortir?

— Je n'ai encore pris aucune détermination.

— Cependant il serait temps d'y songer.

— Mais que puis-je faire?

— Il me semble que quelques mots d'excuses...

— Des excuses! jamais je ne consentirai à m'humilier devant les Condé.

— On ne s'humilie point en cherchant à réparer une faute, repondis-je d'un ton grave, et ne craignant pas d'employer en cette circonstance le ton sentencieux.

— J'avais toujours cru jusqu'à ce jour qu'un

petit-fils de France était fait pour accorder le pardon et non pour le demander.

— Son épée alors doit rendre raison de l'insulte dont il s'est rendu coupable ; car qui doit plus qu'un prince donner l'exemple de la justice ?

— On s'oppose à ce que je me batte.

— Quels sont les gens assez ennemis de votre honneur pour vous engager à être sourd à sa voix ?

— Mais le roi, la reine, le comte de Maurepas.....

— Et Henri IV, mon frère, l'avez-vous consulté? Sa mémoire, il me semble, doit avoir quelques droits sur vous.

Ces paroles firent tressaillir le comte d'Artois, et ses yeux brillèrent d'un vif éclat à ce nom magique du grand roi.

— Quant à moi, me dit-il, je suis prêt ; et le duc de Bourbon me trouvera s'il me cherche.

— Je n'attendais rien moins de vous, mon frère; ainsi je puis parler dans ce sens au prince de Condé, qui aura dans une heure chez le roi une séance à laquelle je dois assister.

Le comte d'Artois me répondit qu'il était décidé à sortir avec honneur de ce mauvais pas ; puis il me quitta, fort impatient, je crus, d'aller rejoindre son cercle intime.

Je me rendis peu de temps après chez le roi. Il était debout dans son cabinet, près de la cheminée, et paraissait plus ennuyé que soucieux. C'était l'heure où il avait l'habitude de forger avec ce misérable

Gaine, qui lui fit tant de mal depuis par ses infâmes dénonciations. Nous parlâmes de choses indifférentes jusqu'au moment où M. de Maurepas vint se joindre, en témoin fort inutile, à la conserva- qui allait avoir lieu.

Il s'approcha de moi en s'efforçant de jouer le chagrin, la douleur même; quant au résultat, il n'était qu'embarrassé du rôle qu'il avait à remplir dans cette circonstance. Son unique pensée était de temporiser, de négocier; car il se flattait de cacher son insuffisance en recourant à une foule de petits moyens qui n'amèneraient à aucune solution.

Je sus depuis que le prince de Condé avait aussi invité le ministre à assister à l'audience, voulant avoir plusieurs témoins de sa conduite dans cette circonstance.

Nous avions à peine échangé quelques mots, lorsque le prince de Condé arriva. Il marchait la tête haute, et il y eut quelque chose de superbe dans les premiers respects qu'il rendit au roi.

Le prince exposa ensuite brièvement à sa majesté l'insulte qui avait été faite à sa belle-fille, et demanda, en son nom, et en celui des membres de sa famille, l'autorisation de sa majesté pour en exiger une réparation convenable. Le geste qu'il fit en posant la main sur la garde de son épée annonça assez le sens de ses paroles. Le roi pâlit de colère, mais avec plus de mesure que je n'en aurais attendu de lui. Il feignit de prendre le change, et déclara en termes généraux combien ce démêlé lui

10.

était pénible, d'autant mieux que le hasard seul l'avait amené. Car, ajouta Louis XVI, je suis persuadé qu'aucune des deux parties n'a eu l'intention d'offenser l'autre ; on ne devrait donc pas donner plus d'importance à cette affaire qu'elle ne mérite, et le mieux serait d'oublier réciproquement ce qui s'est passé.

Le roi s'arrêta, persuadé que le prince de Condé allait confirmer ses paroles par son acquiescement à sa proposition. Mais celui-ci, affectant de ne pas comprendre le monarque, répondit que, de son côté, il était prêt à tout oublier lorsque la réparation serait faite.

— Eh bien ! dit le roi, tout peut se terminer sur-le-champ si, comme moi, vous désirez sincèrement la paix.

— Mais vous savez, sire, que quand la guerre est déclarée, on ne la termine pas très honorablement sans combat.

— Que signifient ces paroles, monsieur ? demanda le roi avec colère.

— Elles signifient, sire, répondit le prince d'un ton hautain, que l'honneur de ma fille a été outragé, et que nous serions indignes du nom que nous portons si nous ne demandions raison de cet outrage les armes à la main.

— Monsieur, dit le roi, sachez que vous encourrez ma colère si vous ou votre fils tirez l'épée du fourreau.

Voyant que le ton de la conversation devenait

un peu trop vif, et que le comte de Maurepas n'osait faire entendre sa voix, je crus devoir intervenir.

— Monsieur, dis-je au prince, le roi ne vous demande rien qui puisse vous blesser ; mais il veut qu'on respecte ses décisions.

Le prince garda le silence, et je poursuivis en cherchant à étudier l'effet de mes paroles dans le jeu de sa physionomie :

— Je me suis rendu à vos désirs en venant ici, lui dis-je ; puis-je à mon tour vous demander un service?

— Je vous accorderai tout ce qui sera compatible avec mon honneur, répondit le prince d'un ton brusque.

— Le comte d'Artois, ajoutai-je, est désolé de sa méprise.

— On doit toujours être fâché d'avoir insulté une femme.

— Qu'exigez-vous de plus? demanda le roi.

— Que le repentir qui l'honore soit rendu public comme l'a été l'offense ; en un mot, qu'il soit exprimé par son altesse royale en présence de la cour.

— C'est pousser trop loin votre exigence, repartis-je.

— Qu'on nous laisse donc employer un moyen qui, j'en suis sûr, conviendra autant à son altesse royale qu'à nous.

— Je m'y opposerai toujours, dit, Louis XVI, comme roi et comme frère. J'ai juré à mon sacre de punir les duellistes, et je ne puis, sans manquer à mon serment, autoriser un duel.

— Sire, reprit le prince de Condé, je suis venu demander justice à votre majesté, et si vous me la refusez, je serai forcé de me la faire moi-même.

En parlant ainsi, il s'inclina ; et, sans attendre que le roi le congédiât, conformément à l'étiquette, il sortit du cabinet. Je fis signe à M. de Maurepas de suivre le prince, avec lequel il resta quelque temps en conférence.

En attendant le retour du ministre, Louis XVI se promena quelques instans en silence, et paraissant méditer profondément, du moins je le crus, lorsque, tirant tout-à-coup de sa poche une petite clef, il essaya d'en ouvrir une cassette en me disant :

— Croiriez-vous qu'il y a huit jours que je travaille à cette maudite clef, et qu'il y manque encore quelque chose ? Mais vous voyez, ajouta-t-il en me la présentant, que je n'ai pas perdu tout mon temps.

En effet, cette pièce était un chef-d'œuvre d'industrie et de patience. Le roi la reprit après que je l'eus examinée ; puis, la retournant dans tous les sens, il ajouta :

— Ah ! je vois par où elle pèche, et ce sera l'affaire de deux coups de lime.

En parlant ainsi, Louis XVI ouvrit la porte de l'escalier qui conduisait à son atelier, et disparut.

CHAPITRE IX.

Le comte de Maurepas propose un accommodement impossible. — Le public est pour la duchesse de Bourbon. — Rapport fâcheux du lieutenant de police. — Le duc de Chartres. — Le chevalier de Crussol et le baron de Bézenval. — Séance solennelle de réconciliation qui manque son but. — M. de Bezenval communique au comte d'Artois l'opinion des Parisiens. — Il en cause avec MM. de Crussol, de Vaudreuil et de Polignac. — Duel du comte d'Artois et du duc de Bourbon. — Réception faite à la Comédie française aux différens membres de la famille royale. — Voltaire à Paris. — C'est le comte de Provence qui lui obtient la permission d'y venir. — Il va le voir incognito. — Costume de l'auteur. — Conversation. — Voltaire propre frère de Richelieu.

Je demeurai confondu ; car je ne concevais pas qu'un roi de France fût plus occupé du mécanisme d'une clef que de l'affaire importante dont il était question. L'expérience et l'étude des hommes m'ont appris depuis que l'esprit humain est capable des plus bizarres contradictions. J'avais encore les yeux fixés sur la porte, lorsque le comte de Maurepas revint. Il était atterré de la persévérance que le prince de Condé mettait à soutenir sa résolution, et ne pouvait comprendre son sang-froid dans toutes ces explications. Je lui répondis par ce vers de Médée :

Ira quæ tegitur nocet.

« La colère contenue n'en est que plus terrible. »

Cette citation, que je lui expliquai, ne contribua pas à rassurer le ministre. Il penchait pour les moyens palliatifs, et il me montra une formule d'excuse qu'il avait composée de manière à satisfaire les offensés sans trop humilier l'agresseur.

— Ceci est fort bien, dis-je, pour ce qui regarde mon frère ; mais que ferez-vous répondre à la duchesse de Bourbon ?

M. de Maurepas, qui avait songé à tout, me fit lire également la réplique qu'il destinait à la princesse.

— Voici deux mots, dis-je en les désignant du doigt, qui ne pourront sortir de la bouche d'un Condé. Jamais un Condé ne consentira à dire qu'il n'a pas eu l'intention de manquer à la famille royale. Vous savez que prononcer cette épithète c'est attaquer en eux la corde sensible ; car ils veulent à toute force faire partie de la famille, tandis que nous persistons à les regarder comme une branche de notre maison d'autant plus éloignée, qu'elle y était étrangère avant que Henri IV parvînt à la couronne.

— Pensez-vous donc, monseigneur, qu'ils s'arrêtent sur un mot?

— Je le crains; mais enfin l'espoir nous reste encore.

Après avoir délibéré quelque temps, nous convînmes de tenter tous les moyens possibles pour amener une réconciliation, afin de n'ouvrir qu'à la dernière extrémité la lice aux deux champions, comme au temps de la chevalerie.

Nous nous préparions à sortir du cabinet du roi, lorsqu'il rentra tenant sa clef à la main; puis s'étant assuré, en l'essayant à plusieurs reprises dans la serrure de la cassette, qu'elle allait bien, il s'écria d'un ton triomphant:

— Enfin j'en suis venu à mon honneur! Puis, se tournant vers nous: eh bien! messieurs, ajouta-t-il, qu'avez-vous décidé?

Nous fîmes part à Louis XVI du résultat de notre entretien; il recommanda à M. de Maurepas de ne rien négliger pour arranger l'affaire à l'amiable avec la famille de Condé, et de s'entendre pour cela avec moi; puis il nous congédia.

Cette audience eut lieu le 5 mars. Le lendemain et le samedi se passèrent en démarches. La reine, qui ne voulait pas que le comte d'Artois se battît, entravait toutes les mesures que je croyais devoir prendre. J'étais forcé d'agir avec circonspection, car la malignité aurait pu m'accuser de vouloir exposer la vie du comte d'Artois. Ses alentours ne cessaient, d'un autre côté, de le détourner de se battre, en lui disant que sa dignité lui défendait de se mesurer avec un autre qu'un fils de roi.

En attendant une décision quelconque, le temps s'écoulait, le public se déclarait pour le parti des Condé, la cour en faisait autant, et nous allions nous trouver isolés à Versailles comme lors de l'exil du duc de Choiseul. La reine était seule à ne pas s'en apercevoir, ne voyant rien que par les yeux de ceux qui l'entouraient comme d'un rempart impénétrable; elle cherchait à éviter ma présence, ce qui m'empêchait de l'éclairer. Le comte de Maurepas et Amelot étaient dans des transes mortelles. Le premier passait ses journées à imaginer des plans d'accommodement que les Condé refusaient toujours; il leur fallait des excuses du coupable, et ils ne se relâchaient en rien de leurs prétentions. De tous côtés couraient mille bruits fâcheux. Le lieutenant de police faisait entendre que le comte d'Artois devait éviter de se montrer en public; nous savions qu'on avait formé le projet de le huer. Le duc de Bourbon avait remis au comte de Maurepas un mémoire dans lequel l'insolence perçait à travers un respect affecté; mais il fallait tout souffrir, puisqu'on devait à tout prix ne pas déroger à sa dignité.

Pendant le bouleversement général, les princes d'Orléans se tenaient tranquilles. Le père, dans la société de madame Montesson, oubliait l'injure faite à sa fille, et semblait même l'ignorer. Le duc de Chartres, par une abnégation encore plus remarquable, avait pris dans cette querelle le parti du comte d'Artois : désintéressement magnanime dont on ne lui savait aucun gré. Il ne quittait pas mon frère; ils se montraient ensemble partout : j'aime à croire que le duc voulait se ménager en cas de besoin le rôle de conciliateur ; mais dans tous les cas sa conduite, dans cette circonstance, lui fit un tort irréparable dans le public.

Je sus que le baron de Bezenval et le chevalier de Crussol s'entremettaient pour terminer la querelle par la voie des armes. Dès que la reine en fut instruite, elle redoubla d'activité afin de presser l'accommodement sans en venir à cette extrémité. Elle fit parler à la duchesse de Bourbon par madame de Polignac ; madame de Lamballe joignit aussi ses efforts aux siens ; enfin on s'y prit avec tant d'adresse, qu'on parvint à amener une réconciliation entre les deux parties. Madame de Canillac reçut l'ordre de quitter Versailles, et on décida le comte d'Artois à faire des excuses à la duchesse de Bourbon en présence de la famille royale et des princes du sang. Il fut stipulé également que les réponses auxdites excuses seraient faites en termes convenables.

Ce plan arrêté, on procéda à son exécution. La réunion de famille fut fixée au 15 mars par le roi. Les parties intéressées s'y présentèrent avec un sourire forcé sur les lèvres et le cœur rempli de fiel. Outre les membres de la famille et les princes du sang, la princesse de Lamballe fit partie de cette

11

réunion, en sa qualité de surintendante de la maison de la reine.

Un air d'embarras et de contrainte se faisait remarquer sur tous les visages, à l'exception des Condé, dont les regards triomphans annonçaient la victoire qu'ils avaient remportée sur nous. Ils avaient raison d'être fiers, car notre branche perdait déjà ce que la leur gagnait. Nous glissions sur une pente rapide qui nous conduisait à la révolution, et la branche cadette ne fut entraînée après nous que par la force de l'impulsion et nullement par l'esprit de haine de la part de nos persécuteurs.

Le comte d'Artois, auquel on n'avait pas ménagé les sermons, se décida enfin à faire la réparation exigée. La duchesse de Bourbon lui répondit, d'un ton plus ironique que respectueux, quelques phrases où les mots de famille royale ne furent pas prononcés. Marie-Antoinette allait faire la remarque de cette omission volontaire, lorsque le roi, désirant terminer sur-le-champ le différend, déclara qu'il imposait aux deux parties l'obligation de ne point revenir sur ce qui avait été fait; qu'on devait tout oublier réciproquement, et ne conserver dans le cœur que des sentimens d'affection les uns pour les autres. C'est ainsi que finit cette séance solennelle; mais ce ne fut que le prélude d'un autre dénouement qui mit en action la fameuse réconciliation des deux seigneurs espagnols dans le roman de Le Sage. En sortant, le duc de Bourbon fit un signe au comte d'Artois, que celui-ci n'aperçut pas;

puis il alla dans la journée à Bagatelle, espérant y rencontrer mon frère ; et ne l'y trouvant pas, il tint sur lui des propos peu mesurés.

Ce fut alors que le baron de Bezenval fut appelé à jouer un rôle dans ce drame fâcheux. Le reine l'ayant fait mander, il la convainquit de la nécessité d'avoir recours au duel. Marie-Antoinette, voulant du moins éviter qu'il y eût du sang de versé dans ce combat, imagina d'y faire assister le chevalier de Crussol, qui, muni de la lettre de cachet, arrêterait les deux adversaires lorsqu'ils se disposeraient à en venir aux mains. Bezenval dit au chevalier qui lui fit part de ce projet :

— Si c'est une comédie qu'on prétend faire jouer au comte d'Artois, je vous préviens que je ne sors pas des coulisses.

— Et pourquoi cela, s'il vous plaît ? N'est-ce pas assez que S. A. R. se présente sur le terrain ? de même qu'il est dans l'ordre que le roi s'interpose à temps pour sauver la vie d'un frère, ou d'un cousin.

MM. de Polignac et de Vaudreuil, qui étaient présens à l'entretien, appuyèrent l'opinion du chevalier de Crussol, tandis que Bezenval persista à dire qu'il ne comprenait rien à cette morale.

— Vous en parlez bien à votre aise, répondit le chevalier. Songez donc que je réponds sur ma tête de la vie du comte d'Artois.

Bezenval les quitta pour aller rejoindre mon

frère. Je vais le faire parler lui-même, attendu l'importance de son récit.

« J'entrai en matière avec le prince ; je lui fis un
« détail exact de tout ce qu'on disait dans Paris,
« sans chercher à pallier la manière fâcheuse dont
« on parlait de sa personne. Je l'informai de la
« conduite de M. le duc de Bourbon, et surtout de
« sa démarche à Bagatelle, et je conclus en assu-
« rant qu'il était important que les choses en de-
« meurassent là. Tandis que je parlais, j'examinais
« M. le comte d'Artois jusqu'au fond de l'ame, et je
« lui dois la justice de dire qu'il ne fit pas un geste,
« qu'il ne proféra pas une parole qui dénotât la
« moindre émotion ; son visage n'offrait même au-
« cune marque d'altération ; je n'y vis que de l'éton-
« nement, car, comme je l'ai dit, il ignorait tout
« ce qui se passait, et était bien éloigné de soup-
« çonner le rôle qu'il jouait. »

Mon frère, décidé, d'après ce que lui apprit M. de Bezenval, à ne plus prendre conseil que de son courage, fit savoir au duc de Bourbon qu'il se promènerait le lendemain dans le bois de Boulogne. Ce qui se passa entre eux est trop connu pour que je le répète. Le duel eut lieu ; il fut interrompu par l'ordre du roi. Les deux adversaires s'en tirèrent sans aucune égratignure. La nouvelle de ce combat se répandit sur-le-champ dans Paris. Une foule nombreuse de complimenteurs assiégea le palais Bourbon ; mais à Versailles il n'y eut pas presse. La duchesse alla le soir même à la Comédie française, où elle fut couverte d'applaudissemens.

La reine, qui s'y montra quelque temps après avec la comtesse de Provence, fut accueillie avec plus de froideur; car on lui en voulait d'avoir pris parti pour le comte d'Artois. L'arrivée du prince de Condé, qui excita un nouveau mouvement d'enthousiasme, fit ressortir davantage l'indifférence des spectateurs envers Marie-Antoinette. Mon tour vint ensuite : je partageai la disgrace de ma belle-sœur; on me soupçonnait également d'avoir soutenu le comte d'Artois. Dans tous les cas, c'était me faire un crime d'une chose toute naturelle. Le comte d'Artois, que j'avais engagé à ne pas paraître tout de suite en si nombreuse assemblée, se laissa séduire par les louanges de ses amis, qui portaient aux nues son héroïsme. Il vint donc à la Comédie française. A son entrée dans la salle, un murmure désapprobateur se fit entendre, et arrêta l'élan de ceux qui se disposaient à l'applaudir. Le prince fronça le sourcil, la reine cacha mal aussi son mécontentement. Le duc de Chartres, plus prudent, évita de se montrer dans cette circonstance; et bien lui en prit, car je crois qu'on ne lui aurait pas épargné les démonstrations de la défaveur générale, prix assez ordinaire que des ménagemens maladroits obtiennent toujours.

Le roi se fâcha pour la forme; mon frère lui écrivit en vain, pour éviter au duc de Bourbon une légère marque du mécontentement de S. M. Il fut exilé à Chantilly pendant une semaine, et le comte d'Artois reçut l'ordre d'aller passer le même temps à Choisy. C'est ainsi que se dénoua cette affaire, qui nous mit tous en émoi, et qui servit à faire connaître les mauvaises dispositions des Parisiens à l'égard de la famille royale. Celle-ci ne profita malheureusement pas de tous ces avertissemens répétés.

Un peu avant le bal masqué qui eut de si funestes conséquences, Voltaire arriva subitement à Paris, vers le milieu de février, au bout d'une absence de vingt ans. Son apparition mit en mouvement toute la capitale; chacun était empressé de le voir, d'en approcher; la foule ne quittait pas la maison du marquis de Villette, où il logeait, et qui était située sur le quai des Théatins, au coin de la rue de Beaune. Une lettre de cachet fort secrète lui avait interdit, sous Louis XV, le séjour de Paris. Elle existait toujours : on s'adressa à moi pour la faire lever. Ce fut une négociation que mena à bien le comte d'Argental, précurseur de Voltaire, que je vois encore avec sa perruque en nid de pie, son air effaré et sa contenance solennelle dans les petites occasions.

J'eus à lutter contre les préventions très prononcées du roi, appuyées de celles de la reine. Je ne m'étais chargé de travailler au rappel de l'homme de génie que sous le voile du mystère, ne voulant point paraître le protéger ouvertement. Je dois donc rendre justice à d'Argental, qui dans cette occasion sut retenir sa propension à ne rien cacher. M. de Maurepas qui, je ne sais pourquoi, n'était point pour Voltaire, m'aida néanmoins dans mon projet; et après de nombreux efforts nous obtînmes, non la révocation de la lettre de cachet, mais la promesse qu'on feindrait de l'avoir oubliée, à moins que Voltaire se conduisît de manière à la remettre en mémoire.

Son désir de revenir à Paris était tel, qu'il ne se montra pas difficile sur les conditions, et il arriva inopinément, afin de ne pas laisser au clergé le loisir d'intriguer contre son retour. Bien lui en prit; car on le sut à peine arrivé, que quelques prélats, que leurs propres péchés auraient dû rendre plus indulgens, manifestèrent leur indignation, et je vis l'instant qu'il allait être exilé de nouveau; je fus forcé de me fâcher presque contre M. de Maurepas, qui l'aurait volontiers abandonné.

Avouerai-je que j'avais un extrême désir de voir Voltaire, en même temps que je craignais de le manifester. Je ne pouvais le recevoir à Versailles, le roi ayant décidé qu'il n'y viendrait point; il fallait donc trouver le moyen de satisfaire ce désir sans que ma démarche fût connue. Je résolus en conséquence d'aller incognito chez lui et de ne pas même le mettre dans le secret de mon rang. Le seul marquis de Villette devait être dans la confidence, et je me plais à croire qu'il fut discret. Voici comment eut lieu cette entrevue.

Le patriarche de Ferney, ainsi qu'on qualifiait Voltaire, relevait de maladie ; son état demandant encore des ménagemens, il pouvait faire défendre sa porte. Un soir donc qu'à son insu peut être le suisse de M. de Villette fermait le guichet aux adorateurs de l'homme de lettres, je m'introduisis furtivement dans son hôtel, en la compagnie de Montesquiou et de Modène. Je me fis annoncer sous le nom du baron de Rouvière, titre imaginaire qui devait s'éteindre une heure après. Nous trouvâmes l'idole du jour ensevelie dans une robe de chambre de lampas bleue à fleurs d'or et d'argent; on eût dit une chape d'église. Sa tête était couverte d'un bonnet de coton, recouvert d'un autre en velours noir brodé d'or et orné de fourrure : c'était un présent *de la catau du Nord*, ainsi qu'il appelait l'impératrice Catherine.

Ses yeux brillaient du feu du génie à travers lequel perçait une expression de finesse et de malice. Sa bouche, en s'ouvrant, laissait voir une mâchoire dégarnie de dents ; un sourire sardonique froissait souvent ses lèvres minces et pâles. Son nez aquilin se rapprochait du menton pointu et relevé, et ses joues caves, aux pommettes saillantes, étaient couvertes d'une peau basanée et ridée qui achevait de donner à toute sa personne quelque chose de cadavéreux.

Il se leva à notre approche, et écouta mon compliment en homme habitué à en recevoir ; puis, sans me faire aucune question sur mon nom ou mon rang, ce qui me donna beaucoup à penser, il entama une conversation remplie de gaîté et de finesse. Je lui demandai malignement s'il n'irait point à la cour.

— C'est pour moi un labyrinthe dont j'ai perdu le fil, répondit-il. Qu'y ferais-je d'ailleurs? Là où il n'y a que de bons ménages un vieux garçon ferait triste figure.

— Mais vous rendriez vos hommages au roi.

— L'encens qu'on donne aux dieux n'en est pas moins bien reçu pour venir de plus loin.

— Vous trouverez Paris bien changé depuis votre absence.

— Oui, ses habitans commencent à penser, et j'espère qu'ils ne tarderont pas à agir.

— Et dans quelle intention?

— Pour le bonheur commun; le roi lui-même ne leur en donne-t-il pas l'exemple?

— Sans parler du clergé, dis-je en riant.

Voltaire fit la grimace, et je poursuivis:

— C'est le flambeau qui nous guide.

— Ou plutôt c'est lui qui cherche à éteindre toutes les lumières.

— Vous êtes sévère à son égard.

— La superstition est la peste des empires, et ces messieurs prennent soin de la propager partout.

— Heureusement que les parlemens sont là pour arrêter le mal dans sa source.

Ici, seconde grimace; puis, après un instant de silence, Voltaire dit avec vivacité:

— Plût à Dieu qu'en sortant de la gueule du loup l'agneau ne tombât pas sous la griffe du chien hargneux qui, sous prétexte de le défendre, le déchire sans pitié! Mais heureusement qu'il existe en France des cœurs nobles et généreux qui se déclarent en faveur de l'opprimé ; je leur dois tout mon amour, et ceux-là, certes, n'auraient pas rendu le pouvoir aux robins avides de vengeance.

Si j'eusse été connu de Voltaire, j'aurais cru que ce compliment m'était adressé ; mais n'ayant pas l'air de le remarquer, je changeai la conversation et lui demandai comment il fallait s'y prendre pour étudier l'histoire avec fruit.

— Je crois, me répondit-il, qu'il faut en cela, comme dans toute chose, admettre ce qui est possible et rejeter ce qui est invraisemblable ; car on doit se méfier des historiens comme des romanciers, qui souvent ne se font pas scrupule de joindre la fiction à la réalité.

— Ainsi donc nous ne pouvons avoir qu'une idée imparfaite de l'histoire ancienne.

— Il y a des faits du moins qui ne trompent jamais, ceux qui nous présentent les vices et la corruption d'un état : des peuples gémissant sous le poids des impôts et du despotisme ; des haines et des vengeances : avec cela vous aurez l'histoire de tous les pays, de tous les âges.

Cette manière d'analyser en peu de mots les écrits de tant d'auteurs célèbres me parut piquante ; je le témoignai à Voltaire en termes assez heureux, car il est rare que le génie ne communique pas quelque étincelle à ceux qui sont en contact avec lui. J'amenai ensuite l'entretien sur Voltaire lui-même. Je vantai ses ouvrages en homme qui les connaissait, et surtout qui savait les apprécier. Modène et Montesquiou renchérirent sur mes éloges en récitant avec feu plusieurs passages de *la Henriade*, de *Mérope* ou de *la Pucelle*. Le vieillard de Ferney semblait se complaire à les écouter; puis, les interrompant brusquement, il leur dit :

— Il y a un vers que je préfère à tous les autres, c'est celui-ci :

J'ai fait un peu de bien, c'est mon meilleur ouvrage.

— Alors, lui dis-je, le séjour du ciel vous est acquis de droit.

— Ou celui des ténèbres, répliqua-t-il en riant; car comme j'ai parlé un peu légèrement des habitans de l'Olympe, il serait possible qu'on m'envoyât, plus tôt que je ne le souhaite, en la compagnie de Socrate, de Trajan et de Marc-Aurèle.

— Vous brûleriez en bonne compagnie.

— En très royale au moins.

L'épigramme était verte, mais ma position me défendait d'y répondre.

Je ne répète qu'imparfaitement les paroles de Voltaire, qui ne peuvent gagner à passer par une autre bouche; mais si je me suis un peu écarté de la forme, j'en ai du moins rendu fidèlement le sens.

Je partis charmé de l'avoir vu, et espérant le revoir encore. La mort s'y opposa; Voltaire expira le 28 mai suivant, à la suite d'une potion que le duc de Richelieu lui avait conseillé de prendre. Au milieu de son agonie, il s'écria à plusieurs reprises : Mon frère Caïn! mon frère Caïn! Et il avait raison, car il était réellement le frère du duc, et leur père commun était le prince Canalunga, Napolitain, qui, ayant été aussi remarquable par sa beauté que par son esprit, avait su faire apprécier son mérite à leurs mères. Ce fait était connu à Versailles : Voltaire lui-même ne l'ignorait pas ; et c'est à ce motif qu'il dut l'animosité avec laquelle le premier gentilhomme de la chambre le poursuivit toute sa vie.

CHAPITRE X.

Réflexions politiques sur la guerre d'Amérique. — Exposé rapide des causes et des événemens de la révolution des États-Unis. — Portrait de Franklin. — Le roi de France traite avec les insurgens. — Prévision du comte de Provence. — Deux ministres. — Maison de madame Élisabeth. — Deux calottes rouges. — Stupéfaction du comte de Provence, à l'aspect de trois femmes de ministres soupant chez la reine. — Combat de *la Belle-Boule*. — Mort de J.-J. Rousseau. — Première grossesse de la reine. — On triche au jeu de Marly. — Le bourreau en *polisson* au jeu de Marly. — Le marquis de Tavannes, le prince de Saint-Maurice et l'habit rose. — Espiéglerie de Louis XVI. — Le duc de Chartres marin.

Le moment approchait où le roi de France, contraint de prendre un parti dans une lutte célèbre, allait décider une grande question de politique extérieure, par le seul fait de son intervention. C'était jouer gros jeu. Il fallait non seulement le gagner, mais encore calculer si le succès n'amènerait pas un jour de funestes conséquences. En un mot, Louis XVI, en se déclarant pour ou contre l'Angleterre, dans la querelle que cette puissance avait avec ses colonies d'Amérique, allait peut-être décider du destin futur de la France.

C'était un de ces cas graves qui demandent de mûres délibérations; il s'agissait de choisir entre un souverain armé de ses droits légaux, et des sujets d'outre-mer, qui, par leur position politique, se croyaient autorisés à se séparer de la mère-patrie, et à former un état indépendant. Convenait-il à un monarque de défendre la cause d'un peuple rebelle, de se faire en quelque sorte le champion de la liberté? D'une autre part, il y avait un grand avantage à enlever à une couronne rivale son plus beau fleuron, à se créer contre sa puissance une alliée perpétuelle, dont les intérêts deviendraient ceux de la France, et dont les forces navales nous aideraient quelque jour à contre-balancer victorieusement celles de la Grande-Bretagne.

Le choix était difficile, et je comprends l'indécision des hommes d'état en pareilles matières. On a donc tort de blâmer la résolution que prit Louis XVI; car il ne pouvait prévoir alors comment la révolution américaine devait réagir sur l'Europe.

L'Angleterre possédait de vastes contrées dans l'Amérique septentrionale : la Pensylvanie, la Virginie et les pays adjacens renfermaient une population agricole dans certaines provinces, commerçante dans d'autres. Mais déjà le joug de la métropole semblait pesant à ces colonies, lorsqu'en 1764 un acte du parlement d'Angleterre établit un impôt sur le timbre, et les colons résolurent de ne point l'accepter ; les diverses provinces se fédérèrent, un congrès se forma à New-York, le 7 octobre 1765, pour s'opposer à cette exaction ;' enfin la querelle s'échauffa ; l'impôt fut retiré, mais il fut remplacé par un autre sur le thé, qui exaspéra encore davantage les Américains.

La ville de Boston et la province de Massachusset se soulevèrent ; les autres provinces imitèrent leur exemple, et un congrès assemblé à Philadelphie consacra le principe de la résistance : dès lors l'Angleterre déclara les sujets de l'Amérique septentrionale en état de révolte ouverte, et décida qu'on les soumettrait par la force des armes. La guerre civile fut la conséquence de cette détermination. Les Américains repoussèrent les Anglais dans Boston, en avril 1775, et mirent à la tête du gouvernement ce Washington, dont le nom devait être bientôt si fameux.

Cependant les insurgés ne manifestaient pas encore ouvertement l'intention de se séparer de l'Angleterre ; mais ils bravaient ses lois, et combattaient ses généraux. Ceux-ci se virent forcés d'abandonner Boston le 17 mars 1776. Dès lors les Américains espérèrent lutter avec avantage ; et loin de se laisser intimider par l'approche des forces formidables que la Grande-Bretagne envoyait contre eux, ils se décidèrent à rompre sans retour avec elle. Ce fut le 4 juillet 1776 que le congrès, en vertu du consentement populaire, proclama l'indépendance des États du nord de l'Amérique. Des attaques successives eurent lieu entre les deux partis avec des succès balancés. Washington était à la tête des *insurgens*, nom qu'on leur donnait en Europe, et le général Howe commandait les troupes britanniques. Il finit par obtenir une supériorité marquée sur les troupes américaines. Celles-ci, vaincues et découragées, fuyaient de toutes parts : des efforts héroïques pouvaient seuls les sauver ; Washington les tente, passe la Delawarre, surprend divers postes anglais, les bat, les met en déroute, reprend l'offensive, brave Cornwallis, contraint Howe à évacuer ses positions, et délivre Philadelphie, où le congrès fugitif vient se réunir sous sa protection.

La campagne de 1777 commença sous d'heureux hospices pour les *insurgens* : Howe se retire, Burgoyne pose les armes. Mais le courage des Américains est retrempé par quelques revers ; l'avantage passe alternativement de l'un à l'autre camp ; rien de décisif encore, lorsque la France vient jeter son épée dans les bassins de la balance. Déjà elle aidait secrètement le congrès ; un envoyé de la colonie, Sila O'Deane, homme sage et zélé patriote, était venu à Paris, défendre les intérêts de ses concitoyens ; il avait allumé dans les cœurs français une vive sympathie pour la cause de la liberté. Les prédications philosophiques portaient déjà leur fruit : des fils *de bonne mère* abandonnaient les délices de leur patrie pour traverser les mers et aller chercher dans le Nouveau-Monde une gloire aventureuse.

Sur ces entrefaites, Benjamin Franklin, collègue adjoint à Deane, nous apparut avec la prudence de sa verte vieillesse. Cet ambassadeur d'un nouveau genre eut un mérite très apprécié en France, celui de son étrangeté. Il parlait une langue toute nouvelle, celle du *patriotisme* : il était enthousiaste dans sa réserve, hardi dans son respect ; il fascina nos raisonneurs, nos étourdis, les hommes, les femmes ; enfin il nous fit une religion de la nécessité de l'indépendance de l'Amérique.

Habile diplomate dans sa simplicité, Franklin comprit la force de son ascendant ; il lui fut facile de gagner M. de Maurepas, en le flattant de la gloire d'attacher son nom à l'affranchissement d'une vaste contrée, et d'acquérir la reconnaissance de toute une nation ; bref, il s'y prit avec tant d'adresse auprès du roi et du ministre, soutenu qu'il était par l'opinion générale, qu'en 1778, le 6 février, il y eut un traité de commerce et d'alliance signé à Versailles avec les États-Unis de l'Amérique. Ce fut une déclaration de guerre à la Grande-Bretagne. Néanmoins les ambassadeurs de la nouvelle puissance, qui étaient alors trois à la cour de France, Franklin, Deane et Lee, ne furent présentés à Louis XVI que le 20 mars, par le comte de Vergennes, ministre des affaires étrangères.

J'avoue que je ne pouvais approuver une décision contraire à mes principes ; car en aucune occasion je n'autoriserais à prendre la défense d'un peuple contre son souverain : mais n'étant point du conseil, je gardai pour moi mon opinion, et je me contentai seulement de dire à M. de Maurepas, dans une de nos conversations privées :

— J'ai bien peur, monsieur, que le cabinet de Londres fasse payer cher au roi mon frère, sur la fin de son règne, la détermination qu'il prend à son début.

Cette prévision s'est trop réalisée ; car tout m'a prouvé que les Anglais ont cherché à nous nuire de tous leurs moyens pendant notre malheureuse révolution.

Je peindrais mal la joie que ressentit la France entière à la nouvelle que l'indépendance de l'Amérique était enfin reconnue. Elle n'aurait pu être plus complète s'il se fût agi de notre propre salut. Cet enthousiasme ne me gagna pas, surtout lorsque je vis le comte de Maurepas à la tête des affaires, et le prince de Montbarrey au ministère de la guerre. Ces deux hommes m'inspiraient peu de confiance, et je n'en avais guère plus en M. de Sartines ; cependant celui-ci, trompant mon attente, fit mieux que je ne le croyais, aidé de la bravoure et de l'habilité de nos marins.

Je pourrais placer ici quelques particularités de la guerre d'Amérique ; mais je n'en parlerai que légèrement, et lorsqu'elles entreront dans le cadre que je me suis donné.

La comtesse Jules, dont le crédit augmentait de

jour en jour, prenait aussi, en proportion, de l'importance aux yeux de la cour. Tout se faisait par elle ou pour elle; ses parens, ses amis et ses protégés envahissaient ce que les autres sollicitaient en vain. Il fallait composer une maison à la princesse Élisabeth : ce furent les Polignac qui en fournirent les sommités : la comtesse Diane, de ce nom, devint dame d'honneur de notre sœur; la marquise de Serrent sa dame d'atours ; le comte de Coigny fut nommé son chevalier d'honneur, et le comte d'Adhémar son premier écuyer.

Après que ces choix, qui prêtèrent aux murmures de la cour, furent faits, la princesse Élisabeth sortit de dessous la surveillance de la gouvernante des enfans de France. La cérémonie qui eut lieu à cet effet se célébra le 17 mai. La princesse se rendit chez le roi, accompagnée de madame de Guéméné, qui la remit à Louis XVI. Sa majesté ayant ordonné de faire entrer la comtesse Diane de Polignac et la marquise de Serrent, leur confia Élisabeth. Cet ange de vertu ne pouvait être remise en de moins digne mains ; heureusement que la fermeté de ses principes la mit à l'abri de tout ce que cette tutelle pouvait avoir de dangereux.

Le mois suivant, le roi donna la calotte rouge aux cardinaux de La Rochefoucault et de Rohan ; ce dernier ne l'obtint qu'au grand déplaisir de la reine, qui n'était point encore réconciliée à l'idée de le savoir grand-aumônier et décoré du grand cordon bleu, faisant partie de cet ordre. Le cardinal de Rohan essayait, depuis son élévation, de se rapprocher de moi ; mais je l'évitais avec le même soin, et je n'eus depuis qu'à m'en féliciter lors de la malheureuse affaire du collier.

En attendant, nous marchions, au château, de surprise en surprise ; Marie-Antoinette s'affranchissait de plus en plus des règles gênantes de l'étiquette. Une innovation dans ce genre, indigna les antiques traditions vivantes de la cour. La reine, voulant faire une galanterie au Mentor, invita à souper, lorsqu'elle était à Marly, la comtesse de Maurepas, mesdames Amelot et de Sartines, femmes de trois ministres. Je vis l'instant où la comtesse de Provence refuserait de prendre place à ce banquet peu royal, et j'eus besoin de tout mon ascendant pour faire triompher sa sagesse aux dépens de sa dignité.

La princesse me conseilla d'en parler au roi ; mais je n'en fis rien, sachant que je n'y aurais rien gagné : Louis XVI ne voyait plus que par les yeux de la reine et du Mentor. Au demeurant, nous fûmes un peu vengés de notre complaisance forcée ; car la pauvre madame de Maurepas, soit par friandise, soit par crainte de déplaire à la reine, n'osa rien refuser de ce qu'elle lui offrit pendant le repas, et il en résulta, à la suite, de fâcheux inconvéniens, qui prêtèrent beaucoup à rire. La dame fut forcée, pendant le chemin, de mettre plusieurs fois pied à terre, et, loin de plaindre ses souffrances, chacun se montra disposé à en plaisanter.

Le combat de *la Belle-Boule*, commandée par M. de La Clochetterie, contre une frégate soutenue de toute une escadre anglaise, ouvrit glorieusement la campagne maritime. Le duc de Chartres, qui aspirait à la charge de grand-amiral, et qui voulait d'ailleurs se réhabiliter aux yeux du public, demanda à prendre du service sur mer. Il monta *le Saint-Esprit*, et assista au combat d'Ouessant. Ses amis dirent qu'il fit merveille ; mais les journaux ne confirmèrent point cette assertion. Quoi qu'il en soit, son altesse royale, impatiente de montrer ses lauriers à Paris, y rentra en grande hâte. Son début fut brillant ; il fut applaudi partout où il put se faire voir. Il y eut des chansons à sa louange ; mais le revers de la médaille ne tarda pas non plus à se montrer : les épigrammes, les vaudevilles malins vinrent à la suite des éloges. Néanmoins la conduite du duc inspira au comte d'Artois le désir de faire acte de présence en face de l'ennemi : ce fut un des motifs qui le conduisirent au camp de Saint-Roch.

Le célèbre Rousseau mourut cette année, le 3 juillet, à Ermenonville, où il s'était retiré. Je signale seulement ce fait, n'ayant eu aucuns rapports directs avec lui. Il est malheureux que tant de génie ait été associé à si peu de noblesse : on aurait pu dire avec vérité que son style était celui d'un dieu, et son ame celle d'un valet.

Depuis long-temps on disait tout bas que la reine était grosse, et ceux qui en doutaient encore auraient pu s'en convaincre à son air triomphant. Quant à moi, je les avais avant les autres, et j'en fis compliment au roi, qui était aussi au comble de ses vœux. Dès ce moment je vis disparaître insensiblement les hommages qu'on m'avait prodigués jusqu'alors : cela se concevait, je ne devais plus être l'héritier direct de la couronne. Enfin, le 28 août, une lettre de Louis XVI annonça officiellement à l'archevêque de Paris, et à tous les prélats, son espoir de devenir bientôt père.

Tout le royaume en ressentit une vive allégresse; le roi était encore aimé et méritait de l'être. Chacun m'examina dès lors avec une maligne curiosité, comme pour deviner le fond de ma pensée; la comtesse de Provence fut soumise au même examen; mais, grace à Dieu, nous ne donnâmes matière à aucune fausse interprétation, et la méchanceté seule put nous prêter des regrets.

La passion du jeu devenait chaque jour plus intense à la cour; la reine elle-même s'asseyait avec une sorte d'empressement autour d'un tapis vert : c'était là où venait s'engloutir la fortune de la plupart des courtisans. Le sieur de Chalabre, banquier, faisait tour à tour des gains et des pertes considérables, par la mauvaise foi de certains pontes. On ne peut s'imaginer avec quelle impudence on trichait, dans ce sanctuaire de la bonne compagnie! Vieilles duchesses, jeunes seigneurs, aucun ne se faisait faute de tromper les croupiers. Les choses allèrent si loin, qu'il fallut coudre un ruban sur la table, et déclarer qu'on ne paierait point les tas d'or qui seraient au delà.

La duchesse de ..... fut la cause première de cette précaution déshonorante. Elle avait pour usage de ne jouer l'argent qui était devant elle que lorsque sa couleur gagnait, et, dans le cas contraire, elle prétendait s'être reposée; si on insistait, elle élevait la voix et se donnait l'air de l'innocence persécutée. On ne vit donc d'autre moyen d'échapper à sa mauvaise foi qu'en décrivant sur la table la marque que je viens de mentionner.

Le roi voyait avec peine ces progrès d'une passion effrénée; mais l'ascendant de la reine sur Louis XVI avait pris une nouvelle force depuis sa grossesse, et il n'aurait osé qu'à la dernière extrémité lui adresser la moindre remontrance. J'ai déjà dit qu'entraîné par l'exemple je jouais aussi assez gros jeu : comme je ne savais ni ne voulais corriger la fortune, non plus que mon frère le comte d'Artois, nous perdions l'un et l'autre des sommes assez rondes; néanmoins il était plus malheureux que moi, parce qu'il risquait davantage.

C'était à Marly surtout que la fureur du jeu se montrait plus à découvert, à Marly où, grace au relâchement de l'étiquette, chacun pouvait se présenter au salon avec un habit propre, et se mêler au jeu avec l'assistance des duchesses, qui ne quittaient pas la table, sauf à leur abandonner une partie du gain; car ces dames avaient presque toujours des distractions à leur profit. On y accourait donc en foule, sans cérémonie et *en polisson*, selon l'expression reçue. Que de gens sans naissance se mêlaient aux noms les plus illustres de France !

Un soir je vois venir à moi le comte de Tavannes, le visage bouleversé, et pouvant à peine parler. — Ah ! monseigneur, me dit-il à voix basse, quelle indignité ! Voyez-vous là-bas, près de cette console, un homme en habit rose, avec une veste glacée de bleu et argent, qui porte des lunettes ?

— Oui, et son extérieur n'a rien qui justifie votre effroi.

— C'est que vous ne connaissez pas le personnage, monseigneur, car vos cheveux se dresseraient sur la tête.

— Serait-ce, m'écriai-je d'un ton à peine articulé, le...

— Le bourreau !... Vous avez deviné, monseigneur, et ce nom affreux vous explique assez l'état où vous me voyez.

J'avoue que mon sang se glaça dans mes veines : je ne pouvais croire à tant d'audace. Il me sembla que cet homme horrible regardait le roi avec une attention sinistre... Ce souvenir me fait encore frémir malgré moi. Le comte me demanda ce qu'il fallait faire.

— Ne dire mot de ceci à personne, répondis-je. Je me charge de chasser l'insolent sans esclandre, à moins que vous ne vouliez vous acquitter vous-même de cette tâche.

Le comte recula de deux pas, et ayant jeté les yeux autour de moi, j'aperçus à quelque distance le prince Maurice, fils du prince de Montbarrey, et colonel des Cent-Suisses de ma garde. Je l'appelai, et après lui avoir désigné le misérable, je lui enjoignis d'aller lui dire de sortir sans bruit. Saint-Maurice, qui ne soupçonnait pas le genre de mission dont je le chargeais, s'y conforma selon mes ordres. J'examinai l'homme à l'*habit rose* et à la *veste bleue glacée d'argent,* tandis que mon émissaire lui faisait part de ma volonté : je le vis pâlir et jeter un regard terrible sur Saint-Maurice ; cependant il se retira sans rien dire.

Quelques années après, le malheureux Saint-Maurice tomba au pouvoir de celui qu'il avait expulsé du salon de Marly.... Avec un peu de superstition, ne pourrait-on pas croire que ce fonctionnaire de la mort était venu là choisir d'avance ses plus illustres victimes !

J'exigeai du comte de Tavannes le plus grand secret sur cet incident, que je révèle moi-même aujourd'hui pour la première fois. Mais, afin de dissiper l'impression pénible que me cause le souvenir de cette fâcheuse anecdote, je vais en raconter une autre, qui n'a rien que de plaisant.

Le roi, en revenant de la chasse, s'avisa d'interrompre sa toilette pour examiner la carte des lieux circonvoisins qu'il venait de parcourir. Il y avait ce même soir comédie, car la reine avait fait élever à Marly un théâtre provisoire, où les habitans du château se montraient assidus. La Roche, premier valet de la garde-robe, qui cherchait à cacher l'exiguité de sa taille sous l'importance qu'il se donnait, craignant, s'il arrivait trop tard au spectacle, d'être mal placé, voulut s'échapper furtivement de la chambre du roi avant que la toilette du monarque fût achevée; il est vrai que le décorum seul exigeait qu'il y assistât, n'ayant aucune aide manuelle à y donner. Il espère donc qu'on ne s'apercevra pas de son absence, et se glisse à travers le triple cercle des gens de service, ou des courtisans admis à cette cérémonie; mais tout à coup Louis XVI, qui le suivait des yeux, le rappelle d'une voix de tonnerre.

— Où vas-tu, La Roche? lui dit sa majesté.
— Sire, j'allais...
— Où cela, s'il te plaît?
— Sire, à la comédie.
— A la comédie!.... c'est fort bien; mais qui fera ton service? Est-ce que le roi de France peut s'habiller sans la présence de son premier valet de garde-robe? Non, monsieur le déserteur, cela ne sera pas.

Les regards du roi s'arrêtant sur un exempt qui était là, il va à lui, s'empare de son bâton; puis, prenant La Roche au collet, il le conduit près de la porte d'entrée, l'y place en sentinelle, lui met le bâton de l'exempt en guise de fusil, le coiffe de son propre chapeau de chasse; puis, le laissant sous cet accoutrement militaire, le monarque passe dans son cabinet pour se faire raser et poudrer.

De temps en temps il envoyait un seigneur inspecter le pauvre La Roche, qui, désespéré de cette plaisanterie, se donnait au diable de bon cœur. Enfin la toilette du roi achevée, sa majesté vient relever la sentinelle, lui tape légèrement sur la joue, et l'envoie au spectacle, en riant de son mieux du passe-temps qu'elle s'était donné.

Cette plaisanterie amusa beaucoup la cour; mais ce qui lui sembla encore plus comique, fut la nomination du duc de Chartres à la charge de colonel-général des hussards, en récompense de ses services maritimes. Le public ne put s'empêcher de voir une mystification royale dans ce choix singulier; mais l'ambition du prince se portait encore plus haut : il briguait la charge de grand-amiral, qui était réservée *in petto* à mon neveu le duc d'Angoulême. Les jeux de mots arrivèrent à la suite de la nomination ; on changea le titre de colonel-général des troupes légères en celui de colonel *des têtes légères*. Il est vrai que le duc se conduisit de manière à justifier ce nouveau titre.

CHAPITRE XI.

Détails du premier accouchement de la reine. — C'est une fille. — Madame Royale. — Le comte de Provence se justifie. — Citation historique à propos. — Pari sur un fait de mémoire. — Le comte de Provence l'applique à sa nièce. — On lui en fait un crime. — Nouveaux statuts des ordres de Saint-Lazare. — Nominations dans ces ordres. — Les Grammont et les Polignac intriguent, pour une charge de garde-du-corps, contre les Durfort. — Conversation de madame Tartufe. — Le roi donne définitivement le Luxembourg au comte de Provence. — Relevailles de la reine. — Le peuple muet. — Mauvaise humeur d'une grande princesse. — Scène faite à un souper *d'amis*. — Comment la comtesse de Provence le termine. — Plaisirs d'hiver. — L'Espagne déclare la guerre à l'Angleterre.

La France attendait avec impatience le résultat de la grossesse de la reine : on faisait des vœux pour un garçon, sans s'inquiéter si cela me convenait. Déjà on s'apprêtait, suivant l'usage, à fêter un dauphin; il n'était nullement question d'une princesse. Comme la nature n'était pas de moitié dans ces calculs, ce fut d'une fille que Marie-Antoinette accoucha à Versailles, le 19 décembre 1778, à onze heures trente-cinq minutes du matin.

La veille, pendant la journée, la reine avait ressenti quelques douleurs qui lui annonçaient sa prochaine délivrance; on nous en fit part, et nous attendîmes l'événement. Les douleurs devenant plus intenses vers minuit et demi, la princesse de Chimay alla aussitôt en cérémonie avertir le roi, qui à son tour envoya chez tous les membres de la famille, et nous nous rendîmes avec lui dans l'appartement de la reine. L'assemblée de famille était composée de la comtesse de Provence et de moi, du comte et de la comtesse d'Artois, et de nos trois tantes; le garde-des-sceaux et les ministres vinrent de leur côté dans le grand cabinet, tandis que toutes les personnes qualifiées du château et une multitude de peuple de toutes classes s'emparèrent, conformément à l'étiquette, des diverses pièces de l'appartement.

L'accouchement fut laborieux; mais Vermont, chirurgien de la reine, le dirigea très heureusement. C'était un homme manquant de forme et peu mesuré dans le choix de ses expressions, mais fort habile dans son art.

Le roi ne pouvait tenir en place. Il allait du lit de la reine à nous, et de nous au lit de la reine, caché derrière d'immenses paravents en tapisserie, que lui-même avait fait attacher le jour précédent avec de gros câbles, dans la crainte d'accident.

Au moment où Vermont annonça que Marie-

13.

Antoinette allait accoucher; nous nous levâmes tous pour nous rapprocher d'elle; le garde-des-sceaux en fit autant, et la foule qui était dans les pièces adjacentes se précipita dans la chambre de la reine, et faillit renverser sur elle les paravents. On eut peine à chasser les indiscrets, et le roi, avec sa force d'Hercule, ouvrit d'un seul effort une immense fenêtre soigneusement calfeutrée de papier collé.

L'allégresse allait éclater, lorsque les mots *c'est une fille!* vinrent tout à coup en refroidir l'élan. Des chuchotemens de désappointement se firent entendre, et je vis je ne sais combien de regards scrutateurs se fixer sur moi, cherchant à lire dans mes yeux si je pensais en ce moment à *la loi salique;* mais j'avais à l'avance préparé mon visage, en cas d'une naissance féminine. On n'y vit donc rien que ce qu'il me plut d'y laisser voir. Le roi se mordit les lèvres, la reine étouffa quelques soupirs; mais on se consola en espérant mieux de l'avenir. On dit que *l'Amour* suivrait *les Graces*, et que *la rose* précédait *le lis*. Il fallut prendre ces consolations faute de mieux, et, en attendant, complimenter *Madame Royale* sur sa venue en ce monde.

C'est cette princesse que la Providence destinait à subir un jour les plus cruelles épreuves! C'est à elle qu'elle accorda en même temps la vertu et le courage de les supporter! Qui a pu voir, sans en être touché, cette fermeté inaltérable dans les revers, ce dévouement à sa famille, de la moderne

Antigone, de ma fille adoptive! Ah! puisse ma tendresse, puisse celle des Français la dédommager de tout ce qu'elle a souffert!

Ma nièce devait avoir pour parrain le roi d'Espagne, Charles III, que je représenterais, et pour marraine l'impératrice Marie-Thérèse, dont la comtesse de Provence tiendrait la place. Le baptême eut lieu le même jour, à deux heures et demie, dans la chapelle : il fut célébré par le grand-aumônier ; le curé de la paroisse Notre-Dame, M. Broquevelle, y assista selon son droit.

La malignité, qui ne dort jamais, et qui m'a toujours poursuivi de ses traits envenimés, ne me laissa pas en repos en cette circonstance. Je vais en exposer le récit, consigné dans les Mémoires secrets de Bachaumont, sauf à me justifier en faisant ensuite connaître la vérité.

« 12 janvier 1779. On a remarqué une obser-
« vation de *Monsieur*, au *baptême* de *Madame*,
« fille du roi ; on sait que ce prince tenait l'enfant
« sur les fonts pour le roi d'Espagne. Le grand-
« aumônier a demandé quel nom on voulait lui
« donner ; *Monsieur* a répondu : *Mais ce n'est pas*
« *par où l'on commence ; la première chose est de*
« *savoir quels sont les père et mère : c'est ce que*
« *prescrit le rituel*. Le prélat a répliqué que cette
« demande se faisait lorsqu'on ne savait pas d'où
« venait l'enfant ; qu'ici ce n'était pas le cas, et que
« personne n'ignorait que *Madame* était née de la

« reine et du roi. Son Altesse Royale, non con-
« tente, s'est retournée vers le curé de Notre-Dame,
« présent à la cérémonie, et lui a demandé si lui
« curé, plus au fait de baptiser que le cardinal,
« ne trouvait pas son objection juste? Le curé a
« répliqué avec respect qu'elle était vraie en géné-
« ral, mais que dans ce moment il ne se serait pas
« conduit autrement que le grand-aumônier ; et
« les courtisans malins de rire. Tout ce qu'on peut
« inférer de là, c'est que Monsieur a beaucoup de
« goût pour les cérémonies de l'église, est fort in-
« struit de la liturgie, et se pique de connaissances
« en tous genres. » (Tome 13, p. 251 et suiv.)

Les bonnes ames conclurent de ce récit, qu'on a supprimé depuis, que mes questions tendaient à élever des doutes sur la paternité de mon frère. Jamais calomnie ne fut plus atroce et ne reposa sur un fondement plus léger. Voici maintenant la vérité.

Nous avions lu, quelques jours auparavant, en famille, la charmante comédie de *la Gageure imprévue*, que l'on voulait jouer sur le théâtre de la reine. Le roi, fort de ses connaissances en serrurerie, prétendit qu'à la place de M. de Clainville il n'aurait pas oublié la clef. Il fit à ce sujet un long discours sur la nécessité de connaître les termes de tout ce qui servait aux usages de la vie privée. Je renchéris sur lui en disant qu'il ne fallait même rien ignorer des particularités qui se rattachaient aux cérémonies dans lesquelles on était appelé à

jouer un rôle. Je traitai ce point savamment ; le
roi plaisanta, dit qu'il saurait bien prendre ma
science en défaut, peut-être plus tôt que je ne m'y
attendais, et que je me tinsse pour averti. Mais,
ajouta sa majesté, je me réserve le droit de rire à
vos dépens si je gagne mon pari.

La reine accouche, le baptême a lieu, nous arrivons à la chapelle, le roi et tous les princes et
princesses du sang. Au moment où le grand-aumônier s'approche, le roi se penche à mon oreille et
me dit :

— C'est ici que je vais vous mettre à l'épreuve.

Je le remerciai de l'avis et me tins sur mes gardes. Sur ces entrefaites le prince de Rohan, en
homme encore étranger au métier, oublie une
question de rigueur. Je le lui fais remarquer en
regardant le roi, qui se met à rire. Le cardinal,
qui reconnaît son ignorance, se trouble, balbutie ;
le roi me fait signe d'insister : alors j'interpelle le
curé, qui me donne gain de cause ; puis le baptême s'effectue, et ma nièce reçoit les prénoms de
Marie-Thérèse-Charlotte, ceux de ses parrain et
marraine. Nous quittons la chapelle et allons en
riant raconter à l'accouchée ce qui vient de se
passer. Certes, ni elle ni nous n'imaginâmes dans
ce moment qu'on me l'imputerait à crime, que la
calomnie empoisonnerait ce qui avait été pour nous
un sujet d'amusement. La reine, à laquelle on osa
répéter depuis les malignes interprétations dont je
devins l'objet, me rendit pleinement justice ; mais

il s'agissait de réparer un tort, et les personnes qui s'étaient montrées si empressées à m'accuser restèrent muettes lorsqu'elles eurent en mains les moyens de me justifier.

Peu de temps après la naissance de Madame Royale je promulguai les ordonnances que j'avais dressées, en ma qualité de grand-maître des ordres réunis de Saint-Lazare et de Notre-Dame du Mont-Carmel; je voulais leur donner un nouvel éclat, et conséquemment je les divisai en deux classes : celle de Saint-Lazare d'abord, puis celle de Notre-Dame du Mont-Carmel. Deux réglemens régularisèrent les statuts, que je reconstituai. L'un, daté du 31 décembre 1778, disait qu'à l'avenir on ne pourrait être admis dans lesdits ordres qu'après avoir prouvé, par titres originaux, huit degrés de noblesse paternelle militaire. Les commandeurs ecclésiastiques seraient également tenus de prouver qu'ils étaient de noble origine, et que leur père avait servi pendant vingt ans au moins, ou était mort sous les armes.

Le même réglement changea les insignes de l'ordre. Les chevaliers portèrent la croix suspendue au cou par un ruban vert. Ceux de la première classe, car je subdivisai Saint-Lazare en deux parties, eurent pour distinction une croix brodée sur le côté gauche de l'habit, en paillons d'or vert, entourée de paillettes d'or et surmontée au milieu d'une petite croix d'argent portant cette devise :

Atavis et Armis, inscrite en lettres d'or. La seconde classe n'avait pas cet ornement.

Un autre réglement, en date du 21 janvier 1779, prescrivit l'usage d'admission des élèves de l'école militaire, et les attacha à l'ordre de Notre-Dame du Mont-Carmel, dont ils devaient porter la croix suspendue à la boutonnière par un ruban cramoisi. Je fixai au nombre de trois par an ceux qui y seraient admis, leur assignant, en vertu d'une contribution volontaire levée sur tous les chevaliers, une pension de cent livres chacun, pendant tout le temps qu'ils seraient au service; enfin, pour récompense d'une action glorieuse sur le champ de bataille, je leur accordais l'honneur d'être reçus, sans autre preuve, chevaliers de Saint-Lazare, et de porter la croix des deux ordres, dont la réunion ne pouvait avoir lieu que dans ce seul cas.

Le 24 janvier, je convoquai solennellement le chapitre des ordres, où je fis d'abord reconnaître, en qualité de chancelier garde-des-sceaux desdits ordres, le marquis de Montesquiou-Fezenzac, mon premier écuyer, sur la démission du marquis de Paulmy, qui en conservait les honneurs. Ensuite eurent lieu les nominations suivantes : le duc de Laval, le marquis de Lévis, le marquis de Timbrune, le comte de Chabrillant, le comte de Maillé, le vicomte de Rochechouart, le marquis de Bérenger, le vicomte de Maulde, le vicomte de Virieu, le chevalier de Monteil, le marquis de Noailles, le chevalier de Boisgelin, le marquis de Montesquiou-d'Argentan, le vicomte de Laval, le chevalier d'Argoult, le baron de Durfort, et le vicomte de Beaumont.

On voit que je savais choisir ceux que j'admettais dans cet ordre ; je m'étais fait une loi d'empêcher que des hommes sans naissance dussent à la faveur leur introduction, non que je les mésestimasse, mais je savais qu'en France rien ne déconsidère plus une institution que d'y introduire des noms obscurs. Mon ordre ne venant qu'après ceux du roi, avait d'autant plus besoin d'être maintenu par une règle sévère.

Tandis que je choisissais mes chevaliers, et que toute la cour me demandait la préférence, la reine se faisait une nouvelle querelle avec cette même cour, par sa partialité continuelle en faveur des Polignac et de leurs créatures. Le duc de Villeroi n'ayant pas d'enfans, sa charge de capitaine des gardes était vivement sollicitée; des promesses positives avaient été faites par le roi à madame de Civrac, dame d'honneur de notre tante Victoire, en faveur du duc de Lorges, son fils. Les Durfort avaient jadis possédé cette charge, et sous Louis XIV, le maréchal de Lorges, beau-père du duc de Saint-Simon, l'auteur des Mémoires, en était revêtu.

C'étaient des titres qui ajoutaient à l'engagement royal ; mais mademoiselle de Polignac, âgée de treize ans, belle à ravir, plus spirituelle encore, était à marier. La comtesse de Grammont, dame du palais de la reine, qui faisait sonner bien haut la persécution qu'elle avait éprouvée sous le dernier règne, consentit à unir son fils à cette jeune beauté, à condition que ce fils serait créé duc, et obtiendrait la survivance de la charge de capitaine des gardes, dont le duc de Villeroi était titulaire.

Une seule de cès graces aurait comblé une autre famille ; mais celle des Polignac était plus difficile à satisfaire : il lui fallait tout ou rien. La comtesse Jules manifeste à la reine le désir de madame de Grammont pour son fils ; Marie-Antoinette, enchantée d'être agréable à la favorite, se hâte de faire des démarches ; la duchesse de Civrac résiste long-temps : on la prie, on la presse ; car la reine, guidée par son dévouement d'amitié, poursuit sans relâche son projet.

Il y eut à ce sujet, entre la duchesse de Civrac et la comtesse de Polignac, une scène digne de Molière. La première, qui alla chez la favorite afin de la conjurer de ne point servir les intérêts de madame de Grammont aux dépens des siens, en fut reçue avec une grace parfaite ; mais elle lui dit en même temps, qu'en ne demandant rien, on ne pouvait cependant refuser sans ingratitude les bienfaits de la reine.

— Mais, madame, répondit la duchesse de Civrac, c'est de mes dépouilles qu'on veut vous parer.

— La reine a tant de bonté !

— Bien obligée pour moi ! Mais cette charge m'a été promise.

— Je ne puis qu'en être plus reconnaissante envers la reine.

— Souffrirez-vous que je sois ainsi la victime des faveurs que vous recevez ?

— Je sais que sa générosité envers ceux qu'elle aime est sans bornes.

— C'est une injustice criante !

— Ah ! madame, ne calomniez pas sa majesté ! personne n'a de meilleures intentions qu'elle.

Jamais il ne fut possible à la duchesse de faire sortir madame de Polignac de ce cerle d'apologie, où il entrait certes autant d'adresse que de bonne foi ; enfin, abandonnée de tous ses appuis, elle dut mettre bas les armes et se rendre à discrétion. On lui donna en dédommagement cent mille écus et cinquante mille livres de pension, car on ne pouvait payer trop cher ce qui assurait une faveur à la famille Polignac.

Le 8 janvier 1779, les lettres-patentes par lesquelles le roi me donnait le Luxembourg furent enregistrées au parlement. Je l'habitais déjà lorsqu'il me prenait fantaisie de venir à Paris. Ce palais devait passer à mes héritiers mâles, avec la clause ordinaire de reversion sur la couronne s'ils venaient à manquer ; de même que si je mourais sans enfans, *Madame*, comtesse de Provence, résiderait au Luxembourg. Ne voulant pas remettre à neuf de sitôt ce vaste édifice, je fis seulement réparer le petit palais, qui, moins grand, était plus commode, et je continuai d'y établir de temps en temps mon domicile.

Ce même jour mourut un peintre de paysage

d'un talent fort distingué, Lantara, qui passa sa vie dans un cabaret, et mourut dans un hôpital. On ne voit malheureusement que trop le talent réuni à la débauche!

La cérémonie des relevailles de la reine se fit à Paris, le 8 février, dans les églises de Notre-Dame et de Sainte-Geneviève. Toute la famille royale se mit en marche avec le clergé d'usage. Les harangues furent longues, les prières sans fin, et les acclamations rares. La reine se figurait que son nouvel état de mère réveillerait l'attachement des Parisiens à sa personne, et elle espérait beaucoup de cette excursion; mais son attente fut trompée : elle trouva plus de froideur que d'enthousiasme de la part de la multitude, et le voyage qui avait commencé gaîment se termina dans le silence. Le roi, qui croyait que sa joie devait être celle du peuple, ne comprenait rien à son indifférence; il en demanda l'explication, à plusieurs reprises, aux ducs de Fleury et d'Ayen, tous deux en exercice. Ces messieurs, fort embarrassés, cherchaient un faux-fuyant, lorsque Marie-Antoinette dit avec vivacité:

— Vous voyez, sire, le fruit des calomnies qu'on ne cesse de répandre contre nous.

— Que peut-on me reprocher? répondit le roi; je fais ce que je puis; le peuple devrait m'en savoir gré.

— Madame, dis-je à mon tour en m'adressant à la reine, nous sommes tous logés à la même enseigne, et je vous assure qu'on ne m'épargne pas plus que vous.

Marie-Antoinette ne répondit pas, pensant peut-être que je faisais allusion à ses alentours, qui en effet ne me ménageaient guère.

Nous arrivâmes à Notre-Dame, où se célébra en notre présence le mariage de cent jeunes garçons avec autant de vierges. Ce fut un spectacle attendrissant et passablement long. J'avoue que ma prière fut interrompue par quelques distractions, me laissant aller volontiers à regarder le frais minois des nouvelles épouses, parmi lesquelles il s'en trouvait de fort jolies. Je crois que le comte d'Artois fit mieux encore ; car je le vis examiner l'une d'elles avec une attention très marquée, puis la désigner au bailli de C..., qui resta en arrière lorsque nous nous rendîmes à Sainte-Geneviève.

Après la cérémonie, nous allâmes coucher à la Muette ; chacun parla de ce qui s'était passé dans la journée, et chercha à égayer la conversation. Mais ces efforts ne purent triompher des mécontentemens de la reine, qui ne pouvait songer sans chagrin qu'elle avait perdu une partie de l'amour du peuple après l'avoir possédé tout entier. Elle se plaignit amèrement de l'injustice qu'on lui faisait, et se laissant entraîner par la violence de son émotion, elle interpella l'assemblée et lui demanda ce qu'on avait à lui reprocher.

Chacun frémit à cette question inattendue, car aucun de nous n'avait envie d'être le bouc émissaire.

Heureusement que le roi, voyant notre embarras, prit la parole en disant à ma belle-sœur qu'elle avait tort de se plaindre ; que les choses, au résultat, s'étaient assez bien passées. D'ailleurs, ajouta-t-il, vous savez que le temps n'était pas favorable, et que l'enthousiasme le plus chaud se refroidit par la gelée.

Je vous sais gré, sire, répliqua la reine d'un ton chagrin, des consolations que votre bonté vous inspire ; mais je ne puis me dissimuler que le peuple me retire insensiblement son affection, sans que je puisse me reprocher de mériter ce changement à mon égard : ce ne peut être qu'à la suite d'un plan arrêté entre certaines personnes qui ont juré de me perdre dans l'esprit de la nation.

La comtesse de Provence fit ici un trait de haute diplomatie, en disant à Marie-Antoinette, d'un ton persuasif, qu'elle l'engageait, puisqu'elle s'était décidée à se plaindre, de nommer ceux qu'elle soupçonnait de vouloir lui nuire. La reine, craignant d'avoir été trop loin, se retrancha sur des généralités et détourna avec adresse la conversation. Nous reprîmes cette année nos courses en traîneau : c'était un divertissement fort coûteux, car chacun de ces chars légers nous revenait au moins à dix ou douze mille livres, quelques-uns même coûtaient jusqu'à trente mille livres. C'était acheter un peu cher l'admiration des badauds. Quant à moi, j'avais eu le bon esprit d'épargner cette contribution à ma bourse.

Tandis que les fêtes se succédaient chez la reine et chez madame de Polignac, la guerre continuait avec ardeur : l'Espagne y prit part vers le milieu de l'année, en vertu du pacte de famille, et se déclara pour nous et pour la cause des *insurgens* d'Amérique. Son manifeste fut lu le 17 juin, en plein parlement d'Angleterre. Le concours de l'Espagne nous fit espérer une heureuse issue dans cette lutte, qui se prolongea encore plusieurs années ; mais je répète que je ne me pique point d'écrire l'histoire de la guerre d'Amérique, voulant m'en tenir à raconter les faits dans lesquels j'ai joué un rôle, ou qui se rattachent particulièrement à l'histoire des mœurs de ce siècle.

CHAPITRE XII.

La reine a la rougeole. — Visite qu'elle fait à madame de Polignac. — Propos du prince de Poix. — Impopularité du comte d'Artois. — Fanfaronnade du duc de Lauzun. — Malice des courtisans sur les Mouchy. — On s'amuse trop. — Le roi se fâche. — Consigne qu'il donne. — La reine y est prise. — M. de Maurepas mis en jeu. — Lettre du roi à madame de Duras. — Fête de Saint-Cloud. — Citation faite à regret. — Inoculation de madame Élisabeth. — Duel du prince de Condé et de M. d'Agoult. — M. de Noé, évêque de Lescar. — D'Avaray. — Le comte de Provence se sépare de M. de Laval. — Mutation dans sa maison. — Le comte d'Estaing à Versailles. — *Son opinion sur la marine.* — Détails sur lui-même. — Mariage du maréchal duc de Richelieu.

La reine eut la rougeole cette année; elle l'avait gagnée de la comtesse de Polignac. La faculté, jugeant qu'il était inutile que cette preuve de tendresse se perpétuât, décida que la favorite irait passer sa convalescence loin de Marie-Antoinette. Un commerce épistolaire des plus soutenus s'établit alors entre elles. Les pages étaient sur les dents par les courses multipliées qu'ils faisaient à Claye, où la comtesse était retirée. L'absence, loin de refroidir l'affection de la reine pour la favorite, semblait y fournir de nouveaux alimens. Enfin le moment arriva où l'on put se rapprocher. Nous étions à Marly : madame de Polignac écrivit qu'elle viendrait faire sa cour à la souveraine le lundi 26 avril, et on lui répondit qu'on irait dîner avec elle à Paris, le 25, dans son hôtel de la rue de Bourbon.

Ce fut non une visite incognito, mais de pompe. La reine était accompagnée d'une suite nombreuse qui s'arrêta dans le salon, tandis que Marie-Antoinette entrait dans la chambre à coucher de madame de Polignac, où elle dîna en tête-à-tête avec elle. Les conditions du mariage de mademoiselle de Polignac avec le fils de madame de Grammont furent réglées définitivement dans cette séance. Un autre parti, bien supérieur du côté de la fortune, s'était présenté pour la jeune personne, le comte d'Agénois, fils du duc d'Aiguillon. Mais cette alliance ne se fit pas, bien qu'on en eût parlé sérieusement. La reine, qui n'aimait pas le duc, fit de grands avantages à M. de Grammont, et lui accorda entre autres les graces dont j'ai parlé ci-dessus, auxquelles le roi ajouta trente mille livres de pension pour le futur époux. Le moyen de résister à une volonté si entraînante !

Tandis que les clauses du mariage se discutaient, le comte de Polignac faisait les honneurs de son hôtel aux seigneurs qui accompagnaient la reine. On s'amusa beaucoup pendant le dîner, et chacun était radieux, lorsque Marie-Antoinette donna le signal du départ.

La famille de Polignac m'avait déjà joué plus d'un mauvais tour ; elle avait compromis le maréchal de Broglie vis-à-vis de la comtesse de Provence, en lui attribuant des propos qu'il n'avait pas tenus. Ces faux rapports nécessitèrent des explications toujours désagréables. Nous voulûmes remonter à la source, et nous apprîmes qu'ils avaient pris naissance dans la soirée intime de l'hôtel de la rue de Bourbon. Devais-je m'étonner de la froideur de la reine à mon égard, puisque ses alentours m'étaient si contraires.

Le maréchal de Broglie était dans ce moment fort en évidence par sa position. Le prince de Montbarrey, accablé sous le poids de son insuffisance, ne pouvait souffrir les militaires à talent, et refusait de les employer. On préparait alors une expédition pour l'Irlande ; et un soir qu'on en causait chez le comte d'Artois, celui-ci dit :

— En vérité le ministre de la guerre se montre trop rigide envers les volontaires ; il ne veut ni de moi, ni de vous, de Poix, ni de vous, Coigny, ni enfin du maréchal de Broglie, pour commander l'expédition.

— Distinguons, monseigneur, répondit le prince de Poix : on a pu refuser V. A. R., ainsi que moi, Coigny et beaucoup d'autres ; mais quant au maréchal de Broglie, c'est différent, la nation entière demande sa nomination.

Cela était vrai, et ce fut une raison pour qu'on ne le nommât pas. Montbarrey s'obstina à mettre à sa place le comte de Vaux, homme de bien et de mérite, mais sans appui, et n'ayant rien enfin qui pût porter ombrage au ministre. Au reste, la descente en Irlande n'eut pas lieu, et nous ne fîmes de ce côté qu'inquiéter l'Angleterre.

Le comte d'Estaing, chef de notre marine, maintint avec gloire l'honneur du pavillon français. Ses succès nous furent d'autant plus agréables, que le gouvernement en avait besoin pour se relever aux yeux de la nation, qui nourrissait d'épigrammes et de refrains moqueurs ses préventions contre tous les membres de la famille royale : c'était une Fronde au petit pied. Nous ne faisions pas une démarche, nous ne disions pas un mot, qui ne fussent commentés ou critiqués. Je prêchais constamment le comte d'Artois pour l'engager à changer d'existence ; mais il ne faisait que rire de me sermons, et irritait encore la malignité de nos ennemis. Les dames de théâtre elles-mêmes, qui, par leurs talens et leur beauté, avaient le plus de droit aux hommages, se permettaient d'en agir sans cérémonie avec S. A. R. Mademoiselle Contat, entre autres, ne craignit pas de faire cadeau au valet de pied que lui envoya mon frère des cent louis dont il voulait payer un quart-d'heure d'entretien avec elle.

On affrontait impunément ce prince : le duc de Lauzun, le plus mauvais sujet de France, et auquel le comte d'Artois avait le malheur d'accorder sa confiance, lui fit garder les manteaux d'une manière indigne de son rang, pendant un rendez-vous qu'il avait avec une femme également aimée de S. A. R. Je sus ce trait le lendemain, car Lauzun s'en vanta avec une rare impudence. Ce courtisan expia sur l'échafaud l'ingratitude dont il se rendit coupable envers nous pendant la révolution.

Il servit dans la guerre d'Amérique, où il eut soin de faire sonner bien haut le plus mince exploit. Par exemple, le fort de Sénégal qu'il enleva *après une attaque opiniâtre*, consistait en une garnison anglaise de quatre hommes, sur lesquels il y en avait trois de malades. Le duc de Choiseul dit à cette occasion que le seul valide, s'étant sans doute rendu de bonne grace, avait eu les honneurs de la guerre. En effet, une relation de Lauzun annonça en France que la garnison était sortie du fort, tambour battant, mêche allumée.

A cette époque la maréchale de Mouchy se cassa le bras en tombant; les plaisans ne manquèrent pas de prétendre que cette blessure compterait dans les états de service de son mari. La reine alla la voir plusieurs fois avec bienveillance, pour la dédommager sans doute de toutes les espiégleries qu'elle lui faisait lorsqu'elle était sa dame d'honneur.

Le roi, qui s'en mêlait lorsqu'il était de bonne humeur, joua à Marie-Antoinette un tour qui provoqua malheureusement des propos fort désagréables.

Louis XVI se couchait tous les soirs à onze heures précises, et après son départ la société intime prenait la volée et allait chercher de nouvelles distractions, soit dans Versailles ou autre part, et quelquefois même jusqu'à Paris. Mais comme il arrivait que la présence du monarque gênait en certaine occasion, lorsqu'on avait projeté de partir de meilleure heure que de coutume, on avait imaginé d'avancer les pendules afin qu'il se retirât plus tôt. Un soir donc que Louis XVI s'aperçut de cette supercherie, il donna la consigne de fermer les grilles, et de ne laisser rentrer personne, sans exception, au château.

A une heure du matin, Marie-Antoinette et le comte d'Artois se présentent à la grille : Halte là ! dit un garde-du-corps qui y était placé en sentinelle. On se nomme ; il persiste dans son refus. Irritée d'une telle résistance, la reine fait mander le duc de Villeroi, capitaine des gardes. Celui-ci déclare également qu'il a reçu l'ordre formel du roi de ne point ouvrir, et qu'il ne peut le violer.

On se figure aisément le dépit de la reine, qui se voit forcée de rebrousser chemin, et d'aller se faire ouvrir une autre porte que la consigne avait épargnée. Le lendemain ma belle-sœur fit une querelle en règle à Louis XVI, qui soutint son rôle avec fermeté, et dit que, se levant de bonne heure, il prétendait que son sommeil ne fût point troublé, et qu'on devait s'arranger de manière à ne pas passer la nuit hors du château. Marie-Antoinette manifesta son mécontentement ; elle prétendit que le roi était entouré de malintentionnés qui cherchaient à les brouiller ensemble, puis se retira.

Ces paroles de la reine furent rapportées au comte de Maurepas, qui s'empressa de se rendre chez elle, craignant d'encourir sa disgrace, car sa conscience lui reprochait bien quelques torts à l'égard de cette princesse. Le ministre dit à ma belle-sœur tout ce qu'il imagina de plus propre à l'apaiser, l'assura que le roi reviendrait sur sa volonté, et qu'il allait le trouver immédiatement pour obtenir que la consigne fût levée ; du moins en sa faveur.

Le comte tint parole, et persuada le roi d'autant plus facilement, que Louis XVI était désolé du chagrin qu'il avait causé à la reine. Il l'exempta donc de la mesure générale, mais la maintint pour tout le monde, et le comte d'Artois dut s'y conformer lorsqu'il sortait seul. Cette consigne, à laquelle on aurait dû attacher fort peu d'importance, occupa cependant beaucoup ; elle donna naissance à des conjectures et à de malignes interprétations sur Marie-Antoinette. Si le roi m'avait parlé de son projet avant de l'exécuter, je l'en aurais certes dissuadé, en lui montrant quelles en seraient les conséquences ; mais je n'étais en général instruit de toutes ces choses que lorsqu'il était trop tard pour y remédier.

Louis XVI, du reste, avait souvent, avec les personnes étrangères à sa famille, des fantaisies fort aimables ; il savait mettre beaucoup de grace dans certains procédés lorsqu'il le voulait. Par exemple, lors de la prise de la Grenade, il écrivit de son propre mouvement le billet suivant à la duchesse de Duras, sœur du vicomte de Noailles, qui s'était distingué dans cette journée.

« Madame la duchesse,

« Je reçois dans ce moment des nouvelles de
« M. d'Estaing; il s'est emparé de la Grenade, et
« la vicomte de Noailles, qui commandait une at-
« taque, s'est fort bien conduit dans cette affaire;
« il a reçu plusieurs balles dans ses habits, qui
« heureusement ne l'ont pas blessé. Deux jours après
« le vicomte a assisté à un combat naval dans le-
« quel M. d'Estaing a forcé Byron à se retirer avec
« perte. Voilà, madame la duchesse, ce que j'ai
« appris sur le vicomte votre frère; la reine m'a
« chargé de vous en faire ses complimens, et elle
« a mandé à M. de Sartines de vous faire passer vos
« lettres sans délai, s'il y en avait à votre adresse.
« Je pars pour la chasse à l'instant même, et n'ai
« que le temps de vous souhaiter le bonjour.
« Ce lundi 6 septembre 1779. »

Quelques jours après la famille royale alla se montrer en grande pompe à la fête patronale de Saint-Cloud. J'étais seul dans ma voiture avec le marquis de Montesquiou et le duc de Laval. La reine avait plus nombreuse compagnie dans sa calèche, qui était occupée par les comtesses de Provence et d'Artois, et par la princesse Élisabeth, notre sœur chérie. Quant à mon frère puîné, il occupait dignement le siége du cocher; c'était un usage anglais qui commençait à s'introduire en France. Je ne voulus jamais en profiter, persuadé que ce n'est pas les rênes d'un carrosse qu'un prince doit apprendre à guider, mais qu'il faut qu'il s'en tienne à l'allégorie *du char de l'état*. Quant à mon frère, il était tout fier d'anoblir le métier de cocher, sans se douter qu'on pouvait lui appliquer ces vers de Racine :

> Pour toute qualité, pour vertu singulière,
> Il excelle à conduire un char dans la carrière,
> A disputer des prix indignes de ses mains,
> A se donner lui-même en spectacle aux Romains.

Je suis forcé de l'avouer, ce furent ces folies inconvenantes qui continuèrent à perdre la majesté de notre rang. Les princes ne peuvent y déroger un instant sans se compromettre personnellement, et sans exposer même la sûreté du trône auquel ils appartiennent. C'est en s'isolant de la multitude, en rendant leur accès difficile, qu'ils parviennent à conserver une sorte de supériorité sur les autres hommes, et à se faire supposer du mérite et des vertus que souvent ils n'ont pas. Lorsqu'au contraire, en se montrant de trop près, ils ne craignent pas de faire établir des comparaisons à leur désavantage ; c'est alors que le prestige disparaît ; c'est alors qu'on s'étonne de leur peu de valeur, et qu'à la surprise succède le mépris.

Madame Élisabeth, quelque temps après cette promenade, fut inoculée avec beaucoup de succès. La précieuse découverte de la vaccine devait bientôt combattre plus victorieusement encore les ravages de la petite-vérole, qui enlevait régulièrement chaque année le tiers de la population.

Une affaire qui eut lieu entre le prince de Condé et M. d'Agoult, officier aux gardes françaises, nous donna vers cette époque le pendant de la scène dont le comte d'Artois et le duc de Bourbon avaient été les héros.

Il existait, de par le monde, une certaine dame de Courtebonne, âgée d'environ quarante ans, d'une beauté douteuse, veuve, de condition, et attachée à la duchesse de Bourbon. Cette dame, qui avait fait de la galanterie l'occupation de toute sa vie, continuait encore par habitude. Son esprit et sa vivacité lui valaient plus d'un adorateur, en dépit de ses attraits un peu surannés. M. d'Agoult tenait le premier rang parmi eux, lorsque le prince de Condé, infidèle à madame de Monaco, vient tout à coup mettre ses hommages aux pieds de madame de Courtebonne.

Il est rare qu'on se montre cruelle envers un prince du sang : le prince est accepté tout d'abord ; et afin de lui rendre tous les honneurs dus à son rang, on écarte sans cérémonie M. d'Agoult. L'amant éconduit cherche la cause de sa disgrace, la découvre, fait grand tapage, et met le public dans la confidence de ses plaintes, sans craindre d'endommager la réputation de la dame; aussi le bruit en retentit depuis Versailles jusqu'à Paris.

Le prince de Condé, instruit de la conduite de son capitaine des gardes, M. d'Agoult, se fâche à son tour, le fait venir. Une explication très vive a lieu entre les deux rivaux, et M. d'Agoult la termine en donnant sa démission que le prince accepte. Celui-ci, voulant défendre la vertu de sa belle, traite hautement de calomniateur l'ex-capitaine des gardes.

Le vendredi 19 décembre, le prince de Condé, se rendant à Versailles dans sa voiture, s'était arrêté à Sèvres pour faire relayer, lorsque tout à coup M. d'Agoult se présente à la portière pour demander satisfaction des propos tenus sur son compte par S. A. S. Le prince, étonné d'une attaque aussi brusque, se retourne vers celui qui le provoque avec tant d'audace, et lui dit :

Vous vous oubliez, d'Agoult ; je n'ai jamais eu l'intention de vous offenser ; mais comme il ne me plairait pas de répéter ailleurs l'assurance que je vous en donne ici, vous me trouverez demain au Champ-de-Mars, avec mon épée, à huit heures.

En parlant ainsi, le prince leva les stores du carrosse et se tourna de l'autre côté. Dès le soir même il choisit, pour lui servir de second, le marquis d'Autichamp, et M. d'Agoult, son frère, aide-major des gardes-du-corps.

Les champions furent exacts au rendez-vous : le combat eut lieu sans ménagement de la part de l'offensé, qui, plus habile, ou plus heureux, blessa légèrement le prince de Condé. Celui-ci, voulait continuer ; mais M. d'Autichamp sépara les deux adversaires, en disant que la querelle s'était vidée honorablement, et qu'il devait empêcher qu'il y eût plus de sang versé. On se quitta donc ; M. d'Agoult reprit le chemin de Paris, et le prince vint, par une générosité certes très chevaleresque, à Versailles, se montrer au roi, afin d'établir un *alibi*, s'il était nécessaire, en faveur de son ennemi.

Son Altesse Sérénissime alla directement chez M. de Maurepas, pour lui apprendre ce qui s'était passé, et lui témoigner le désir que cette affaire n'allât pas plus loin. Le Mentor en parla au roi dans ce sens, et le roi lui répondit :

— Il en sera ce qu'il plaira au prince ; mais il vient d'abattre la barrière que Louis XIV avait élevée entre nous et la noblesse, par ce duel hors de saison. C'est la rapprocher de nous, ou descendre nous-mêmes à son niveau ; et je crains le mal qui pourra en résulter dans l'avenir.

On a dit que les princes n'approuvèrent point la conduite de Son Altesse Sérénissime ; et, en effet, cela devait être ; je fus le premier à blâmer le prince de Condé, qui me répondit avec vivacité :

— Sachez, monseigneur, que le cliquetis d'une épée est pour mon oreille comme le carillon d'une fête. Je n'aurais plus osé regarder en face le dernier marmiton de mes cuisines, si je me fusse refusé à rendre raison à un gentilhomme.

Madame de Courtebonne, fière d'un duel dont elle était l'héroïne, resta au service de la duchesse de Bourbon; M. d'Agoult ne fut point inquiété; il n'y eut au résultat de mécontent que la princesse de Monaco, qui voulut, pendant quelque temps, se donner les airs d'une Ariadne délaissée; mais, plus heureuse que celle de la fable, elle ramena enfin son perfide Thésée.

J'avais nommé, dans le courant de l'année, l'évêque de Lescars commandeur de l'ordre de Saint-Lazare, M. de Noé, homme de naissance, et qui avait toutes les vertus d'un prélat des temps apostoliques. Le baron de Choiseul, ambassadeur en Sardaigne, obtint aussi la croix de mon ordre. Le 8 décembre, je reçus les sermens du baron de Montesquiou-Fezensac et du comte d'Avaray, en qualité de survivanciers de la charge de leur père. Ce dernier, que je sus apprécier en le connaissant davantage, devint mon ami de cœur, mon Achate fidèle, le compagnon de ma fuite en 1791, et de tous mes malheurs. Sa perte m'a causé des regrets qui ne s'éteindront qu'avec moi.

Il y eut une mutation dans ma maison : le duc de Laval, premier gentilhomme, et son fils, reçu en survivance, me donnèrent leur démission. N'ayant point à me louer d'eux, je désirais qu'ils quittassent mon service, sans vouloir cependant les renvoyer. Je leur causai en conséquence un désagrément indirect ; ils le supportèrent avec hauteur, me prévinrent qu'ils voulaient se retirer, et je les pris au mot.

Je remplaçai le duc de Laval par le comte de La Châtre, et nommai en survivance le chevalier de Cossé, l'un de mes gentilshommes d'honneur ; le vicomte de Hautefort eut la charge de ce dernier.

Au commencement de 1780, le comte d'Estaing, arrivé à Versailles, devait être présenté au roi le 6 janvier par M. de Sartines, qui oublia d'en prévenir Sa Majesté, si bien que la réception n'eut pas lieu. Le comte d'Estaing, accoutumé aux hommages de la multitude, et fier de ses exploits, prit mal cette inadvertance : il se plaignit vertement à M. de Maurepas de ce manque d'égards ; et le Mentor, qui était aussi plus habitué au langage mielleux des courtisans qu'à la brusque franchise d'un marin, fut cependant forcé d'écouter jusqu'au bout la mercuriale un peu rude de celui-ci, qui était principalement dirigée contre le pauvre M. de Sartines, présent à l'entretien.

Le comte d'Estaing était en veine de faveur ; on élevait aux nues ses hauts faits ; il était en outre soutenu par les Polignac ; et fort de tant d'avantages, il en abusait. Je lui accordai une audience particulière, pendant laquelle il ne craignit pas de parler en termes peu mesurés de plusieurs de ses chefs d'escadre et autres subordonnés. Il me dit que l'orgueil et la jalousie des officiers envers leurs chefs perdraient la marine française, et qu'on ne pouvait espérer d'en être secondé franchement.

— Vous les verrez, monseigneur, ajouta-t-il, perdre volontairement les flottes de Sa Majesté, plutôt que d'aider à l'élévation d'un amiral. Ils se détestent tous entre eux, et se déclareront toujours contre celui qu'on placera à leur tête. Ce corps a besoin d'être retrempé entièrement. Il faudrait faire à son égard des exemples de justice ; autrement jamais on ne parviendra à le dompter.

Il me fit ensuite l'éloge de la marine anglaise, vanta l'union qui régnait parmi ses membres, leur esprit patriotique, et conclut en disant que chaque jour cette marine s'agrandirait, tandis que la nôtre ne ferait que décroître.

J'entendis ces révélations avec un vif chagrin ; mais je ne voyais nul remède à tant de maux ; je craignais d'ailleurs que le comte d'Estaing n'eût un peu exagéré les faits, afin d'obtenir le ministère de la marine. Il soupa un soir avec la famille royale ; les honneurs du banquet furent pour lui. La jambe dont il souffrait était appuyée sur un tabouret que la reine avait daigné lui apporter elle-même. On le croyait à l'apogée de sa faveur ; mais les choses ne tardèrent pas à changer de face : il prit de l'humeur, se retira de la cour, et se rangea parmi les mécontens. Lors de la révolution, Marie-Antoinette n'eut point à se louer de M. d'Estaing, car il commandait la garde nationale de Versailles, et il la dirigea dans un mauvais sens. Pour en finir avec lui, s'il eut des fautes à se reprocher, il les paya plus tard de sa tête ; et le tribunal révolutionnaire prouva, à son égard, combien est grande l'ingratitude de ce peuple qu'on se plaît à personnifier comme une puissance dans notre siècle, et qui est le pire des tyrans.

Je signalerai le troisième mariage du maréchal duc de Richelieu, qui, à l'âge de quatre-vingt-quatre ans, devint amoureux de madame de Rooth, fille de Lorrain Lavaux et parente des Choiseul. Cette veuve avait été chanoinesse de Remiremont avant son premier mariage. Je dis en plaisantant au maréchal que cette union causerait de l'inquiétude au duc de Fronsac.

— J'espère bien, monseigneur, me répliqua-t-il, lui donner un frère avant un an.

— Rien de votre part ne peut m'étonner, répondis-je.

L'avenir prouva que je le flattais.

CHAPITRE XIII.

M. Necker intrigue. — Il attaque le comte d'Artois et le comte de Provence, et tous les grands officiers de la couronne. — Louis XVI et madame de Brienne. — Persiflage du Mentor. — Le cocher de M. de Brancas. — Un ministre et un gentilhomme. — Cause de la chute du prince de Montbarrey. — Le comte de Maurepas porte M. de Puységur au ministère de la guerre. — Mort tragique du chat de la comtesse de Maurepas. — Conséquence de cet événement. — Le comte de Provence se moque de M. Necker. — Le roi lui parle de ce ministre. — Réponse du prince. — Soirées chez madame de Polignac. — La reine joue la comédie. — La comtesse de Balby. — Colère de la duchesse de Lespare. — Nomination dans la maison du comte de Provence. — Naissance de Jules de Polignac.

M. Necker, voulant perpétuer sa charge en appuyant sur de la popularité le contrôle général des finances, crut qu'il était nécessaire de se mettre mal avec la cour. Ce faux calcul tourna contre lui. Il s'avisa d'abord de vouloir réformer les dépenses de la maison du roi, en attendant que vînt notre tour et celui des personnes dont le crédit était établi. Le fond de ses intentions était sans doute fort louable, mais la forme n'en valait rien. Il aurait dû d'ailleurs agir avec ménagement, et ne point se mettre à dos ceux qui pouvaient lui tenir tête; comme moi, par exemple, qui avais fini par le détester, après lui avoir voulu beaucoup de bien.

Il savait que mes apanages ne pouvaient me suffire, ma position de prince exigeant un grand état de maison. Le roi venait donc à mon secours, et m'accordait, par an, trois millions sept cent mille livres. Je ne faisais pas de dettes ; tandis que le comte d'Artois, avec un revenu bien plus considérable, devait à tout le monde. Toucher à nos pensions, était nous enlever les moyens de nous soutenir honorablement ; de même qu'en diminuant les crédits des divers services de la maison du roi, c'était couper les vivres à ses grands officiers, et s'en faire par conséquent autant d'ennemis jurés.

Mais toutes ces considérations ne pouvaient arrêter le réformateur : il effraya le roi en lui offrant la perspective d'une banqueroute inévitable, si on ne se hâtait pas d'y remédier par des mesures de sévère économie. Louis XVI, afin d'éviter un tel désastre, promit au ministre de le seconder dans son plan. Le contrôleur général, fort de la promesse du roi, parla d'examiner, de vérifier et de régulariser les moindres dépenses, et se mit en mesure de procéder à l'exécution de ce projet. Un cri soudain d'indignation s'éleva parmi ceux que ces réformes menaçaient directement. Le prince de

Condé, grand-maître de la maison, le prince de Rohan, grand-aumônier, le prince de Guemené, grand-chambellan, les premiers gentilshommes de la chambre, le duc d'Estissac, grand-maître de la garde-robe, les capitaines des gardes, le prince de Lambesc, grand-écuyer, le duc de Coigny, et tous ceux enfin qui avaient des comptes à rendre, s'unirent étroitement, présentèrent des mémoires, et se recommandèrent principalement à la comtesse de Polignac, qui avait elle-même intérêt à s'opposer à toute innovation. Ils demandèrent aussi la protection de la reine, qui, de son côté, ne pouvait voir avec plaisir qu'on rognât les ailes à ses amis.

Madame de Brienne, accoutumée à tenir un rang élevé, surtout depuis notre alliance avec la maison de Lorraine, prenant fait et cause pour le prince de Lambesc, son fils, cria plus haut que personne, et s'adressa directement au roi. Mais Louis XVI, qui, par faiblesse, laissait dépenser des millions, aurait regardé à lâcher un écu si on eût voulu le lui prendre sans un besoin réel : il écouta donc madame de Brienne avec impatience, et lui dit enfin qu'il trouvait étrange qu'elle se mêlât des affaires de sa maison ; que s'il avait des dettes, elle ne se chargerait pas de les acquitter, et qu'il la priait de ne pas lui parler davantage à ce sujet, sous peine d'encourir son déplaisir.

Madame de Brienne, confondue et furieuse d'une pareille rebuffade, courut chez M. de Maurepas pour essayer de prendre sa revanche. Elle se plaignit ici sans ménagement de la conduite qu'on tenait envers elle, du peu d'égards qu'on lui montrait, lorsque sa parenté avec la maison impériale devait les lui assurer tous.

— Hélas! madame, repliqua le Mentor d'un ton malin, je comprends comme vous l'indignité d'un traitement semblable, et à tel point que, si j'étais vous, je n'hésiterais pas à quitter la cour de France, pour me retirer à celle de l'auguste famille dont vous vous glorifiez de descendre.

Ce persiflage fit plus que la franchise un peu brusque du roi : il désarma tout à coup madame de Brienne, qui savait que ni en Autriche ni en Toscane, elle et les siens n'auraient les avantages que nous leur faisions, contre nos intérêts sans doute, car nous n'aurions jamais dû oublier les Guises. Madame de Brienne donc, se tenant pour battue, se retrancha dans les intrigues qui agirent sourdement, et finirent par amener la première chute de Necker.

Une scène assez plaisante eut lieu cette année à une audience du prince de Montbarrey. Le marquis Le Tourneur, major des gardes du comte d'Artois, un de ces braves d'autrefois, toujours prêt à mettre flamberge au vent; le marquis, dis-je, parcourait rapidement le boulevard du temple, dans un cabriolet élégant de forme aérienne, et qui excitait l'envie de tous les amateurs, lorsqu'il se trouve tout à coup accroché par le carrosse du comte de

Brancas, qui fendait l'air de toute la vitesse de deux chevaux normands, stimulés par les coups de fouet d'un cocher picard. L'Automédon, que rien ne peut arrêter, excite ses coursiers : l'obstacle qui leur est opposé ne fait que redoubler leur ardeur ; le char léger du marquis Le Tourneur est traîné quelques pas à la remorque; mais ne pouvant résister à un tel choc, il est bientôt brisé en mille pièces. Le malheureux marquis se dégage comme il peut des débris dispersés de l'équipage; il abandonne le tout à son jockey, monte dans un fiacre, ordonne au cocher de crever ses chevaux, en faisant briller à ses yeux quelques pièces d'or, et marche rapidement sur les traces du carrosse insolent qui l'a réduit à si piteux état. Il parvient enfin à s'en rapprocher, au moment où il le voit s'arrêter devant la cour du prince de Montbarrey.

Le comte de Brancas met pied à terre et arrive jusqu'au ministre, qui était alors dans le salon d'audience. M. Le Tourneur s'y fait annoncer quelques minutes après, et sans faire attention à l'assemblée, il va droit à M. de Brancas, se plaint à haute voix de l'insolence de son cocher, et exige qu'il le chasse sur-le-champ. Le duc, surpris, se confond en excuses, et promet de punir le coupable. Mais ce n'est point assez pour l'offensé ; il veut l'exécution de la promesse à l'instant même ; il insiste pour que justice lui soit faite, et n'offre d'autre alternative à Brancas que le renvoi immédiat de son cocher ou un combat en champ clos.

Le duc, qui est ami de la paix et qui respecte les ordonnances contre les duels, n'hésite plus à satisfaire le pressant marquis; il descend avec lui dans la cour, et, après avoir réprimandé vertement l'impertinent Picard, en présence de nombreux témoins, il lui signifie son congé.

Pendant cette discussion, le prince de Montbarrey, qui avait fait semblant de ne point la remarquer, sait à peine que Le Tourneur a quitté le ministère, qu'il se plaint de sa conduite et du manque d'égards dont il s'est rendu coupable envers sa personne; il joint à ses plaintes des termes fort injurieux qui reviennent aux oreilles du marquis. Celui-ci sachant que le ministre de la guerre n'était point dans les graces de la reine, crut pouvoir agir en conséquence, fort d'un tel appui. Il écrit une lettre au prince de Montbarrey, dans laquelle il s'excuse d'avoir agi de manière à encourir son déplaisir, dit qu'il est prêt à lui donner toutes les satisfactions qu'il jugera convenables, et qu'afin même de ne point être accusé d'insubordination militaire, il offre de donner la démission de son emploi.

Cette épître indigne Montbarrey. Cependant n'ignorant pas qu'il est dans son tort, il se hâte de répondre au marquis, que des méchans ont sans doute dénaturé ses paroles, et qu'il n'a rien dit dont il pût s'offenser.

Le Tourneur, satisfait de cette réparation, montra la lettre du ministre à qui voulut la voir, et ce dernier. fut forcé de supporter tranquillement une mystification qui servit de prélude à sa chute.

Une des causes principales de sa disgrace fut l'avidité insatiable de sa maîtresse, mademoiselle Renaud. Jamais il n'en fut de plus âpre à la curée, elle rançonnait les militaires de haut grade, les croix de Saint-Louis, les officiers à la retraite, les adjudicataires du matériel de la guerre; elle aurait enfin englouti à elle seule les revenus du ministère, si, pour cela, il ne lui eût fallu que la bonne volonté.

Je m'intéressais à Montbarrey, parce que je voyais avec plaisir un de mes serviteurs occuper un emploi de cette importance. Je crus donc devoir lui conseiller de sacrifier mademoiselle Renaud à la vindicte publique : mais il cria à la calomnie, et jura que personne n'était plus désintéressé. Je citai des faits à l'appui de ce que j'avançais, et Montbarrey n'en persista pas moins à défendre l'innocence de sa Dulcinée. Je compris alors qu'il pouvait bien avoir sa part du butin que mademoiselle Renaud ne se faisait pas faute d'accaparer, et je lui citai, en riant, ce vers de Plaute qu'il aurait dû prendre au sérieux :

Est etiam, ubi profecto damnum præsta facere quam lucrum.

Cette Renaud, aussi impudente que jolie, affichait un luxe scandaleux. Mesdemoiselles Guimard et Raucourt n'y faisaient rien ; et je suis persuadé que pendant le ministère de Montbarrey elle dépensa plus de six cent mille livres par an. Le duc d'Ayen disait que sa maison ressemblait à une foire, par la variété et la richesse des ameublemens. Tout Paris en était indigné. Ses extravagances, qui vinrent aux oreilles de la reine, achevèrent de perdre Montbarrey dans son esprit. Je sus que Marie-Antoinette avait demandé à plusieurs officiers qui venaient la remercier des faveurs qu'ils croyaient lui devoir, combien ils avaient donné à mademoiselle Renaud.

Le Mentor faisait la sourde oreille, bien qu'il n'ignorât rien de ce qui se passait. Madame de Maurepas désirait que le prince de Montbarrey restât au ministère, et le complaisant mari ne pouvait, par déférence, s'opposer aux désirs de sa femme. Il se bornait à quelques persiflages sur le compte du protégé, et cherchait, sous main, un remplaçant, afin de ne point se trouver au dépourvu si la nécessité le forçait à le renvoyer. Le choix de M. de Maurepas tomba sur M. de Puységur, homme de mérite, militaire fort instruit et plein de cette probité méticuleuse qu'on rencontre si rarement à la cour. Il avait d'ailleurs servi avec distinction, et possédait l'estime et l'affection de l'armée.

Le comte de Maurepas en parla souvent au roi de manière à le prévenir en sa faveur, afin de préparer Sa Majesté à l'accepter au ministère de la guerre lorsque le moment serait venu de le proposer. Du reste, le Mentor avait à cette époque des embarras domestiques trop importans pour songer sérieusement à autre chose. Il s'agissait de consoler sa femme de la perte de son chat favori, qui avait péri, frappé de la main royale. La pauvre madame de Maurepas était désolée, et tout Versailles était en émoi de cet événement.

Je crois avoir dit que le chat de madame de Maurepas, qui connaissait tous les priviléges d'un favori, dédaignait quelquefois les hommages des grands appartemens pour aller en chercher, sur les gouttières du château, de plus humbles, mais de plus analogues à ses goûts. On sait aussi que la forge de Louis XVI était établie sous les toits. M. Minon, par une fantaisie d'enfant gâté, ou de chat gâté si l'on veut, avait justement choisi le lieu qu'il aurait dû respecter, pour y donner audience aux chats du voisinage. C'est là que, sautant et gambadant ensemble, ils renversaient les outils, les ouvrages les plus précieux, les mieux finis, et causaient un dégât qu'un bon ouvrier n'aurait pu tolérer, à plus forte raison un roi de France.

Louis XVI, qui ne connaissait peut-être pas l'importance de M. Minon, et qui d'ailleurs avait la vue basse, s'étant aperçu du désastre qui régnait dans son atelier, résolut de prendre une mesure de haute police contre ce conciliabule de chats. Il ne tarda pas à reconnaître le coupable, et ce fut le pauvre Minon qui supporta tout le poids de sa colère : atteint à la tête d'un coup de marteau, il alla expirer tragiquement sur le giron de la comtesse.

A la vue de son favori maltraité de la sorte, la fureur de madame de Maurepas égala presque son chagrin, et avant de s'y livrer tout entière, elle voulut obtenir vengeance. Dès lors, recherches actives, grande rumeur dans le château. On apprend le nom du coupable, et la pauvre madame de Maurepas est prête à succomber à son désespoir, lorsqu'elle apprend que justement le meurtrier est inviolable.

Mais cette révélation ne l'apaise pas; elle veut aller trouver Sa Majesté, porter à ses pieds le cadavre du matou, lui reprocher son manque d'égards et sa cruauté. M. de Maurepas, effrayé d'un tel dessein, ne sait quels moyens employer pour en dissuader sa femme; car, s'il craint d'encourir son mécontentement, il a plus peur encore de perdre sa place. Appelant à son aide toute sa diplomatie, il imagine de réclamer le secours de madame Adélaïde. Celle-ci, remplie de bonne volonté, parvient, d'un côté, à calmer la douleur de madame de Maurepas, et de l'autre, révéla au roi l'attentat involontaire qu'il avait commis, en l'engageant à le réparer par des excuses auxquelles il se prêta de fort bonne grace. On voit donc qu'au milieu d'embarras aussi graves, M. de Maurepas ne pouvait songer à la guerre d'Amérique et aux intérêts du prince de Montbarrey.

J'avais aussi mon lot d'inquiétudes. La manière peu obligeante dont Necker poursuivait ses plans de réforme me força à prendre le parti de réduire le nombre de mes serviteurs, et de congédier de fort braves gens dont je n'avais qu'à me louer. La mauvaise humeur que ces mesures me causèrent retomba sur le contrôleur général. Je le persiflai dans des lettres-patentes que je dressai, sans être obligé de recourir à la plume de personne.

Dès que Necker en eut connaissance, sa vanité révoltée le porta à en parler au roi sur-le-champ. Il lui représenta la France comme perdue par suite de la liberté grande que je prenais à son égard. Sa Majesté, m'ayant mandé le même jour, voulut savoir ce qu'étaient ces lettres-patentes dont on lui faisait tant de bruit.

En vérité, sire, répondis-je, elles ne sont autre chose que l'aveu humiliant de la position pénible dans laquelle M. Necker cherche à me placer. Or, comme je ne veux pas qu'il se mêle de mes affaires, j'ai pris d'avance le parti de les régler.

Louis XVI ayant insisté pour me faire changer la rédaction des dites lettres, je me fis un devoir de lui complaire. Je retirai en conséquence les exemplaires déjà délivrés, ce qui m'empêche aujourd'hui d'en insérer textuellement la copie dans mes Mémoires. Cet incident ne me raccommoda pas avec le financier, qui ne me pardonna jamais ma plaisanterie : *inde iræ*. Il devint mon ennemi irréconciliable, ainsi que sa fille.

Tandis que je travaillais à sortir d'embarras, la reine continuait à mener joyeuse vie ; elle donnait aux plaisirs tout le temps qu'elle ne consacrait pas aux affaires. Le Mentor, qui voyait son crédit s'évanouir insensiblement, bien que le roi le soutînt encore, sentait qu'il ne pouvait lutter long-temps contre les ambitieux qui, placés derrière Marie-Antoinette, la faisaient agir à leur volonté. La raison lui conseillait une retraite honorable ; mais l'amour des grandeurs, qui ne s'éteint jamais chez les vieillards, le retenait à son poste.

M. de Maurepas ne pouvait se dissimuler cependant que le crédit de madame de Polignac était à son comble, et que l'attachement de la reine pour elle ne pouvait plus s'accroître ; de nouvelles preuves le confirmaient chaque jour aux courtisans. La comtesse Jules étant grosse cette année, Marie-Antoinette venait constamment la voir à Paris, où elle était à attendre le moment de ses couches. Je l'accompagnais ordinairement dans ses courses avec les comtesses de Provence et d'Artois, et madame Élisabeth, afin que nous fissions foule dans le salon de la favorite, ce qui me plaisait peu ; ma femme elle-même aurait mieux aimé rester chez elle que de venir grossir la cour de madame de Polignac.

Du moins cette dame, qui était alors toute-puissante sur l'esprit du comte d'Artois, aurait dû l'engager à se donner moins en spectacle, et à supprimer certains exercices incompatibles avec son rang. Par exemple, il s'était avisé, avec plusieurs de ses affidés, d'apprendre à danser sur la corde. Il s'y adonna d'abord en secret, ne voulant pas faire rire à ses dépens par les chutes de l'apprentissage.

Ce fut la comtesse de Provence qui, instruite par sa sœur de cette fantaisie, m'en fit part. — Savez-vous, me dit-elle, que votre famille va ajouter à toutes ses gloires celle d'un nouveau genre de talent? Louis XIV dansait dans les ballets de la cour; le comte d'Artois veut s'élever au dessus de Louis XIV en apprenant à danser sur la corde. Ces paroles m'auraient fait sourire si l'extravagance qu'elles me dénonçaient n'eût intéressé l'honneur de la famille. Je voulus nier que la chose fût vraie, mais on me prouva que j'avais tort; et lorsque je rencontrai mon frère le baladin, je lui adressai un compliment plus amer qu'ironique : il se moqua de moi; il prétendit que rien n'était plus favorable à la santé que cet exercice, et qu'il se portait à ravir depuis qu'il s'y livrait. Je n'eus plus qu'à gémir et à me taire. Cependant, quelque large que fût la conscience des courtisans, ils ne purent pousser l'adulation jusqu'à louer ce genre de mérite de manière à satisfaire leur idole. Pendant le voyage de Gibraltar, qui avait un but plus honorable, les leçons de Placide furent suspendues, et au retour on ne les reprit pas. Mon frère se repentit même par la suite de ce caprice singulier, et il traita avec une froideur marquée celui qui l'avait le plus engagé à s'y livrer.

Ma marote, à moi, était de protéger les arts, d'encourager les sciences, et de rassembler autour de moi l'élite de la littérature. Je m'occupais aussi de l'étude de nos lois anciennes, de nos constitutions et de notre histoire. Le roi, sans me laisser prendre aucune part aux affaires, me chargeait cependant de temps en temps de missions honorables. Le 16 juin 1780, je reçus celle de donner, au nom du roi d'Espagne, en vertu d'une délégation expresse, le collier de la Toison-d'Or à deux chevaliers de cet ordre qu'il lui avait plû de créer en France : c'était le marquis d'Ossun et le duc d'Ayen.

Depuis quelque temps madame la comtesse de Provence affectionnait beaucoup la comtesse de Balby, dame pour l'accompagner. Celle-ci joignait à autant d'esprit que de vivacité des manières remplies de grace, auxquelles ne nuisait pas une figure charmante. J'avais moi-même de l'attachement pour cette dame, fille de la marquise de Caumont, gouvernante des enfans du comte d'Artois ; j'aimais à causer avec elle, et, en la connaissant davantage, je finis par lui vouer une affection véritable.

La comtesse de Provence, entraînée sans doute aussi par ce penchant irrésistible qui attire vers certaines personnes, résolut de donner à madame de Balby la survivance de la charge de sa dame d'atours, occupée alors par la duchesse de Lespare. Cette mesure, qui nous plaisait à tous deux, aurait dû ne souffrir aucune difficulté, et cependant elle nous causa mille embarras.

Le tort de toutes les personnes attachées à la famille royale était de vouloir perpétuer leurs offices dans leur propre lignée, comme s'il y avait une légitimité héréditaire pour les places de cour aussi bien que pour la couronne. Madame de Lespare, en conséquence de ce principe, voulait se faire remplacer par une dame de sa famille : aussi prit-elle avec humeur la prière que madame la comtesse de Provence daigna lui adresser d'accepter madame de Balby en survivance ; elle fit même à ce sujet de sottes plaisanteries sur la complaisance de ma femme, et, bravant ses désirs, elle obligea celle-ci à lui laisser le choix d'obéir ou de se retirer. La duchesse, ne voulant pas céder, prit ce dernier parti, au grand regret de la comtesse de Provence, qui avait pour elle de l'affection.

Madame de Lespare donna donc sa démission, et la comtesse de Balby ayant pris sa place, prêta son serment le 6 juillet, et fut présentée le 9, en qualité de dame d'atours de la comtesse de Provence, au roi et à la reine. L'accueil distingué que lui firent Leurs Majestés donna un démenti formel au mensonge qu'on avait répandu, en affirmant que Marie-Antoinette s'était opposée au choix de sa belle-sœur.

Madame de Balby, dès ce moment, forma notre société intime ; elle sut animer les formes un peu solennelles que la comtesse de Provence avait introduites dans notre intérieur, y répandre un charme infini, et obtenir enfin l'attachement sincère de sa maîtresse, qui le lui conserva toute sa vie. Cette nomination déplut encore aux Noailles, qui voulaient pour eux la charge de la comtesse. Je fus forcé de leur montrer de la fermeté, car ils auraient été trop loin. Au surplus, leur règne commençait à se passer ; il durait depuis un siècle ; ainsi ils n'avaient point à se plaindre : il faut que chacun ait son tour.

Tandis que la comtesse de Provence se donnait une dame d'atours, je recevais le vicomte de Lévis en survivance de son père, capitaine de mes gardes, et le chevalier de Gain de Montagnac à la charge de chambellan, dont le marquis d'Aros était le titulaire. Tous les deux me restèrent attachés, et je n'ai eu qu'à m'en louer.

Madame de Polignac accoucha cette année de son second fils, qui prit, en naissant, le titre de comte Jules de Polignac.

Cette naissance fut célébrée à l'instar de celles des princes de notre sang. On alla complimenter la mère, qui ne tarda pas à devenir duchesse héréditaire par la nomination de son mari au titre de duc. On aurait bien voulu obtenir la grâce tout entière et y joindre la pairie ; mais on n'osa l'exiger, dans la crainte d'exciter le mécontentement de ceux qui avaient des droits antérieurs à cette faveur, et qui l'attendaient.

On me parla dans le temps d'un autre motif assez singulier, qui avait empêché d'accorder la pairie à M. de Polignac. M. de Coigny, qui n'était encore que duc héréditaire, et dont le crédit immense pouvait tout, suscita des obstacles aux Polignac pour les empêcher de passer avant lui ; et lorsqu'il devint pair, il continua également, par jalousie ou par malice, à les tenir éloignés de cette dignité, si bien que la révolution survint sans qu'ils l'eussent obtenue.

CHAPITRE XIV.

Mort de l'impératrice Marie-Thérèse. — Joseph II. — Renvoi du prince de Montbarrey. — Deux syllabes semblables dans deux noms donnent un portefeuille. — Comédie de société à Trianon. — Petitesse du duc de Fronsac. — La comtesse d'Artois. — Démêlé entre la comtesse de Provence et la reine. — Mot du comte d'Artois. — Détails d'intérieur. — Quels spectateurs on invite. — Séparation du duc et de la duchesse de Bourbon. — Suite de cette affaire. — Le comte d'Artois travaille contre M. Necker. — Le comte de Provence cause avec le roi.

Marie-Thérèse, grande dans le malheur, et justifiant le retour de la fortune par son beau caractère, a été jugée par la postérité comme par ses sujets. Cette reine, du nombre de celles qu'il est permis de classer parmi les grands hommes de l'histoire, mourut le 29 novembre 1780.

Marie-Antoinette, sa fille, éprouva une vive douleur de sa perte; elle mettait tout son orgueil dans l'impératrice, en faisait la confidente de tous ses secrets, et elle resta jusqu'à sa mort soumise au joug maternel. On crut donc devoir prendre de grands ménagemens pour annoncer cet événement à Marie-Antoinette. Le roi, qui, je crois, n'avait parlé de sa vie à l'abbé de Vermont, s'adressa à lui dans cette circonstance pour le charger de préparer la reine à la triste nouvelle qu'on ne pouvait lui cacher. Marie-Antoinette se livra d'abord au plus violent chagrin; nous crûmes devoir laisser exhaler la première explosion de son désespoir avant de lui offrir nos consolations.

Outre le grand deuil, dont le roi devait fixer la durée, il y en eut un provisoire, par égard pour la reine, que la famille royale alla visiter en grand manteau noir, ainsi que le roi, le 23 décembre. Toute la cour et les princes vinrent ensuite; ce fut une cérémonie imposante; Marie-Antoinette sut contraindre sa douleur, qui d'ailleurs commençait à se calmer.

Joseph II, déjà empereur d'Allemagne, succéda à sa mère Marie-Thérèse, et prit en main les rênes des états héréditaires de l'Autriche. Ce monarque, grand homme manqué, voulant être original, lorsqu'il n'était que la pâle copie du roi de Prusse Frédéric II, passa sa vie à se créer une réputation dont il ne laissa aucune trace après lui. Demi-philosophe, opposé au clergé, il parvint à mécontenter tout le monde, et à faire révolter les Pays-Bas. Cherchant à acquérir de la gloire, plutôt par vanité que par un instinct héroïque, manquant de génie, il se traîna à la remorque du grand roi, son modèle, et de l'impératrice de Russie, qu'il persifla, faute de pouvoir l'imiter. Ce prince n'aimait point la France, et lui aurait fait du mal s'il l'avait pu. Il mourut sur le trône sans postérité. Son nom se perdra dans la foule des princes qui se sont donné beaucoup de peine pour être quelque chose, et qui ont fini par n'être rien.

Cet événement n'empêcha pas les intrigues de suivre leur cours. Les extravagances du prince de Montbarrey augmentaient chaque jour, et mademoiselle Renaud achevait de se déconsidérer par ses dilapidations. Déjà le ministre avait eu avec la reine une scène fort vive; cette princesse le traita avec une hauteur qui dut blesser cruellement son amour-propre. Il s'en plaignit amèrement, au lieu d'en profiter pour réformer sa conduite. Il pouvait encore se sauver en sacrifiant mademoiselle Renaud, et en mettant son portefeuille aux pieds de Marie-Antoinette; mais il ne pouvait renoncer à une liaison qui lui plaisait, et à des profits que son luxe désordonné rendait indispensables. On aurait pu lui appliquer cette maxime de Térence :

Nulla est tam facilis res quin difficilis sit
Quam invitus facias.

« Il n'est pas de chose si facile, qui difficile ne devienne si vous la faites à contre-cœur. »

L'aveuglement de Montbarrey le perdit. Le baron de Bezenval, MM. de Vaudreuil et d'Adhémar, amis de M. de Ségur, ne cessaient de le recommander à la reine pour le placer au ministère de la guerre. Madame de Polignac s'ingéniait également pour lui de son côté. M. de Ségur se faisait d'ailleurs remarquer par mille qualités propres à remplir dignement l'emploi qu'on postulait en sa faveur. Un homme aussi bien étayé ne pouvait manquer d'arriver.

Sur ces entrefaites, la reine recommande un officier au ministre de la guerre, et exige même sa nomination au poste qu'il sollicite. Montbarrey promet de se conformer aux ordres de sa souveraine ; mais il arrive que mademoiselle Renaud a déjà vendu la place en question, et qu'elle refuse de rendre la somme qui lui en est advenue; de sorte que le protégé de la reine est supplanté par celui de la fille de joie.

Cette audace passait les bornes. Marie-Antoinette demande vengeance au roi, met sous ses yeux les dilapidations du ministre, et réclame avec chaleur son renvoi. Louis XVI n'oppose d'autre objection que l'embarras de trouver un successeur au prince de Montbarrey. Alors Marie-Antoinette saisit cette ouverture pour proposer le marquis de Ségur. J'ai déjà dit que le nom du comte de Puységur avait souvent retenti avec éloge à l'oreille du roi, par la bouche de M. de Maurepas ; il crut dans le même son final retrouver le même homme. S. M., s'imaginant donc agir d'adresse en satisfaisant à la fois les deux personnes qui avaient sur lui le plus d'influence, promet à la reine le ministère de la guerre pour M. de Ségur.

M. de Maurepas vient à son tour. Louis XVI lui signifie le renvoi du prince de Montbarrey. Le vieux conseiller élude d'abord. Deux jours s'écoulent; mais le monarque revient à la charge : il faut céder. Montbarrey, dans son effroi, vient me trouver, me conjure de le soutenir. Je n'ai garde d'en rien faire, et lui conseille au contraire de s'exécuter de bonne grace. Enfin, le 17 ou le 18 décembre 1780, il se décide à donner sa démission, et quitte Versailles le cœur ulcéré contre tout le monde, tandis que lui seul avait causé sa disgrace.

Le comte de Maurepas, certain de faire accepter M. de Puységur au roi, avait attendu au dernier moment pour lui en parler d'une manière positive.

La chose est conclue, répondit S. M., quand le Mentor lui fit enfin connaître son projet. La reine m'a sollicité en faveur de votre protégé, et M. de Ségur a ma parole pour le ministère de la guerre.

— Quoi, sire !.... le marquis de Ségur !

— Oui, et vous devez être satisfait. Ce gentilhomme est d'ailleurs estimé généralement, et je vous sais bon gré de me l'avoir proposé.

Le pauvre M. de Maurepas, stupéfait, ne trouva plus de paroles pour exprimer son étonnement ; il se voyait pris dans ses propres filets ; mais il sentit qu'il devait dissimuler, ne pouvant lutter contre la reine lorsque déjà la victoire était de son côté. Il remercia donc le roi, avec un sourire forcé, de *la faveur* qu'il lui accordait.

Je sais que dans quelques mémoires du temps on trouve sur la nomination de M. de Ségur des détails qui peuvent différer de mon récit; mais j'ai quelque droit de me croire plus exactement informé que M. de Bezenval et autres.

Le 26 décembre de cette année je fis les nominations suivantes dans l'ordre de Saint-Lazare : l'évêque de Bayonne, M. de La Feronnays, le comte de Maillé, le vicomte de Rochechouart, chevalier de Notre-Dame du Mont-Carmel, et MM. de Saint-Chamans, de Roville et de Villèle.

La reine, au milieu de la douleur que lui causait la perte de sa mère, retrouvait tous ses embarras politiques; et ce fut pour se distraire des soucis de la grandeur, qu'elle se décida à organiser une comédie bourgeoise à l'instar de plusieurs sociétés de la cour; car c'est le titre qu'on donne à toutes celles où l'on entre sans payer à la porte. On choisit dans le plus grand secret la troupe de ce nouveau théâtre; les actrices furent, la reine, madame Élisabeth, la comtesse d'Artois, mesdames Jules et Diane de Polignac, mesdames de Polastron, d'Andlaw, de Châlons et quelques autres. Les acteurs se composèrent d'Adhémar, de Vaudreuil, de Coigny, de Dillon, de Bezenval, et du comte d'Artois, qui, bien que peu habile, voulait toujours remplir les rôles les plus importans. Deux acteurs en titre, Clairval et d'Azincourt, étaient chargés de faire répéter la troupe royale ; et Campan, le secrétaire des commandemens de la reine, fut nommé intendant du théâtre.

Croirait-on que le duc de Fronsac, premier gentilhomme de la chambre, s'avisa de disputer à Campan le fonctions dont il était investi? Détesté de tout le monde, on eût dit qu'il voulait multiplier malicieusement ses vengeances en tracassant chacun en particulier. Il se plaignit donc amèrement, dans cette circonstance, qu'on lui enlevait une partie des droits de sa charge, en donnant à un autre l'emploi d'intendant de la salle de spectacle du Trianon.

La reine, à laquelle il finit par s'adresser, rit de ses plaintes.

— Prétendez-vous, monsieur, lui dit-elle, en votre qualité de premier gentilhomme de la chambre, me tenir en tutelle lorsque je joue le comédie ?

— Ah ! madame, Dieu m'en garde !

— Alors, monsieur, vos priviléges doivent cesser dès qu'il me plaît de rentrer dans la vie privée. Lorsque je suis à mon petit Trianon, je vis en simple particulière, et l'étiquette de la cour doit donc rester à la porte, quitte pour elle à me ressaisir sur le seuil à mon retour.

Le duc, non content d'une pareille rebuffade, ne s'en tint pas là, et il s'attira par sa persistance des désagrémens qui le forcèrent enfin à se résigner.

La reine tenait beaucoup à enrôler dans sa troupe

la comtesse de Provence ; mais je n'étais pas séduit par l'exemple de Louis XIV, qui avait figuré lui-même dans les ballets de sa cour, et je sus inspirer à la princesse ma femme tant de soin de sa dignité, qu'elle aurait craint de la compromettre, même en imitant la reine.

La comtesse d'Artois avait pris d'abord envers sa sœur l'engagement de ne point faire partie des acteurs ; mais avec sa légèreté habituelle, elle se laissa bientôt gagner, et vint nous dire en riant qu'elle manquait à sa parole. Ma femme chercha vainement à la dissuader de son projet. La comtesse d'Artois, pour qui le plaisir était tout, nous donna de mauvaises excuses, et en passant dans le camp de la reine, elle autorisa cette dernière à croire que sa sœur en ferait autant si on la pressait un peu. Un jour donc que j'étais à Brunoy, je vis arriver Marie-Antoinette et le comte d'Artois, qui se mirent à prêcher à frais communs leur belle-sœur ; mais la comtesse de Provence résista avec fermeté à toutes leurs instances. La reine, piquée, lui dit enfin d'un ton hautain :

— Il me semble, madame, que vous pouvez sans scrupule vous livrer à un délassement auquel la reine de France ne dédaigne pas de prendre part.

— En effet, madame, répliqua vivement la comtesse, si une reine ne peut donner que de bons exemples, une princesse ne doit pas craindre de les suivre ; mais permettez-moi, dans cette circonstance, de ne point imiter Votre Majesté.

Cette réponse fut suivie de quelque propos plus amers encore : on en vint jusqu'à discuter la prééminence des maisons de Lorraine et de Savoie, et Marie-Antoinette, emportée sans doute par le feu de la discussion, prétendit que sa maison ne le cédait même pas à celle de Bourbon.

Le comte d'Artois, qui jusque-là n'avait rien dit, oubliant, pour défendre son nom, le rôle neutre qu'il s'était imposé, répliqua à la remarque de la reine, en affectant un ton enjoué :

— Jusqu'ici, madame, j'ai cru que vous parliez sérieusement ; mais je vois maintenant que vous ne faisiez que plaisanter.

Cet à-propos déconcerta Marie-Antoinette au point qu'elle ne chercha pas davantage à prolonger l'entretien. Les deux belles-sœurs se boudèrent pendant quelque temps ; mais nous parvînmes à les rapprocher, et les maisons de Lorraine et de Savoie se donnèrent l'accolade, grace aux bons offices de celle de France.

Cette petite scène ne refroidit nullement la reine dans ses projets. On joua long-temps dans le désert, les portes fermées, et en présence seulement de quatre ou cinq membres de la famille royale et d'un nombre égal d'étrangers ; car on craignait le qu'en dira-t-on. Mais comme on s'aguerrit en toutes choses, et qu'à tout comédien il faut un public, les femmes des princesses ne tardèrent pas à venir remplir les banquettes vides de la salle, ainsi que les gardes-du-corps, dont les Suisses firent le service, tandis qu'ils applaudissaient l'auguste troupe. La reine eut la bonté de dire à ces messieurs, à la première représentation où ils assistèrent, lorsque la pièce fut achevée, qu'elle aurait voulu se montrer meilleure actrice, afin de leur procurer plus d'agrément. On se figure aisément les bravos et l'enthousiasme qui succédèrent à de telles paroles.

Je gémissais de ces légèretés, qui ne convenaient point à notre situation; le roi tantôt les désapprouvait et tantôt y assistait en paraissant y prendre plaisir. Un soir qu'il se rappelait le coup de sifflet dont le comte d'Artois avait réjoui ses oreilles lorsqu'il était dauphin, il s'avisa de le payer en même monnaie, tandis qu'il s'escrimait sur la scène à remplir un rôle difficile. C'était sans doute une plaisanterie bien innocente; mais les courtisans ne perdirent pas l'occasion de la dénaturer. Le lendemain on répandit le bruit dans Versailles que le roi avait sifflé la reine, qui s'était évanouie de douleur et de confusion.

Il faut bien le dire. Si cette infortunée princesse encourut la disgrace du peuple, c'est à la haute noblesse qu'elle le dut. L'envie inspira les premières médisances; après les médisances vinrent les calomnies, qui attirèrent sur sa tête les adversités dans lesquelles le roi se trouva lui-même enveloppé.

La maison de Condé donna à cette époque un grand scandale au public, par la séparation du duc de Bourbon et de sa femme, qui fut amenée de longue main par des torts réciproques. Une paix plâtrée avait été conclue entre les deux époux, à la suite d'une querelle conjugale : on espérait qu'elle serait maintenue; mais la discorde ne tarda pas à se mettre de nouveau dans le ménage, et à amener une rupture éclatante.

Lors d'un voyage à Chantilly, le duc de Bourbon écrivit à la duchesse que son père et lui la dispensaient de venir les rejoindre : c'était s'exprimer d'une manière positive, et la conduite que le prince tint depuis ne confirma que trop ses intentions. Sur ces entrefaites, une actrice, mademoiselle Michelot, maîtresse avouée du duc de Bourbon, étant accouchée d'un enfant mâle, il le fit non seulement inscrire sur les registres de la paroisse comme son fils, mais engagea la princesse de Condé, sa sœur, à le tenir sur les fonts de baptême avec le prince de Soubise. On sut que mademoiselle de Condé avait été contrainte à se prêter à cet acte inconvenant

C'était, de la part du mari, mettre tous les torts de son côté. Il crut les atténuer en écrivant au roi une lettre justificative, dans laquelle il présentait la conduite de la princesse sous le jour le plus odieux.

Nous fûmes tous indignés de cette lettre. Louis XVI ne cacha point au duc son mécontentement, lui représenta combien il était coupable, et s'efforça de le ramener à de meilleurs sentimens; mais la séparation n'en eut pas moins lieu. Le prince de Condé, qui se mêla de cette affaire, mit sous les yeux du monarque un mémoire où la conduite de la duchesse était dévoilée en termes si clairs, qu'il crut devoir autoriser le vœu du duc de Bourbon. Celui-ci rendit la dot de sa femme, montant à deux cent mille francs, malgré les plaintes du duc d'Orléans, qui aurait voulu s'opposer à cette rupture. Le prince fit en outre à la princesse une pension de vingt-cinq mille livres; elle conserva celle de cinquante mille livres à laquelle son extraction du sang royal lui donnait droit, et la reine lui en promit une autre du double de cette somme, prise sur des acquêts soldés au comptant.

Nous ne pûmes voir sans un vif chagrin un tel éclat dans la famille, qui ne devait offrir qu'union et bon exemple. Dès ce moment nous laissâmes à l'écart les princes de Condé, qui ne parurent à la cour que dans les grandes occasions. Cet éloignement se prolongea jusqu'au moment de la révolution, où la nécessité nous rapprocha sans que nous nous en aimassions peut-être davantage. Mademoiselle Michelot fut trompée dans les espérances que lui avait données la naissance de son fils, car il mourut peu de temps après.

La victoire que Necker avait remportée sur Sartines devait être de courte durée. Ce ministre, bouffi d'orgueil, voulant se rendre indispensable, crut y parvenir en s'appuyant sur une vaine popularité. Afin d'arriver à ce but, il publia, contre tout usage reçu, son fameux Compte rendu au roi, que les plaisans qualifièrent de *conte bleu*, parce qu'il était couvert d'un papier de cette couleur. C'était s'adresser au tribunal du public : jamais, jusqu'à ce moment, un contrôleur général n'avait soumis à cette autorité le budget de l'état. Cette conduite, qui indigna toute la cour, charma le reste de la nation ; elle occasionna un tumulte étourdissant. Les ennemis du financier, et il en avait encore plus que d'amis, le représentèrent comme un audacieux, coupable de lèse-majesté, et sollicitèrent contre lui une punition exemplaire. Mais, il faut l'avouer, c'étaient les amis qui auraient été les plus nombreux cette fois-ci ; car la mesure avait obtenu une approbation à peu près générale. Les opposans furent donc forcés de remettre leur projet de vengeance à une autre occasion.

Le roi lui-même ne prit pas mal la manière d'agir du financier. Il répondit au comte d'Artois, qui l'excitait contre lui :

— C'est du moins la preuve qu'il ne me vole pas, et d'une indiscrétion on ne peut faire un crime.

Louis XVI cependant, contre son ordinaire, me consulta à ce sujet.

— Sire, répondis-je, l'action de M. Necker est sans doute en elle-même fort innocente ; mais elle aura de funestes conséquences : elle accoutumera le public à discuter sur des choses qu'on devrait lui taire ; et, avec de bonnes intentions, je veux bien le croire, le contrôleur général a porté un coup fatal à l'autorité du trône.

— C'est voir les choses bien en noir, dit le roi. Quant à moi, je trouve un avantage à cette mesure : la publicité de l'emploi du budget amènera nécessairement des reformes, et l'on pillera le trésor avec plus de retenue lorsqu'on saura que l'avidité a des yeux qui la surveillent.

— Pourquoi, sire, le laisser piller?

— Pourquoi?... Si vous étiez seulement un mois à ma place, vous ne me feriez pas cette question.

Hélas! le roi avait raison.

CHAPITRE XV.

Compte rendu de Necker. — Tempête qu'il soulève. — Ses partisans à la cour. — Hommes et femmes. — Indécision de la reine. — Ses paroles sur le *conte bleu*. — Necker veut des choses impossibles. — Plaisanterie que sa vanité inspire au comte de Provence. — Elle augmente ses ennemis. — Détails des derniers jours de son premier ministère. — La reine le reçoit bien. — Le comte de Maurepas le persifle. — Necker part. — Comment il exhale sa colère. — Joie des courtisans. — Douleur du peuple. — M. Joly de Fleury contrôleur général des finances. — Le duc de Chartres et le public. — Le marquis d'Argenson aubergiste et maître de poste. — Mesdames de Lordat et d'Ossun. — Naissance du dauphin. — Le baron de Breteuil quitte l'ambassade de Vienne. — Le comte de Grasse. — On calomnie son neveu. — Paroles dures que le roi adresse à celui-ci.

Je n'entrerai pas dans les détails du compte rendu par M. Necker : il l'avait rédigé tout à sa gloire. Il y montrait les abus qui existaient avant son entrée dans l'administration, ceux auxquels il avait remédié depuis, et les améliorations qu'il se proposait dans l'avenir. Cette grande œuvre, qui avait plutôt pour but le propre intérêt du financier que celui de l'état, ne put m'abuser, et ce que je dis au roi à cette occasion devint plus tard une vérité palpable. Le Compte rendu provoqua une nuée de brochures ; il causa la première fermentation, dont les suites amenèrent la funeste convocation des états généraux. Une lutte violente s'établit entre les financiers et les partisans du contrôleur général : on y prit l'habitude de fronder les actes du pouvoir, et le mal fut irréparable.

La cour surtout se prononça contre le Genevois avec un acharnement que motivaient ses réformes. A cette faction se rallièrent ceux qui avaient des prétentions sur sa place: l'archevêque de Toulouse, Calonne, deux ou trois autres ambitieux, puis tous les grands officiers de la maison du roi, les amis de Taboureau, de Sartines, et les princes du sang, en un mot, tous ceux que le soin de leur défense personnelle rattachait à une cause commune.

Necker cependant n'était pas abandonné à ses propres forces ; il avait pour lui les encyclopédistes les partisans des idées nouvelles, et quelques hommes de la cour auxquels il promettait des emplois, ou qui s'étaient laissé séduire par la prétendue sincérité de ses calculs. A la tête de ceux-ci était le duc de Choiseul, qui ne pouvait renoncer à l'espoir de reconquérir sa première influence ; puis le duc du Châtelet, qui aspirait au portefeuille de la guerre ; le prince de Beauvau, qui mourait d'envie d'entrer au conseil ; le comte de Tessé, par dépit contre les Polignac ; tous les Noailles, en vertu de passe-droits dont ils prétendaient être victimes ; et enfin les Rohan, qui, connaissant leur fausse position, s'attachaient à tout pour l'améliorer.

Nombre de femmes se déclaraient aussi en faveur du Genevois : la princesse de Beauvau, par exemple, dont il feignait d'admirer les vues étendues ; madame de Montesson, qui faisait avec lui le bel esprit ; madame d'Hénin, par ennui du repos ; madame de Grammont, par intérêt pour son frère ; mesdames de Blot, de Simiane, de Coigny, de Tessé, et une foule d'autres qui voulaient faire parler d'elles à quel prix que ce fût. Tous ces auxiliaires composaient une faction redoutable, qui contre-balançait l'influence de la faction contraire.

La reine flottait entre les deux ; une sorte d'antipathie l'éloignait de Necker : c'était cet instinct de femme aimable qui repousse un pédant, cet instinct de reine qui repousse un roturier arrogant. L'ironie était sa figure habituelle quand elle parlait du Genevois ; elle aimait à tourner en ridicule sa morgue de banquier, son froid rigorisme de docteur calviniste, le pédantisme de sa femme, au moins égal au sien, et les prétentions de sa fille, qui perçaient déjà malgré son extrême jeunesse. D'une autre part, Marie-Antoinette craignait de déplaire au roi en se prononçant trop ouvertement contre Necker, et d'augmenter par sa chute la prépondérance du comte de Maurepas, qu'elle redoutait encore plus que le financier. Cette indécision causait les oscillations de sa conduite, qui tantôt l'amenaient dans le camp ennemi, et tantôt l'en éloignaient. Les partisans de Necker firent grand bruit d'un propos que la reine tint au sujet du Compte rendu. Des courtisans le lisaient à Marly, dans le grand salon, au moment où S. M. y entrait. On s'empresse de faire disparaître la brochure, mais pas assez vite cependant pour que le mouvement lui échappât. Marie-Antoinette demande ce qu'on cache. On le lui explique en s'excusant.

— Ne vous gênez pas, messieurs, répondit la reine ; je trouve naturel qu'on lise cet ouvrage. Il vient d'un homme zélé pour le service du roi, et qui veut le bien de la nation.

Cette approbation aurait dû défendre victorieusement le contrôleur général contre toute attaque ; mais les paroles de la reine étaient sans poids, car elle n'avait alors d'autre volonté que celle qu'on lui suggérait par l'intermédiaire de madame de Polignac ; et cela était si vrai, que peu de temps après des bruits se répandirent sur la chute prochaine de Necker, et ils devinrent si publics, qu'il crut devoir donner sa démission. Voici ce qui eut lieu à ce sujet.

J'ai dit que le Genevois, persuadé qu'on ne pouvait se passer de lui, suivait, sans jamais s'en écarter, la ligne qu'il s'était tracée. Nul obstacle ne l'arrêtait : il se raidissait contre eux, car plier était pour lui chose impossible. Cependant, étourdi des récriminations et des calomnies dont il était l'objet, Necker se figura que le moyen d'écraser ses ennemis ou de les réduire au silence, était de frapper un grand coup et de se placer à une telle hauteur, qu'ils ne pussent plus l'atteindre. Il présenta en conséquence une note au roi, dans laquelle il lui demandait l'entrée au conseil, sa présence, disait-il, y étant indispensable pour y défendre ses plans de finances. Il exposait, en outre, à S. M. la nécessité de prendre des mesures de rigueur pour soumettre la résistance des parlemens, pour punir plusieurs intendans qui osaient lui tenir tête, et entre autres celui de Moulins, le sieur Gueau de Reverseaux; puis le besoin de convoquer un lit de justice, afin de faire enregistrer son édit de création des administrations provinciales; et enfin il concluait en demandant *une récompense honorifique*, dont l'éclat pût prouver à tous la satisfaction sans bornes de S. M. Necker avait fait dire de vive voix qu'à défaut du cordon bleu, que sa qualité de protestant ne lui permettait pas de recevoir, il *se contenterait d'un brevet de duc.*

Je dois convenir, dût l'aveu retomber sur moi, que, de toutes ses demandes, la dernière fut la seule qui m'indigna contre lui. Le roi trouva naturel que le contrôleur général vînt au conseil proposer et soutenir ses opérations, et que le nouveau système fût essayé au moins dans quelques provinces; mais, avec toute sa bonhomie, il ne put concevoir qu'un homme sans naissance osât prétendre à la plus haute dignité de l'état. Cette prétention du Genevois devint aussi pour nous et pour la reine une source presque intarissable de réflexions amusantes. M. *le duc Necker, chevalier de l'ordre*, prêtait à d'excellentes plaisanteries, ainsi que *mademoiselle Culchaut*, femme du financier, siégeant sur le tabouret, au milieu de ce que la cour avait de plus illustre !!!

La duchesse de Polignac, peu flattée d'une pareille compagnie, et la comtesse de Maurepas, qui désirait ardemment le tabouret depuis sept ans sans avoir osé le demander, excitèrent, l'une la reine, et l'autre son mari, contre le contrôleur général. Le comte d'Artois s'en mêla aussi. J'avoue que je dis mon mot, ne prévoyant pas, certes, ce que la nécessité me ferait faire par la suite. Ce concours d'opinions décida le roi, non à accorder la *récompense honorifique*, mais à accepter la démission offerte en cas de refus.

La note du financier avait été remise le mardi 15 mai; il dit en même temps au roi qu'il n'avait aucun travail à lui soumettre, et que pour en entreprendre de nouveaux il attendrait sa réponse. Louis XVI prit le mémoire, sans prononcer un mot, et le mit dans sa poche. Necker eut le lendemain 16 une lueur d'espoir : il lui revint que le roi ne répugnait point à le faire entrer au conseil ; mais le 17 cette nouvelle ne se confirma pas. Il patienta encore le jeudi 18; et le 19, lorsqu'il arriva à Marly pour le conseil du vendredi, il apprit que le roi était parti pour la chasse. Surpris de n'en avoir pas été prévenu, il alla trouver le comte de Maurepas, qui ne put le recevoir, attendu une forte attaque de goutte. C'était un prétexte du Mentor, qui ne voulait pas donner audience au financier, afin d'éviter toute interpellation à laquelle il ne lui aurait pas convenu de répondre.

Ce refus de le recevoir dans ce moment parut de mauvais augure à Necker, qui commença à craindre d'avoir poussé trop loin l'exigence, et se rappela le proverbe : *Qui trop embrasse mal étreint*. Ne sachant de quel bois faire flèche, il se rendit à l'appartement de la reine, incertain encore d'être reçu. Marie-Antoinette l'accueillit avec sa bienveillance ordinaire. Encouragé par cet accueil, Necker ne balança point à se plaindre de l'incertitude dans laquelle on le laissait, incertitude qui nuisait, dit-il, aux affaires de l'état; il ajouta que si ses services n'étaient plus nécessaires, il valait mieux l'en instruire sur-le-champ.

La reine, ayant la délicatesse de ne pas vouloir donner de sa bouche une nouvelle désagréable, se tint sur la défensive, prétendit ne rien savoir, et affirma que le roi ne tardait pas tant à envoyer sa réponse au contrôleur général qu'afin de la mieux méditer. S. M. conclut en priant M. Necker de revenir le lendemain, et de s'adresser à M. de Maurepas.

La reine nous conta le soir combien elle avait souffert de laisser Necker dans cette incertitude. Il lui avait paru très abattu, son orgueil même semblait l'avoir abandonné. En effet, le philosophe supporta sa chute avec assez peu de philosophie.

Il y avait déjà des parties liées pour lui chercher un remplaçant : la reine et le comte d'Artois soutenaient M. de Calonne, que M. de Maurepas repoussait de tout son crédit. La duchesse de Polignac et l'abbé de Vermont poussaient l'archevêque de Toulouse, dont le roi ne voulait pas encore. Il y aurait eu de la maladresse à vouloir forcer la volonté de Louis XVI au moment où il sacrifiait un homme dont il croyait les services nécessaires. Il fallut donc pour cette fois laisser la nomination du nouveau contrôleur général au choix absolu de M. de Maurepas.

Le samedi 20 mai, Necker se rendit chez le comte de Maurepas, qui, de la manière la plus polie, lui communiqua la résolution du roi. Il lui dit que S. M. était reconnaissante du bon ordre qu'il avait mis dans les finances, qu'elle comptait lui en donner des preuves avant peu ; mais qu'en attendant il devait sortir de l'hôtel du ministère, et se retirer à sa campagne de Saint-Ouen, afin d'y rétablir sa santé, dérangée par un travail excessif.

M. de Maurepas aurait pu continuer long-temps ce discours mêlé de vérité et de persiflage, sans que Necker songeât à l'interrompre. Il était atterré par le renversement subit de ses espérances, et par l'idée de rentrer dans la classe privée sans aucun avantage honorifique ; il se voyait joué par un vieux courtisan auquel il s'estimait si supérieur, et abandonné du roi au moment où il se croyait sûr de tout en obtenir : c'était assez pour l'étourdir. Il chercha en vain à déguiser le combat que l'amour-propre offensé et la sagesse se livraient dans son ame ; M. de Maurepas y lut tout ce qui s'y passait.

L'ex-contrôleur général balbutia quelques mots sans suite, et prit congé du Mentor pour aller faire part de sa mésaventure au maréchal de Castries, l'un de ses admirateurs. C'est alors que sa colère, n'étant plus contenue, s'exhala avec violence. M. de Castries me rapporta plus tard ces paroles que M. Necker laissa échapper dans cette occasion :

— On me chasse, dit-il avec amertume, mais ce ne sera pas pour long-temps : on sera forcé de me rappeler ; et si je reviens, je disposerai les affaires de manière qu'on ne puisse plus me renvoyer si la fantaisie en reprend.

Grande fut la joie qu'on ressentit à la cour, en apprenant que le financier intraitable ne pourrait plus rogner les ongles à personne. Il y eut partout fêtes et réjouissances ; on eût dit une famille d'héritiers dissipateurs au moment d'écrire les billets d'enterrement d'un collatéral avare. Moi-même je ne cachai pas mon contentement ; le comte d'Artois était aux anges ; le roi seul semblait morne et abattu. Il avait cédé à un mouvement irréfléchi en renvoyant Necker, et il se demandait maintenant si les choses iraient mieux après son départ. Le temps seul pouvait résoudre cette question.

Mais si Versailles était satisfait, ma franchise de prince et d'historien me force de dire que la disgrace du Genevois causa dans Paris un murmure universel ; que ses admirateurs jetèrent feu et flamme contre nous, et que les regrets et les louanges qui le suivirent dans sa retraite nous firent une blessure cruelle, difficile à cicatriser. Necker reçut à Saint-Ouen des hommages que nul prince de la famille royale n'avait jamais obtenus. En un mot, l'opinion publique de tout le royaume se prononça pour le vaincu contre les vainqueurs, ce qui rendait vaine notre victoire.

Cet enivrement de la multitude chagrina beaucoup le roi ; la reine en éprouva un mortel dépit, et les Polignac furent outrés. Il auraient voulu que la Bastille fût assez grande pour y renfermer tous les coupables.

Malheureusement, ainsi qu'il arrive souvent dans ces occasions, on mit à la place de Necker un homme qui n'entendait rien à la direction des finances : Joly de Fleury, dont le nom est si peu illustre, que tous les biographes l'ont oublié dans leurs compilations. Le comte de Maurepas alla le déterrer au milieu de toutes les nullités de sa connaissance : du reste il était doux, poli, obligeant; mais ce n'était point assez pour diriger les finances embarrassées d'un grand royaume. Il plut d'abord aux courtisans, parce qu'on le prit pour le soliveau de la fable. M. Joly de Fleury resta au contrôle tant que vécut son protecteur ; mais dès qu'il ne fut plus appuyé il tomba sans bruit et rentra dans l'obscurité, où il porta du moins une conduite exempte de reproches.

Ce fut à cette époque que commencèrent les démêlés qui s'élevèrent entre le duc de Chartres et les propriétaires des maisons limitrophes du Palais-Royal. Il avait déjà adopté le plan de reconstruire cet édifice, qui n'est pas encore achevé; mais le public, se voyant privé d'une charmante promenade, se joignit aux propriétaires mécontens, adopta leur cause contre le prince, et de là jaillit une foule de caricatures et de pamphlets qui ridiculisèrent le duc de Chartres. Il était cependant dans son droit; mais ce n'est point assez d'avoir raison lorsqu'on occupe un rang élevé, il faut encore avoir l'adresse de ne rien faire qui puisse heurter la multitude. Un prince spéculateur ne saurait jamais être populaire; convertir un palais en boutiques est surtout un genre de spéculation peu digne d'une Altesse Sérénissime; c'est déroger, et mériter de changer son blason contre une enseigne.

Parmi ceux qui s'élevèrent contre le duc de Chartres, on lui signala le marquis d'Argenson. Voulant se venger, le prince trouva le moyen d'informer le roi que ce gentilhomme, possesseur d'une immense fortune, faisait encore le commerce de chevaux, et tenait pour son compte, sous le nom d'un autre, l'auberge de la poste de sa terre des Ormes. Louis XVI reprocha au marquis d'Argenson, lorsqu'il vint lui faire sa cour, de se livrer par avarice à un métier indigne de son nom. Cette maison, qui était considérablement déchue de son ancienne faveur, en conserva rancune à la famille royale ; aussi, pendant la révolution, elle lui fut constamment opposée. J'en dirai autant du marquis de Chauvelin, lui qui nous devait tant, et dont l'ingratitude fut si flagrante! Quant à M. de la Fayette, je n'ai aucun reproche à lui faire ; il n'a jamais dévié dans sa conduite, et resta toujours le même, depuis la guerre de l'Amérique, où il alla chercher la gloire en contrebande. Mon malheureux frère, dans les derniers temps de sa vie, lui a rendu pleinement justice. Je révélerai plus tard à ce sujet des faits qu'on ne connaît qu'imparfaitement.

Madame de Balby amena chez la comtesse de Provence la marquise de Lordat, sa sœur, qui venait d'être présentée. Nous la trouvâmes froide, réservée, et aussi peu avenante que sa sœur était aimable et gracieuse. Du reste, elle possédait des vertus plus essentielles, et fut attachée à madame Élisabeth, en qualité de dame pour accompagner. Le mari de la marquise était le chef d'une des plus illustres maisons du Midi, et de plus, baron des états de Languedoc, ce qui équivalait, dans cette contrée, à la pairie.

La reine changea de dame d'atours ; la mauvaise santé de la duchesse de Maillé l'empêchait de bien faire son service : elle se décida à donner sa démission. Marie-Antoinette l'accepta avec regret, car madame de Maillé était une femme d'un esprit supérieur. Sa remplaçante, la comtesse d'Ossun, avait une réputation intacte, savait soutenir son rang sans arrogance; et si elle ne gagnait pas tous les cœurs, elle commandait du moins l'estime générale. Aussi ce choix reçut l'approbation de toute la cour, ce qui se voyait rarement.

La reine avançait dans sa seconde grossesse. On nous apprit cette nouvelle, comme si c'en était une pour nous, qui la savions déjà depuis long-temps. Je ne pus m'empêcher de le dire au roi quand il me fit part de son espoir d'être bientôt père. Louis XVI s'excusa de manière à me prouver que le tort ne venait pas de lui. Je ne dirai point que je vis avec plaisir cette augmentation dans la famille royale; mais je fus surtout piqué de l'air curieux avec lequel chaque courtisan épiait le mécontentement qu'il me supposait, dans mes regards, dans mes moindres gestes. La reine ne me déguisa point sa joie, ainsi qu'à la comtesse de Provence. Ce fut une petite vengeance sans doute qu'elle voulut exercer sur ma femme, parce qu'elle avait refusé de jouer la comédie.

L'allégresse de la France fut unanime en apprenant que Marie-Antoinette donnerait peut-être un héritier à l'état.

Marie-Antoinette, à partir de cette époque, augmenta le nombre de ses serviteurs, qui, placés autour du roi, accrurent aussi l'influence qu'elle avait déjà sur son mari. Le baron de Bréteuil, ambassadeur à Vienne, et que ma belle-sœur protégeait envers et contre tous, se trouvant à Paris cette année, par congé, fut nommé conseiller d'état d'épée au conseil des parties, et y prit séance le 18 juin. C'était travailler de longue main à le faire un jour ministre. Le baron, qui était tout dévoué à la reine, devait cependant lui faire commettre une grande faute. Moi-même j'étais destiné à le rencontrer sur ma route, pendant l'émigration, car il osa alors lutter de pouvoir avec moi.

Les armées navales continuaient leurs évolutions; le comte de Grasse, qui commandait l'une de nos flottes, s'empara de Tabago; son neveu vint en France présenter à Louis XVI les étendards pris dans cette circonstance. Une distraction malheureuse amena un mot que je voudrais passer sous silence, s'il n'était pas si connu; mais j'espère en atténuer la rudesse en rapportant ce qui le précéda.

La cour est le lieu où l'on suit peut-être le moins le précepte sacré de l'évangile, qui ordonne d'aimer son prochain comme soi-même; on ne cesse d'y médire les uns contre les autres, et l'on dirait que de se nuire réciproquement est un besoin pour les courtisans. C'est par suite de ce principe qu'un des parens du comte de Grasse, qui avait encouru la haine ou la jalousie de quelques-uns de ces émissaires de la calomnie, fut noirci dans l'esprit du roi, à tel point que mon frère, prévenu contre lui, le détestait sans le connaître. Sur ces entrefaites, le vice-amiral envoie à la cour de France son neveu, chargé des dépouilles glorieuses de Tabago. On l'annonce au roi. M. de Castries, croyant bien faire, parle des liens de parenté qui l'unissent au comte de Grasse. Louis XVI se méprend de nom, et se figure voir en ce jeune officier, le fils du parent du vice-amiral, dont on lui a fait des rapports si désavantageux; il se décide à le recevoir en conséquence. En effet, à l'instant où les drapeaux conquis par les armes françaises sont mis sous les yeux du roi, au lieu de répondre par un mot obligeant au compliment que lui fait l'envoyé du comte de Grasse, Sa Majesté dit d'un ton de mépris et en jetant un coup d'œil sur les étendards :

— Quels chiffons m'apportez-vous là?

Il est facile de concevoir la stupéfaction du marin et la surprise des assistans à cette réponse foudroyante; moi-même j'en fus confondu. Néanmoins, pensant qu'il y avait là quelque dessous de cartes, je fus aux informations, et j'appris ce que je viens de raconter.

CHAPITRE XVI.

Détails nouveaux sur la naissance du dauphin. — Joie du roi. — Son entretien avec le comte de Provence. — La reine et la princesse de Guemené. — Lettre mystérieuse. — Ce qu'elle contenait. — Singulière réflexion qu'elle inspire au comte de Provence. — Comment elle disparait. — Le roi à Paris. — Ce qu'il dit au comte d'Artois. — Funeste présage. — Madame Poitrine, nourrice du dauphin. — Mot profond du comte d'Artois au duc d'Angoulême. — Le Mentor tombe en enfance. — Regrets du roi. — Funérailles du comte de Maurepas. — Position de la reine. — Comment le roi était trompé. — Le comte de Vergennes aspire à remplacer le défunt. — Madame Victoire parle pour M. de Machault. — Madame Adélaïde soutient le cardinal de Bernis. — Le comte de Provence empêche le roi de l'accepter.

Les embarras des finances ne diminuaient point; le renvoi de Necker, loin de produire aucun bien, ajoutait encore aux charges du trésor; car le crédit avait disparu avec la confiance publique, que le Genevois avait su gagner. Son successeur ne trouvait nul moyen de remédier au mal, qui allait par conséquent toujours en croissant. Cependant on se créait encore des chimères, et le réveil ne devait en être que plus terrible. Quant à moi, j'avais le malheur de ne pas m'abuser.

Le moment des couches de la reine, qui approchait, allait encore occasionner de nouvelles dépenses, en raison de la joie qui éclaterait si elle donnait un dauphin à la France. Le 22 octobre 1781, Marie-Antoinette commença à ressentir les premières douleurs de l'enfantement, vers neuf heures du matin, et l'on convoqua aussitôt toute la famille royale. Je sortis de mon appartement, très déterminé à concentrer en moi tout ce que j'éprouverais à la naissance de l'enfant, quel que fût son sexe. Cela n'empêcha pas qu'on ne signalât, à Versailles comme à Paris, l'altération qui s'était montrée sur mes traits lorsqu'on avait annoncé que la France avait un dauphin.

Le prince de Condé n'assista pas à la naissance du fils de Louis XVI; il était absent de chez lui, et n'arriva au château qu'après l'événement. Marie-Antoinette fut heureusement délivrée à une heure vingt-trois minutes de l'après-midi.

On présenta aussitôt le nouveau prince à M. de Miroménil, garde-des-sceaux, afin qu'il constatât le sexe. Pendant cette cérémonie chacun se taisait, retenait son haleine, dans l'attente de ce qui allait être proclamé. L'anxiété du roi et de la reine était au comble; j'avoue que mon cœur battait avec violence, et je crois que le comte d'Artois n'était pas moins ému. Il s'agissait d'entendre décider une question qui pouvait avoir une grande influence sur nos destinées à tous. Tout à coup le visage du garde-des-sceaux s'épanouit; il jette un coup d'œil triomphant sur le roi, qui épiait ses moindres gestes; le visage de Louis XVI rayonne à son tour, et je compris ce qu'il en était. Dès lors j'adaptai l'expression de mes traits à la circonstance; le comte d'Artois, auquel je communiquai mes soupçons, tressaillit involontairement.

La reine seule était encore dans les angoisses de l'incertitude. Le roi consulta à voix basse l'accoucheur, qui lui répondit avec sa brusquerie ordinaire :

— Sire, la joie ne tue pas.

Cette assurance ayant encouragé Louis XVI, il s'approcha de la reine et lui dit :

— Madame, vous avez comblé mes vœux et ceux de la France; vous êtes mère d'un dauphin.

Vermont avait raison, on ne meurt pas de joie. Marie-Antoinette sut à peine son bonheur, qu'oubliant ses souffrances elle se fit apporter son fils, et, le visage baigné de larmes, elle le baisa à plusieurs reprises avec autant d'orgueil que d'amour.

Le roi était ivre de joie. Il allait d'une salle dans l'autre, parlait à tous ceux qui étaient là, et aurait voulu épancher son allégresse dans le sein du monde entier.

— Mes frères, dit-il en se tournant vers nous, j'espère que, comme frères et comme princes, vous êtes aussi heureux que moi de l'accroissement de la famille.

Il y a quelque chose de si communicatif dans l'expression du bonheur, que je pus répondre sincèrement à Sa Majesté que je partageais en effet le sien, et mes larmes l'attestèrent.

Le comte d'Artois donna aussi quelques marques d'attendrissement. Alors le roi, nous serrant dans ses bras, nous dit avec une bonté touchante :

— Croyez que je saurai reconnaître à l'avenir tant de désintéressement.

Le dauphin fut baptisé le même jour. J'eus l'honneur de le tenir sur les fonts de baptême. Il reçut les prénoms de Louis-Joseph-Xavier-François.

La reine dit à la princesse de Guemené, en lui remettant son fils :

— Je n'ai pas besoin, madame, de vous recommander ce précieux dépôt, qui intéresse tout le royaume : il ne saurait être confié en meilleures mains; mais je puis du moins alléger vos soins, en partageant avec vous ceux que vous donnez à l'éducation de ma fille.

Ces paroles résonnèrent mal à l'oreille de madame de Guemené, qui comprit que Marie-Antoinette désirait confier l'enfance de la princesse à une autre, sous prétexte de s'en charger elle-même. En effet, la reine n'ignorait pas combien la gouvernante des enfans de France était peu propre aux fonctions importantes qu'elle remplissait. Madame de Guemené, légère, étourdie, sans instruction, sans considération personnelle, devait uniquement celle dont elle jouissait à son nom et à sa charge. Elle n'avait aucune des qualités qui distinguaient la comtesse de Marsan, et devait bientôt achever de se perdre par sa faute et celle de son mari.

Le même soir, je trouvai sur ma table de nuit une lettre soigneusement recouverte d'une double enveloppe, et qui portait l'adresse suivante :

Pour Monsieur *seul*.

Je m'informai de la manière dont elle m'était parvenue, et toutes les personnes de mon service déclarèrent n'en avoir nulle connaissance. Je fis signe à d'Avaray, qui était près de moi, de briser la première enveloppe; le seconde présenta la même inscription. Ma curiosité augmentant, je voulus rompre moi-même celle-ci ; et, par un pressentiment singulier, je me tournai du côté de mon lit, afin qu'aucun de ceux qui étaient présens ne pût voir l'intérieur du paquet. En l'ouvrant j'aperçus une feuille de papier noir écrite en encre blanche.... Une émotion indéfinissable s'empara de moi ; cependant je me maîtrisai ; puis remettant la feuille dans l'enveloppe, je me mis au lit et congédiai mes gens.

Dès que je fus seul, cédant à mon impatience, j'ouvris la lettre mystérieuse, et, à la clarté de ma lampe de nuit, je lus ce qui suit :

« Console-toi ; je viens de tirer l'horoscope du

« nouveau-né ; il ne t'enlevera pas la couronne ; il
« cessera de vivre lorsque son père cessera de ré-
« gner. Un autre que toi, cependant, succédera à
« Louis XVI ; mais tu ne seras pas moins roi de
« France un jour. Malheur à celui qui te rempla-
« cera !... Félicite-toi d'être sans postérité, l'exis-
« tence de tes fils serait menacée de trop grands
« maux ; car ta famille boira jusqu'à la lie ce que
« la coupe du Destin renferme de plus amer.

« Adieu ! tremble pour ta vie, si tu cherches
« à me connaître ! Je suis... *La Mort ?!!* »

Confondu, et, le dirai-je, effrayé à la lecture
d'un tel écrit, je ne songeai plus à dormir, et me
mis à réfléchir sur ce que je devais faire. Fallait-il
garder le silence ou tout confier à M. de Maurepas
ou au lieutenant de police? Les menaces du billet
ne m'intimidaient point ; je savais qu'elles ne pouvaient m'atteindre. Mais j'étais inquiet malgré moi
des sinistres prédictions qui m'étaient faites avec
tant d'audace. Je craignis aussi que cet avertissement mystérieux ne fût une embûche de mes ennemis, afin de me placer dans une position difficile. Fatigué, ne pouvant dormir, je me levai sans
bruit, et j'écrivis une copie de la lettre, afin de la
conserver, dans le cas où je serais forcé de me des-
saisir de l'original ; et comme elle était courte,
j'eus bientôt terminé cette tâche.

Mais, en fixant mes yeux sur les caractères en
encre blanche, je m'aperçus qu'ils avaient une sorte

de mouvement, comme s'ils eussent bouillonné. Toute mon attention se porta sur cet incident, et la vacillation augmentant, je les vis bientôt disparaître. Je dus reconnaître dans ce phénomène une préparation chimique par laquelle les caractères mystérieux devaient être absorbés au bout d'un certain temps. J'assistai avec intérêt à cette épreuve curieuse: les mots pâlirent d'abord, puis tournèrent sur le jaune, et enfin s'effacèrent par degrés, ne laissant plus que des taches sur le papier. La sage précaution de l'auteur de cette œuvre des ténèbres me causa un mortel dépit: plus de preuves contre lui, dès que le corps du délit avait disparu! La chose alla même plus loin; car le lendemain matin le papier se trouva rongé, criblé de trous, et dans un état de détérioration qui attestait l'action d'une liqueur corrosive, qui, quelque temps suspendue, avait ensuite repris toute sa force.

Cette sorte de prodige me décida à taire ce fait. Je reconnus que l'auteur de la lettre, s'il avait voulu me mystifier, n'avait du moins pas eu l'intention de me nuire ; car ses précautions prouvaient la crainte d'être lui-même compromis. J'imitai sa prudence, je me tus sur cette épître curieuse, et jamais je n'en ai parlé que, dans l'émigration, au seul d'Avaray.

Je me levai le lendemain, très fatigué de la nuit que j'avais passée, et pendant plusieurs jours j'interrogeai les physionomies de tous ceux qui m'approchèrent, afin de découvrir le coupable ; mais il ne se montra nulle part.

Le 29, j'accompagnai le roi à Paris. Sa Majesté alla y rendre grâce à Dieu de la naissance du dauphin. J'étais dans le fond de la voiture, à la gauche de Louis XVI ; le comte d'Artois et le duc d'Orléans occupaient le devant ; le duc de Chartres et le prince de Condé étaient en vedettes aux portières. Nous fûmes accueillis avec un enthousiasme et des acclamations auxquels nous n'étions plus accoutumés ; mon nom fut prononcé par quelques bouches, mais aucune ne s'ouvrit pour nommer le comte d'Artois. Le roi en ayant fait la remarque au prince, il répondit avec humeur :

— C'est que le peuple est plus habitué à me voir que Votre Majesté. Il paraît que le moyen de faire apprécier ses faveurs est de s'en montrer avare.

— Il est certain du moins, répondit le monarque, que pour se faire désirer il ne faut pas trop prodiguer sa présence.

— En vérité, sire, je préfère un plaisir de tous les jours à une satisfaction d'orgueil dont on ne jouit que deux ou trois fois l'an.

Les harangues vinrent interrompre cet entretien, qui n'avait été que trop loin. L'archevêque de Paris fournit dans cette occasion sa dernière pièce d'éloquence, car il mourut le mois de décembre suivant. Une foule de fêtes brillantes furent données à Paris et dans le reste du royaume. Nous eûmes à Versailles la procession des corps de métiers ; mais une chose qui semblait d'un triste présage, ce fut de voir parmi leurs rangs les fossoyeurs avec les instrumens de leur lugubre profession. On eut le temps néanmoins de les empêcher de défiler devant la reine.

La nourrice du dauphin, madame Poitrine, était une paysanne vigoureuse et intelligente, qui s'était donné tant de mouvement, qu'elle l'avait emporté sur de nombreuses concurrentes, beaucoup mieux protégées. Il est vrai que son air de santé avait été pour elle la meilleure des recommandations. Je ne veux point oublier de rapporter à cette occasion un fort joli mot du comte d'Artois. Ayant amené son fils aîné voir le dauphin le jour même de sa naissance, le duc d'Angoulême dit en sortant à son père, avec la naïveté de son âge :

— Mon Dieu, papa, que mon cousin est petit !

— Mon fils, répliqua le prince, un jour viendra où vous le trouverez bien assez grand.

Le comte d'Artois ne prévoyait pas alors que le duc d'Angoulême était destiné à monter sur ce même trône dont le dauphin semblait l'éloigner à jamais.

Tandis que la famille royale s'augmentait d'un héritier présomptif, M. de Maurepas touchait au terme de sa longue carrière : ses forces commençaient à l'abandonner, sa tête s'affaiblissait sensiblement; mais comme elle avait toujours recélé tant de légèreté on ne s'apercevait pas encore qu'il tombait en enfance. Je le remarquai des premiers, et principalement le 6 ou le 7 novembre. J'étais monté chez lui pour le remercier des entrées de la chambre du roi qu'on avait accordées à d'Avaray, lorsque, m'interrompant tout à coup, il me dit :

— Je ne pouvais faire moins pour un descendant de Clovis.

— Vous le prenez sans doute pour un parent de Montesquiou? répliquai-je en riant, car je pensais que le Mentor voulait faire une plaisanterie ; mais il me répondit du ton le plus sérieux :

— Les d'Avaray sont de race royale ; le feu roi Henri IV me l'a souvent assuré ; ils sont alliés de plus à la reine de Saba ; c'est un secret que je vous confie, parce que je sais que vous aimez les d'Avaray.

La fixité des yeux du comte de Maurepas m'expliqua le pourquoi de ces paroles incohérentes. J'attendis encore quelques instans ; puis lui adressant quelques questions, je reçus des réponses fort judicieuses, ce qui me prouva que cette aliénation mentale n'était qu'un accès passager. Je ne racontai à personne ce qui s'était passé entre nous. A partir de ce jour la santé du Mentor déclina rapidement; il mourut le 21 novembre, à onze heures du soir. Voici en quels termes la *Gazette de France* rendit compte de cet événement :

« Jean-Frédéric Phelypeaux, comte de Maure-
« pas, commandeur des ordres du roi, ministre
« d'état et chef du conseil royal des finances, est

« décédé le 21 novembre 1718, au château de
« Versailles, dans la quatre-vingt-unième année de
« son âge. »

Il était né avec le siècle. Le duc d'Estissac, son
ami d'enfance, et plus âgé que lui encore, se trouvait dans la chambre du roi lorsque le duc de Fronsac, en exercice, apporta la nouvelle de la mort du
comte de Maurepas. Il ne put retenir un cri de douleur, et s'en excusa auprès du roi, en l'attribuant à la
longue amitié qui l'avait uni au défunt. Louis XVI,
dont le chagrin n'était pas moins sincère, répondit au duc :

— Je crois que la perte que je fais en M. de Maurepas égale au moins la vôtre ; demain je n'entendrai plus celui qui fut encore plus mon ami que
mon ministre.

Pour comprendre ces derniers mots, il faut savoir
que le comte de Maurepas avait son cabinet au dessus de la chambre à coucher du roi. L'étiquette ne
permettait pas qu'un cadavre restât dans le château
plus d'un quart-d'heure ; et cet usage, qui, depuis
Louis XIV, n'avait jamais été violé pour les dépouilles
de personne, le fut cette seule fois pour celles du
Mentor. Sa femme avait obtenu à l'avance que ses
restes séjourneraient au château pendant six heures.
Le corps, enveloppé d'une robe de chambre, fut
déposé dans une chaise à porteur et conduit au château de l'Ermitage, que le roi avait donné au mari

et à la femme pendant leur vie. On le coucha dans un lit bassiné, et la cérémonie eut lieu.

Mais tandis que la famille du défunt s'occupait de ses funérailles, on formait d'étranges cabales pour le remplacer. Comme sa mort était prévue depuis quelque temps, les concurrens avaient eu le loisir de dresser leurs batteries. Le duc de Choiseul était en tête ; il se regardait constamment comme le représentant en permanence du premier ministre ; mais sa position avait changé depuis la mort du feu roi. Marie-Antoinette, qui, à cette époque, ne connaissait que M. de Choiseul à la cour, et n'était attachée qu'à lui, s'était depuis entourée de gens qui avaient obtenu sur elle un empire sans bornes, et lui permettaient à peine un souvenir pour l'homme qui avait fait son mariage. La duchesse de Polignac n'avait nulle envie de partager les avantages de la faveur avec madame de Grammont et son frère ; elle devait par conséquent être opposée, ainsi que les siens, à l'élévation de ce dernier.

Il en arrivait que les intimes de la reine, tout en feignant de reconnaître la supériorité du duc de Choiseul, engageaient cependant Marie-Antoinette à ne point persister à le proposer au roi, dont l'éloignement à son égard était toujours le même. La reine se refroidissait donc insensiblement pour celui qu'elle avait protégé jadis avec tant de zèle, et se bornait à payer le duc en belles paroles.

Mais les personnes étrangères à cette société intime, ne prévoyant ni ses desseins ni son influence, venaient à la suite les uns des autres, en vrais moutons de Panurge, pour solliciter le roi de prendre un premier ministre, sinon de titre, du moins de fait. C'était vouloir le mener constamment à la lisière :

<blockquote>Dans une longue enfance ils l'auraient fait vieillir.</blockquote>

Certains poussaient en avant le comte d'Ossun, petite renommée et petite capacité, ayant tout juste assez de mérite pour ne faire ombrage à personne. Il était estimé à la cour d'Espagne, sur un fort bon pied à celle de France, et inconnu partout ailleurs. La femme du comte d'Ossun, dame d'atours de sa survivance de la reine, était en société intime et fort liée avec les Polignac ; mais cette faveur n'allait pas jusqu'à lui fournir les moyens d'élever son féal époux au ministère.

Le comte de Vergennes, qui était plus propre à remplir un emploi secondaire que celui de premier ministre, avait également son parti qui cherchait à l'élever à cette dignité. Ce fanal de cour, dont les lueurs incertaines perçaient cependant au milieu des obscurités de la masse, était bien vu de la reine et presque aimé du roi. Il n'affichait ni orgueil ni ambition ; on pouvait espérer beaucoup de sa reconnaissance, et ces raisons encourageaient ses amis à travailler à son avancement. De son côté le comte de Vergennes ne restait pas dans l'inaction ; il prenait des voies détournées, mais sûres, pour arriver à son but. Il cherchait à se rendre agréable au roi et à se créer des appuis dans le ministère ; ce qu'il fit depuis en mettant M. d'Ormesson d'Amboise à la place de M. de Fleury, que sa nullité ne pouvait y maintenir long-temps. Cependant, malgré tant d'avantages, le comte de Vergennes ne devait pas arriver de sitôt à l'emploi élevé qu'il briguait.

Venait ensuite M. de Machault, vieillard encore vert sans doute, mais qui avait eu tout le loisir d'oublier dans la retraite ce qu'il avait su jadis, et auquel il ne restait plus le temps de réparer son ignorance. Notre tante Victoire, qui le soutenait toujours, le proposa au roi dans cette circonstance. Louis XVI répondit à Madame Royale qu'il avait plus de confiance en ses propres moyens qu'on ne lui en témoignait dans sa famille ; et qu'après avoir perdu M. de Maurepas, il ne se déterminerait à se donner un guide que lorsque l'expérience lui dirait qu'il avait besoin encore de quelques leçons pour apprendre à gouverner. Cette réplique ferma la bouche à Madame Victoire, et il ne fut plus question à la cour de M. Machault.

Restait le cardinal de Bernis, soutenu par madame Adélaïde, qui possédait une influence réelle sur l'esprit du roi. Elle s'y était prise de longue main pour agir en faveur de son protégé ; car, pendant le règne de Maurepas, elle avait provoqué une correspondance entre Louis XVI et cette éminence. Je ne sais ce qui serait advenu à M. de Bernis après la mort du Mentor, si je ne me fusse mêlé involontairement de cette affaire : voici comment.

Le roi, sans me consulter sur des faits importans, me demandait parfois des renseignemens sur certains individus. Il savait que je voyais beaucoup de monde, que je lisais toutes les brochures nouvelles, et que je devais par conséquent être instruit d'une foule de choses qu'il ignorait. Nous étions à Brunoy vers la fin du mois de novembre, nous promenant seuls dans la galerie, lorsque Louis XVI s'arrêta tout à coup, et me dit en me regardant fixement :

— Que pense-t-on dans le monde du cardinal de Bernis ?

Je compris sur-le-champ ce que renfermait cette question et ce que je devais répondre.

— Sire, dis-je à mon frère, on pense que M. de Bernis est aussi bien placé à Rome qu'il l'était mal au ministère. La marquise de Pompadour ne pouvait bien choisir le chef du conseil.

— Il était donc l'ami de cette.....

Sa Majesté ne ménageait jamais les termes, en parlant de Cotillon II et de Cotillon III.

— Qui en doute, sire ? répondis-je.

— C'est choisir une belle voie pour arriver à la pourpre.

— C'est la plus facile.

Le roi se prit à rire, je ne sais pourquoi.

— Quelle opinion, dit-il ensuite, avez-vous personnellement du cardinal?

— L'opinion qu'en ont toujours eue le roi de Prusse et Voltaire. Le dernier se moqua de lui toute sa vie en l'encensant en face, et le second rit encore aux dépens de *Babet la bouquetière*, car c'est ainsi qu'il le nomme.

— Madame Adélaïde affirme qu'il est rempli de talent.

— Il ne l'a pas prouvé en faisant un traité des plus défavorables à notre famille. Il doit être maintenant imbu de toute la politique de la cour de Rome, et avec cela on est peu propre à conduire le royaume très chrétien.

— Cette matière est trop sérieuse pour en plaisanter, répondit le roi. Au surplus, je n'ai jamais songé réellement à employer le cardinal, dont les lumières m'inspiraient peu de confiance.

Dès ce moment la cause de M. de Bernis fut perdue.

CHAPITRE XVII.

Intrigues de l'abbé de Vermont. — La reine ne veut pas appuyer l'archevêque de Toulouse. — Elle prend toute l'influence. — Mort de madame Sophie. — Malice du comte de Provence. — L'archevêque de Toulouse est créé seul chevalier des ordres du roi. — Madame de Genlis gouverneur des enfans du duc de Chartres. — Le grand-duc Paul à Paris. — Retour de Joseph II. — Le comte d'Artois va au siége de Gibraltar avec le duc de Bourbon. — Mort de la duchesse Phalaris. — Détails de famille. — Le comte Louis de Narbonne. — Le prince et la princesse de Guémené. — Leur banqueroute. — Comment le marquis de Montesquiou l'annonce au comte de Provence. — Suite de cette affaire. — Le prince et la princesse de Guémené perdent leurs charges. — Intrigues pour les obtenir. — Mesdames de Maillé, de Chimay et de Duras. — La reine se fâche avec madame de Polignac. — Elle lui écrit. — La pauvre famille, qu'elle est à plaindre !

Après tous ces concurrens venait encore l'archevêque de Toulouse, appuyé par un seul homme, mais qui valait à lui seul toute la cour, l'abbé Vermont enfin ! Celui-ci, en se maintenant dans un isolement complet, avait conservé intact tout son crédit. Toujours à l'écart, il savait échapper aux solliciteurs comme aux ennemis; mais du fond du sanctuaire des cabinets secrets il agissait victorieusement sur l'esprit de la reine, dont aucun choc ne pouvait le détacher. Il détestait madame de Polignac, la desservait sans succès; et, de son côté, la favorite, qui lui rendait haine pour haine, l'attaquait sans parvenir à lui nuire : tant la balance où se pesaient ces deux influences contraires était tenue par la reine dans un juste équilibre. C'est un phénomène que je n'ai jamais pu m'expliquer.

L'abbé de Vermont ressemblait un peu à l'homme qui montre polichinelle : il mettait toute son ambition à tenir dans sa main tous les fils qui faisaient mouvoir un ministre. Il lui fallait donc un ministre de sa création ; M. de Brienne eût été son homme ; il en faisait chaque jour l'éloge à la reine, et le lui proposait comme le seul politique propre à régénérer le royaume.

Marie-Antoinette n'avait aucun penchant pour M. de Brienne; mais sa confiance en l'abbé de Vermont la disposait à accepter celui qu'il lui recommandait avec tant de chaleur. Peut-être l'aurait-elle pris, si un mot lâché à madame de Polignac n'eût fait mettre cette dernière en campagne, effrayée qu'elle fut de voir donner un successeur à M. de Maurepas. Afin de parer à ce coup funeste, la favorite, ainsi que messieurs de Vaudreuil, d'Adhémar, de Coigny et de Bezenval, réunirent tous leurs efforts pour détruire l'ouvrage de l'abbé de Vermont. On fit jouer tant de ressorts, on circonvint la reine de telle manière, que la partie fut gagnée, et l'archevêque de Toulouse renversé du siége où il se croyait déjà assis.

Ces diverses cabales se passaient sous mes yeux, mais je ne pouvais y prendre part sans m'attirer le blâme ou me faire soupçonner de projets que je n'avais pas. Cependant, si chacun cherchait à retirer quelque débris de ce cahos, il eût été tout naturel que je désirasse aussi m'en approprier quelque chose. Personne ne prenait plus d'intérêt que moi à la grandeur de la monarchie, et chacun se réunissait pour m'empêcher d'y travailler.

M. de Maurepas n'ayant point de successeur, ce fut la reine qui hérita de son influence et de la direction des affaires. Tout, dès ce moment, se fit par elle, et la couronne tomba en quenouille, en dépit de la loi salique. Je ne prétends pas dire cependant que Marie-Antoinette n'eut pas des intentions droites et toutes à l'avantage de la France; je me fais même un devoir de la justifier des reproches qu'on lui a adressés, en l'accusant de tout sacrifier aux intérêts de la maison de Lorraine. Mais son esprit, porté vers les plaisirs, était peu propre à approfondir de grandes questions politiques; elle s'en reposait sur ceux qui avaient sa confiance, et de là découlèrent toutes nos calamités.

L'archevêque de Paris, Christophe de Beaumont, mourut en décembre : ce digne prélat, invinciblement attaché à ses doctrines, était factieux par vertu.

Il eut pour successeur M. de Juigné, dont je parlerai plus tard.

Je passe sous silence les fêtes que la ville de Paris et les gardes-du-corps donnèrent à l'occasion de la naissance du dauphin ; mais je ne me tairai pas sur la perte que nous fîmes à cette époque de notre tante, la princesse Sophie. Depuis quelque temps sa santé déclinait rapidement ; la maladie qui devait la conduire au tombeau atteignit bientôt sa dernière période. Le 21 février, elle reçut les sacremens que lui administra l'évêque de Chartres, son premier aumônier, évêque diocésain de Versailles. La famille royale assista à cette lugubre cérémonie ; nous fondîmes en larmes, car nous avions un sincère attachement pour les trois princesses, n'ayant jamais reçu d'elles que des témoignages d'affection.

Madame Sophie vécut encore quelques jours, et elle mourut dans la nuit du 2 au 3 mars. Ses sœurs, inconsolables de cette perte, se renfermèrent pendant long-temps dans leur intérieur. La princesse Sophie était laide et assez mal faite ; elle louchait surtout d'une manière désagréable. Connaissant ce qui était dû à son rang, elle était très pointilleuse sur l'étiquette ; mais la bonne princesse avait une telle frayeur du tonnerre, qu'elle oubliait tout entre deux éclairs. Lorsque je voulais lui faire une malice, je prétendais que le temps menaçait d'un orage prochain : c'était presque lui causer une attaque de nerfs.

Un jour que madame Sophie était venu voir la comtesse d'Artois, cette princesse, qui voulait aller à l'Opéra à Paris, ne sachant comment renvoyer sa tante, je chargeai Modène de monter au dessus de l'appartement où nous étions, et de rouler une grosse bûche ronde sur nos têtes. L'espiéglerie réussit à merveille. Madame Sophie, s'imaginant entendre le bruit du tonnerre, partit sur-le-champ pour se renfermer chez elle, quelque instance qu'on pût lui faire pour la retenir. Sa crédulité nous fit beaucoup rire après son départ.

En voulant parler de cette princesse, j'ai oublié de faire connaître en son temps le dédommagement que la reine obtint à l'archevêque de Toulouse pour la perte du premier ministère : il fut reçu seul commandeur des ordres du roi. Cette promotion étonna d'autant plus qu'elle n'était justifiée ni par la naissance, ni par le mérite de M. de Brienne. Cette faveur en présageait une autre plus éminente encore, et tous ceux dont la perspicacité sait soulever le voile mystérieux de l'avenir, eurent dès ce moment une déférence toute particulière pour l'archevêque, pensant qu'il parviendrait tôt ou tard à l'apogée du pouvoir.

Le duc de Chartres nomma au commencement de cette année la comtesse de Genlis gouverneur de ses enfans. Ce choix bizarre prêta singulièrement à la plaisanterie ; on trouva étrange qu'une femme fut appelée à des fonctions réservées jusqu'ici aux hommes. Je suis forcé de convenir cependant que

21.

les enfans du duc de Chartres furent parfaitement élevés : les deux qui vivent aujourd'hui attestent l'excellente éducation de madame leur gouverneur.

Après le carnaval, la cour et la ville furent infestés par de nouveaux pamphlets, plus infâmes encore que les précédens. Tous les membres de la famille royale, toutes les personnes de notre intimité, les femmes les plus respectables, y étaient horriblement traités. Ces écrits excitèrent une vive rumeur; mais, selon l'usage, l'auteur ne put être juridiquement reconnu, bien que tout le monde le nommât et que lui-même ne se cachât pas : c'était Champcenet, fils du gouverneur des Tuileries, dont il avait la survivance. Il touchait avec son père cent mille francs des bienfaits du roi, et c'est ainsi qu'il l'en récompensait.

Nous eûmes la visite auguste du fils de Catherine II et de la princesse sa femme, qui se présentèrent à la cour de France sous le titre du comte et de la comtesse du Nord. Ce prince, dont j'ai eu personnellement tant à me plaindre, et qui prit le nom de Paul Ier en montant sur le trône de Russie, était d'une laideur remarquable, mais ayant quelques formes polies, *ours* quelquefois assez bien léché, comme disait Montesquiou. La comtesse du Nord, grande et bien faite, plaisait par son aspect noble et gracieux. Elle cachait avec soin l'ambition qui l'a toujours dévorée, sachant que Catherine II ne lui eût point pardonné d'en avoir.

Il fallut bien recevoir dignement ces pélerins de

distinction, et je dois avouer que de pareilles visites sont de grands embarras pour ceux qui en sont honorés. Néanmoins nous nous acquittâmes des devoirs de l'hospitalité de manière à satisfaire nos illustres hôtes : ils furent encore mieux accueillis des Parisiens que l'empereur Joseph II. Je ne sais pourquoi je n'ai pas signalé la course de vingt-quatre heures que celui-ci vint faire à Versailles l'année précédente, au moment où nous nous y attendions le moins. Sa présence ne fit que nuire à la reine, avec laquelle on prétendit faussement qu'il était venu se concerter sur un projet de guerre avec la Turquie.

Je citerai ici les désastres de notre marine, sous le commandement de Guichen et de Grasse, qui nécessitèrent des frais considérables. Nous voulûmes, le comte d'Artois et moi, stimuler la nation afin qu'elle vînt au secours de l'état ; nous nous cotisâmes dans cette intention pour fournir à nos dépens un vaisseau de première classe. L'impulsion donnée se propagea dans tout le royaume ; les provinces, les villes et les corporations imitèrent notre exemple : ce fut un enthousiasme général, dont j'aurais dû avoir l'honneur, car c'est moi qui le premier avait suggéré cette idée.

Le comte d'Artois partit bientôt lui-même pour aller assister, avec le duc de Bourbon, au siége de Gibraltar, entrepris à frais communs par la France et l'Espagne. Cette expédition n'eut pas tout le succès que nous en espérions. On attendait un effet merveilleux des batteries flottantes construites par

M. Darçon, un de nos ingénieurs de marine; mais, après avoir coûté des sommes immenses, elles ne se montrèrent que pour être détruites et brûlées. Le feu des batteries anglaises fut si vif dans toutes les circonstances, qu'elles ne permirent pas à mon frère de déployer sa pétulante valeur; son temps s'écoula en promenades sur la grève, en fêtes et en repas magnifiques : ce qui fit dire avec raison que, du côté de l'armée combinée, la seule batterie qui eût produit de l'effet était celle de la cuisine du comte d'Artois. Aussi à son retour, au lieu des applaudissemens qu'il attendait, il ne fut accueilli que par de mauvaises plaisanteries. Les princes ne devraient marcher qu'à des victoires certaines, sous peine de se déconsidérer dans l'opinion publique ; car on les rendra toujours responsables des revers, bien qu'il n'ait pas été dans leur pouvoir de les éviter.

Je signalerai ici la mort d'une femme qui avait joué une sorte de rôle soixante ans auparavant : la duchesse de Phalaris, maîtresse du régent. Ce prince expira dans les bras de cette dame, en 1723 : ce qui fit dire au gazetier de Hollande que le duc d'Orléans était mort, frappé d'apoplexie, assisté par son confesseur ordinaire. Madame de Phalaris, que sa longue carrière avait mise à même de beaucoup voir et de beaucoup recueillir, avait écrit des Mémoires qu'on n'a pas publiés. Je sais qu'il s'y trouve des particularités fort curieuses sur tout le règne de Louis XV.

Les vacances et l'absence du comte d'Artois se prolongèrent encore. Parti le 6 juillet, il ne revint que le 20 novembre. J'allai habiter avec la comtesse de Provence le petit Luxembourg. Cette dernière y étant tombée malade assez sérieusement, le roi et la reine vinrent la voir, et lui témoignèrent beaucoup d'attachement : il était difficile en effet, malgré la froideur apparente de la comtesse, que son bon cœur et l'égalité de son caractère ne lui valussent pas l'affection de ceux qui savaient l'apprécier. J'habitais alternativement le Luxembourg et Brunoy. J'avais soin, à Paris, d'entourer ma personne de l'élite des littérateurs, des artistes et des savans ; à Brunoy, je passais en revue les carabiniers royaux : j'aimais à me faire connaître de l'armée, et j'aurais voulu n'être étranger à aucun des corps de l'état.

Depuis 1760, le comte Louis de Narbonne, fils de la duchesse de Narbonne Lara, dame d'honneur de madame Adélaïde, était élevé à la cour de France avec une affection particulière de tous les membres âgés de la famille royale : on aurait dit qu'il en faisait partie ; on le traitait avec une distinction qui faisait beaucoup parler les courtisans. Il plaisait d'ailleurs par sa figure, sa grace, son esprit et ses qualités ; on lui pardonnait sa faveur, grace à son mérite. Aussi personne ne fut surpris de le voir nommer cette année chevalier d'honneur de madame Adélaïde, en survivance du baron de Montmorenci.

La reine lui voulait également du bien ; mais il perdit plus tard sa bienveillance en s'attachant au char de la baronne de Staël, fille de Necker. Le comte de Narbonne n'en parvint pas moins au ministère de la guerre au commencement de la révolution. Forcé ensuite d'émigrer, et assez mal reçu de ses compagnons d'infortune, il rentra en France pour se rallier à Bonaparte, qui le nomma son ambassadeur à Vienne, et lui confia plusieurs missions diplomatiques. Il mourut quelque temps avant ma rentrée. C'était un esprit très conciliant, et il est probable que j'aurais accepté ses services s'il eût vécu.

On parlait depuis long-temps du mauvais état des affaires du prince de Guémené, qui par ses extravagances surpassait le luxe des membres de la famille royale. Sa fortune, bien que considérable, ne pouvant suffire à ses dépenses, il empruntait de toutes mains, à fonds perdus et à fort gros intérêts. Sa femme, de son côté, imitant la prodigalité de son mari, avait des équipages magnifiques, donnait des fêtes splendides, et éclipsait par sa parure toutes les femmes de la cour, et jusqu'à la reine.

On pensait généralement qu'un tel état de choses ne pouvait durer ; mais les plus grands ennemis de cette famille n'auraient osé prédire la catastrophe terrible qu'elle se préparait, et qui éclata dans le délai de trois années. Je savais que depuis plusieurs mois, à l'époque dont je parle, le prince de Guémené était fort gêné, et que ses agens ordinaires étaient très embarrassés comment satisfaire les prêteurs qui commençaient à les tourmenter.

Je sortais de table lorsque Montesquiou, qui arrivait de Paris, me prit à part pour me dire :

— Vous pouvez, monseigneur, faire ce soir vos complimens à la duchesse de Polignac.

— A quel propos? répondis-je.

— Le prince de Guémené fait banqueroute. Cette nouvelle a éclaté ce matin.

Ah! ah! répliquai-je, chacun son métier; mais n'est-ce pas un cas de chicane? Au résultat, je ne vois pas quel rapport il peut avoir avec la duchesse notre amie.

— Aucun, si ce n'est qu'elle sera avant peu gouvernante des enfans de France.

— Vous pourriez bien avoir raison, Montesquiou. Convenez que les Polignac sont des gens bien favorisés du destin.

Nous parlâmes long-temps de cette affaire, qui était véritablement honteuse pour les Rohan, surtout lorsqu'elle fut dévoilée dans tout son jour. Cette banqueroute s'élevait à trente millions, et le prince n'était pas en état d'en payer la moitié.

Le duc de Lauzun s'y trouvait compromis pour toute sa fortune ; le marquis de Villette y perdait trente mille livres de rente de la sienne, et une foule d'autres personnes en étaient victimes pour des sommes plus ou moins fortes. La consternation se répandit dans Paris et reflua jusqu'à Versailles. Le roi, dans le premier moment de son indignation, défendit au prince de Guémené de paraître devant lui. Apprenant bientôt que la princesse était pour moitié dans l'inconduite de son mari, il la chassa de la cour, et lui enjoignit d'envoyer sa démission.

On vit alors accourir madame de Marsan pour sauver le beau débris de naufrage. Elle réclama hautement la charge de madame de Guémené, sous prétexte qu'en la lui cédant elle s'en était réservé la survivance.

Madame de Marsan, accoutumée à tout emporter de haute lutte, fut fort étonnée de recevoir de Louis XVI un refus très sec. La reine ne voulut pas la revoir ; elle se résigna donc à battre en retraite. Le règne des Rohan touchait à son terme ; ils se réunirent dès lors aux ennemis de Marie-Antoinette, et lui firent tout le mal qu'ils purent, surtout après l'affaire du collier.

Dès qu'on apprit la disgrace de la princesse de Guémené, plusieurs dames se mirent sur les rangs pour obtenir sa charge ; mais le choix déjà était fait dans le cœur de la reine : la duchesse de Polignac devait être nommée gouvernante des enfans de France. Cependant il y eut des difficultés, que la favorite éleva elle-même, car elle craignait que les travaux de cette fonction ne l'empêchassent de vivre dans l'intimité de la reine. Ses amis aussi l'entretenaient dans cette crainte ; elle hésitait donc, et répondit froidement aux premières propositions de Marie-Antoinette. La surprise de celle-ci fut telle, je dirai même son mécontentement, qu'il en résulta une querelle entre les deux amies, et elles furent plusieurs jours sans se voir. Cependant madame de Polignac, pensant qu'il convenait d'y mettre fin, écrivit une lettre à la reine, dans laquelle elle lui expliquait le véritable motif de son refus. La réponse ne se fit point attendre; j'en obtins une copie, que voici :

« C'est donc moi qui ai eu tort ! Quoi ! vous sa-
« crifiez la charge de gouvernante à la crainte
« d'être moins souvent auprès de ma personne !
« J'aurais dû le deviner à votre attachement ; mais,
« rassurez-vous, ces fonctions ne nous sépareront
« pas ; seulement, au lieu de venir chez la reine,
« c'est la reine qui ira chez la gouvernante. Mandez-
« moi vite si cela peut vous convenir. Adieu ; tout
« est oublié, et tout sera fini lorsque vous m'aurez
« dit : J'accepte. »

Madame de Polignac *daigna* accepter, et son mari voulut bien prendre aussi la surintendance des postes. Cette famille savait tirer parti de tout. Elle se fit donner également les alluvions de la Garonne, et la baronnie de Fenestrange, accompagnée de quelques millions. J'en dirai un mot ailleurs.

CHAPITRE XVIII.

Madame de Polignac prête serment. — Le chanteur Garat. — Le comte de Provence se querelle avec la reine. — Paix conclue avec l'Angleterre. — Conditions du traité. — Réflexions. — Le comte d'Adhémar. — Pari fait avec M. de Montesquiou. — Disgrace de M. Joly de Fleury. — Conversation du roi et de la reine. — M. d'Ormesson contrôleur général. — Ce qu'il dit au roi. — Réponse de Sa Majesté. — Brouille entre le comte de Vergennes et le garde-des-sceaux. — D'Ormesson se déclare pour ce dernier. — On le renvoie. — Détails d'intérieur. — Maréchaux de France. — Mesmer, Mongolfier, Cagliostro. — Le comte de Provence fait une tournée en Lorraine. — Paix générale en Europe. — Équipée de madame de Polignac. — Elle lui réussit. — Le roi paie les dettes des princes. — Nomination dans l'ordre de Saint-Lazare.

La duchesse de Polignac prêta son serment le 6 novembre, entre les mains du roi. L'amitié de la reine l'eût dispensée d'avoir aucun mérite ; et à vrai dire, le sien était court. A part son amabilité et sa douceur, c'était une machine, que ses amis faisaient mouvoir à volonté.

L'hiver se passa gaîment ; les bals furent magnifiques : nous eûmes à la cour le jeune Garat, qui devint depuis un chanteur célèbre. Ce virtuose, infatué de son mérite, ne se souciait pas de se faire entendre à Versailles en manière de comédien. C'était un bon bourgeois, qui avait plus envie de trancher du grand seigneur que de déroger à son rang, si bien qu'aux premières propositions qui lui furent faites de venir chanter aux concerts de la reine, il répondit par un refus positif.

Le désappointement des entremetteurs de cette grande affaire fut extrême; mais Marie-Antoinette, qui voulait absolument entendre Garat, insista pour que la négociation fût suivie. Je sus par Modène que le marquis de Vaudreuil accepta la commission, et il y mit tant d'adresse que Garat consentit enfin à venir à la cour.

Le dimanche 12 janvier 1783, une voiture à six chevaux, à la livrée de la reine, s'arrêta devant la maison de Garat à Paris, et le conduisit à Versailles. J'avoue que, malgré mon goût pour la bonne musique, je ne poussais pas l'enthousiasme jusqu'à aller grossir la cour du jeune Bordelais. Je restai chez moi avec la comtesse de Provence. Le lendemain, la reine voulut me faire regretter mon absence. — Vous auriez été transporté, me dit Sa Majesté.

— Ah! madame, repartis-je, je n'ai pas le bonheur de me transporter à si peu de frais. Je vis à la physionomie de Marie-Antoinette que cette réponse si simple lui avait déplu.

— Cependant, me répondit-elle, la musique a le don d'adoucir les humeurs les plus sauvages.

— J'espère, madame, avoir du moins la preuve qu'elle dispose à la bienveillance envers tout le monde, la première fois que Garat chantera au château.

La reine comprit, je crois, le sens de ma phrase, car elle rougit et me quitta peu de temps après.

J'entendis le musicien, il me fit plaisir; mais je me tins dans une admiration raisonnable, au lieu de grossir le nombre des fantastiques. Le comte d'Adhémar surtout ne trouvait pas de mots pour exprimer son ivresse. Il touchait au moment de recevoir l'ambassade d'Angleterre, en récompense des rôles de Colin qu'il avait joués sur le théâtre de Trianon. La guerre avait été désastreuse aux deux puissances belligérantes : les Anglais y avaient perdu la possibilité de reconquérir leurs colonies américaines; elle avait coûté à la France sa marine, plusieurs possessions importantes, et l'Espagne, de son côté, n'en avait retiré que du désavantage, si bien que ces royaumes se décidèrent à conclure un traité de paix.

Nous eûmes l'honneur de fournir le lieu des conférences, qui fut fixé à Versailles. Le comte de Vergennes traitait pour le roi de France, et le sieur Fitz Hébert pour S. M. Britannique. Nous exigeâmes, pour conditions principales, la possession du banc de Terre-Neuve, la restitution des îles de Saint-Vincent-la-Dominique, Saint-Christophe, Nevis et Montferrat, le fort James, la rivière de Gambie, celle de Sénégal avec ses dépendances, etc., etc. L'Angleterre demanda la cession des îles Saint-Pierre-Miquelon et Tabago, la restitution de Sainte-Lucie de Gorée, les établissemens du Bengale, Pondichéry, Mahé, Surate, etc., etc.; mais il ne fut nullement question des *insurgens*, que nous avions l'air d'abandonner, quoique des articles secrets eussent consacré leur indépendance, et par lesquels la paix leur était également assurée.

Nous eussions pu avoir un traité moins avantageux : il plut à tout le monde, car on était las de la guerre, et on avait besoin de repos. Peut-être certains esprits profonds prévoyaient-ils déjà l'agitation prochaine qui succéderait à ce repos forcé, sans cependant se figurer encore toute sa gravité.

Le traité de paix fut signé le 20 janvier, et on annonça dès lors que nous serions représentés en Angleterre par le comte d'Adhémar, le diplomate le plus nul qu'on pût choisir. Sa place était plutôt dans un salon que dans un cabinet, quoiqu'il portât à la cour des manières de garnison, dont il ne put jamais se défaire entièrement. Il fut sifflé à Londres pour sa fatuité, qui fit oublier aux Anglais qu'il représentait le roi de France; mais la reine en était lasse, madame de Polignac le protégeait, le marquis de Vaudreuil en était jaloux : il fallait donc lui trouver une retraite honorable, et l'ambassade d'Angleterre arriva fort à propos pour remplir ce but.

22.

Le procès de Montesquiou contre MM. de Laboulbenne, qui prenaient son nom et ses armes, occupait tout Paris; on savait l'intérêt que je prenais à ce zélé serviteur, aussi il eut contre lui un fort parti. La reine, dans sa générosité ordinaire, envoya aux usurpateurs une grosse somme qui les aida à soutenir l'instance; mais tous secours furent vains : le bon droit était du côté de Montesquiou, et il triompha malgré ma protection. Je lui en témoignai ma satisfaction, en allant souper chez lui le soir où sa cause fut gagnée. La cabale en éprouva un tel dépit, qu'elle n'eut pas la force de le complimenter. Nous en rîmes en répétant le vers de Sénèque, sans toutefois faire aucune application :

Si judicas, cognosce; si regnas, jube.

« Juge, écoute; tyran, fais à ton gré. »

Ce même mois de mars amena la disgrâce de M. Joly de Fleury, contrôleur général des finances. Il avait pour ennemis MM. de Ségur et de Castries, auxquels il voulait faire rendre des comptes réguliers des sommes qui passaient entre leurs mains. Les gens d'affaires, accoutumés à traiter avec un banquier, M. Necker, ne s'accommodaient plus d'un homme de robe; ils refusaient leur confiance au successeur du Genevois, de sorte que le contrôleur général restait les bras croisés en face d'un coffre vide. Il fallut donc s'occuper de lui donner un remplaçant plus apte à obtenir du crédit.

La reine en proposa plusieurs au roi, qui ne lui convinrent pas ; mais comme il avait ses renseignemens particuliers, il jeta les yeux sur M. Lefèvre d'Ormesson, conseiller au parlement de Paris, maître des requêtes, conseiller d'état et membre du comité des finances. Il était né en 1751 : on ne pouvait trop faire l'éloge de ses vertus civiques, des qualités de son esprit et de son cœur, auxquelles il joignait la gravité du magistrat. C'était, en un mot, un honnête homme dans toute la force du terme; mais il n'était point financier, et ne possédait aucune des connaissances propres aux fonctions importantes qu'on allait lui confier.

Ce choix causa un étonnement sincère à M. d'Ormesson, et sa modestie lui fit déclarer au roi qu'il doutait de ses forces, et qu'il se croyait bien jeune pour prendre la direction des finances.

— Je suis plus jeune que vous, lui répondit Louis XVI, et cependant j'occupe une place bien plus éminente que celle que je vous propose.

Mais le roi ne réfléchissait pas qu'il n'avait pas été libre d'accepter ou de refuser la sienne, tandis qu'il n'y avait nulle nécessité de nommer M. d'Ormesson contrôleur général.

Le protégé du monarque, installé dans ses nouvelles fonctions, ploya bientôt sous le faix. Son activité infatigable pouvait remplacer ce qui lui manquait; il accumula faute sur faute, et en fit une surtout qui dépassa toutes les autres et causa sa chute.

MM. de Vergennes et de Miromesnil, après avoir long-temps vécu en bonne intelligence, s'avisèrent de se chercher réciproquement querelle. Le premier crut s'apercevoir que son collègue voulait faire pencher de son côté la faveur royale ; dès ce moment il le regarda de travers, lui suscita une foule d'obstacles de tous genres, et acheva de le compromettre avec les parlemens de Bretagne, de Besançon et de Paris, si bien que le garde-des-sceaux eut beaucoup à faire pour se tirer de ces embarras toujours renaissans.

M. d'Ormesson prit parti pour M. de Miromesnil en sa qualité de chef de la magistrature ; c'était en quelque sorte de l'ingratitude envers M. de Vergennes, qui avait beaucoup contribué à son élévation, et surtout une maladresse évidente. Il se fit donc un ennemi du ministre des affaires étrangères, qui tâcha de le perdre à son tour dans l'esprit du roi. Ce ne fut pas difficile : Louis XVI eut bientôt apprécié la nullité du contrôleur général, auquel il reprocha avec raison deux mesures désastreuses capables d'ébranler le crédit public. La première fut l'enlèvement secret de six millions de la caisse d'escompte pour en grossir le trésor, où cette somme ne séjourna pas long-temps ; et la seconde la résiliation du bail des fermiers-généraux et sa conversion en régie.

Le roi n'hésita pas à congédier M. d'Ormesson. M. de Calonne vint à sa place ; mais, avant de raconter les faits qui se rattachent à cet événement, il en est d'autres que je veux esquisser à vol d'oiseau. Par exemple, l'arrivée à Paris du duc de Manchester, ambassadeur du roi d'Angleterre. Sa présence fit sensation ; c'était un homme prudent et capable ; il parlait peu et avec mesure, et il suffisait de le voir pour le juger favorablement.

A la mort du comte de Bombelles, je nommai à sa place de prévôt maître des cérémonies de l'ordre de Saint-Lazare le comte d'Agoult, le même qui s'était battu avec le prince de Condé.

Nous eûmes dans le mois de juin une nombreuse nomination de maréchaux de France ; voici les noms de ceux qui reçurent cet honneur : le comte de Mailly d'Ancourt, le marquis d'Aubeterre, le prince de Beauvau, le marquis depuis duc de Castries, le duc de Croï, le duc de Laval, le comte de Choiseul-Stainville et le marquis de Lévis.

Le public se récria sur cette liste considérable ; il ne savait pas le dessous des cartes ; Bezenval a pris soin de le faire connaître dans ses Mémoires, où il l'a découvert ; aussi je me dispense d'en grossir les miens.

Je me tairai également sur deux faits qui attirèrent l'attention publique à cette époque : les aérostats et le magnétisme animal. Le premier, découverte intéressante, pouvait peut-être un jour devenir utile ; le second n'était qu'un charlatanisme patent mêlé à quelque réalité. Tous les deux firent grand bruit ; l'argent arriva chez Mesmer à foison : cela devait être, il se faisait marchand de futilités.

Quant à M. de Mongolfier, dont l'entreprise pouvait ajouter aux progrès de la science, ils faillirent le ruiner. On m'attribua sur les aérostats un quatrain que je ne renierai pas :

> Les Anglais, nation austère,
> Réclament l'empire des mers;
> Les Français, nation légère,
> Ont choisi l'empire des airs.

C'était l'époque du merveilleux. Cagliostro, l'homme aux prodiges, l'auguste fils d'un grand-maître de Malte et d'une sultane turque, parut aussi : autre imposteur qui, à l'aide de formes solennelles et d'une apparence de grand désintéressement, faisait des dupes et remplissait sa bourse.

Je perdis dans le mois d'août l'un de mes aumôniers, l'abbé de Besplas, que son mérite et son éloquence me firent beaucoup regretter.

Il me prit fantaisie ce même mois d'aller faire une course en Lorraine par principe de santé. Je partis le 1er août, et me rendis d'abord à Metz, où je passai en revue mon régiment de carabiniers. De là j'allai à Thionville, Nanci et Lunéville, inspectant les divers corps de troupe qui étaient échelonnés sur la route. Ma présence leur donnait de l'émulation et en même temps la certitude d'être récompensés. Je rentrai à Paris le 14, assommé de complimens, de fêtes et de vers; car c'est le déluge inévitable que les princes sont forcés d'essuyer dans ces occurrences, en s'efforçant de faire contre fortune bon cœur, ainsi que le dit le proverbe.

La paix générale fut conclue enfin dans le mois de septembre. Le traité préliminaire entre l'Angleterre et les Pays-Bas fut arrêté à Paris le 2 ; le lendemain 3, le traité définitif entre l'Angleterre et les États-Unis d'Amérique septentrionale fut signé également dans notre capitale ; et le même jour, mais à Versailles, se terminèrent les clauses de paix entre le royaume britannique et l'Espagne. C'est ainsi que ces divers arrangemens mirent fin à la guerre qui avait été allumée par l'imprudence et la fausse politique de M. de Maurepas.

La reine était fière d'une nouvelle grossesse qui trompa son espérance dans le mois de novembre, et ce fut dans cette circonstance que la faveur de la duchesse de Polignac se montra établie sur une base inébranlable.

La cour était à Fontainebleau ; et madame de Polignac ayant appris l'accident arrivé à Marie-Antoinette, quitta la Muette, où elle se trouvait avec le dauphin, après avoir écrit au roi pour le prévenir de sa démarche inconvenante; elle s'excusait d'abandonner son élève sur l'excès de son attachement pour la reine, et suppliait le monarque d'accepter sa démission dans le cas où il désapprouverait cet acte de zèle.

C'était en effet prendre une liberté qui nous surprit à tel point que nous ne doutâmes pas qu'elle causerait la disgrace de la duchesse, malgré l'amitié que la reine avait pour elle; car un pareil oubli de ses devoirs méritait une punition exemplaire. Il n'en fut rien cependant; le roi trouva le cas tout naturel; on l'attribua à l'extrême attachement de madame de Polignac pour sa maîtresse, et la reine crut ne pouvoir mieux faire que de la récompenser d'un si rare dévouement.

Les finances du comte d'Artois n'étaient pas très florissantes; quelques dépenses extraordinaires avaient aussi un peu embarrassé les miennes. Le roi consentit à venir à notre secours. J'avais des dettes, non par prodigalité, mais par suite de diverses acquisitions et dépenses que j'avais été forcé de faire au Luxembourg et ailleurs. La nation ne saura jamais quelles sommes considérables étaient distribuées secrètement aux malheureux par la famille royale : la moitié de nos revenus au moins passait en bonnes œuvres. C'est un fait qu'on pourrait constater encore aujourd'hui, les traces n'en étant pas entièrement effacées. Il ne faut donc pas nous reprocher une profusion dont les indigens avaient la meilleure part.

Je tins le 16 décembre un chapitre des ordres unis de Saint-Lazare et de Notre-Dame de Mont-Carmel, dans lequel je nommai chevaliers desdits ordres le comte de Lupé, le marquis de Roquelaure, le marquis de Lordat, le comte de Las Cases et le vicomte de Roure. Tels furent les événemens qui signalèrent cette année ; il faut y ajouter la double disgrace de MM. Amelot et d'Ormesson, disgrace qui fut trop importante pour que je n'en parle pas avec détails ; il convient de faire connaître ces deux hommes appelés à jouer un rôle dans les événemens qui vont suivre.

CHAPITRE XIX.

Disgrace de M. Amelot. — Le baron de Breteuil. — Il plaît à Louis XVI et à la reine. — M. de Calonne aux finances. — Son portrait. — Situation du ministère renouvelé en partie. — Mot du duc d'Ayen. — Joie au château. — Ordre de la Toison-d'Or donné à Crillon. — Querelle entre MM. de Castries et de Vaudreuil. — Portrait de ce dernier par le baron de Bezenval. — Présentation du duc d'Enghien, et rapprochement singulier. — Mort de M. de Coëtlosquet. — Le Bailli de Suffren. — Comment il est reçu à Versailles. — Ce que lui dit le duc d'Angoulême. — Première représentation du *Mariage de Figaro*. — M. de Conzié, évêque d'Arras. — Le roi de Suède à Versailles. — Il déplaît à la reine. — Embarras de la famille royale quand elle se montrait en public.

M. Amelot était un de ces ministres comme on en trouve par douzaines; il ne possédait aucuns talens remarquables, et ne se trouvait cependant pas trop déplacé dans un ministère, ou du moins il y passait inaperçu. M. Amelot était plus propre aux plaisirs qu'aux affaires; peu appuyé à la cour, il ne pouvait rester à son poste qu'autant qu'on ne trouvait pas quelqu'un qui convînt mieux que lui.

En effet, la reine, voulant que le ministère fût composé en majorité d'hommes à sa dévotion, décida que le département du roi tomberait en partage au baron de Breteuil. Marie-Antoinette le croyait uniquement dévoué à ses intérêts, lorsque l'égoïsme l'emportait chez lui sur tout autre sentiment; mais il avait l'adresse de le cacher, et de là vint l'erreur de la reine.

Le baron de Breteuil n'était pas sans quelque habileté, mais il gâtait son mérite par un orgueil et une opiniâtreté devant lesquels tout devait plier ou se rompre. Despote dans ses opinions, la résistance le rendait furieux; il ne doutait jamais de ses ressources; les obstacles ne faisaient que l'étonner et l'exciter à des mesures violentes qui tournaient au désavantage de l'état. C'est lui que la reine eut le malheur d'investir de toute sa confiance lors de la révolution; c'est sur lui que reposa notre destinée. Il fut incapable de soutenir ce lourd fardeau; et opposant une digue sans force réelle au torrent révolutionnaire, il fut entraîné par lui, et alla chez l'étranger suivre son système et faire le roi de France sans y être autorisé. Il osa me braver en face, et travailler contre moi avec une impudence que la maison d'Autriche appuya, dans le but de paralyser les mesures (j'ose dire sages) que je prenais pour étouffer les premières convulsions du mouvement révolutionnaire.

Tel était le baron de Breteuil à son entrée au ministère; mais il ne devint mon ennemi qu'après le procès du collier, parce que, sortant de ma réserve accoutumée, j'avais blâmé le conseil imprudent que, par esprit de vengeance, il avait donné contre le cardinal de Rohan.

La reine décida facilement le roi à accepter M. de Breteuil; il avait été satisfait de sa conduite dans les diverses ambassades qu'il lui avait confiées, et il se figura qu'il se montrerait aussi bon administrateur que bon diplomate. En conséquence M. Amelot fut congédié.

Mais avant cette mutation, et dans le même mois de novembre, M. d'Ormesson avait quitté le contrôle général pour faire place à M. de Calonne. Celui-ci joua encore un rôle plus important que M. de Breteuil, ou du moins son installation au ministère eut de plus funestes conséquences, car ce fut lui qui amena la convocation forcée des états généraux.

M. de Calonne, destiné à seconder toutes les fautes de la puissance royale, joignait à beaucoup d'esprit une élocution brillante et une grande facilité de travail. Homme aux conceptions profondes, il réunissait les qualités les plus opposées : galant auprès des femmes, prudent dans le conseil, habile à créer des ressources, jaloux de plaire à tout le monde, ne refusant jamais, accordant trop, il devint l'idole de la cour, jusqu'au moment où il se fit haïr du peuple.

M. de Calonne était né à Douai en 1734. Il fut d'abord avocat général au conseil provincial d'Artois, puis successivement procureur général au parlement de sa ville natale, maître des requêtes en 1763, procureur général de la commission chargée d'examiner la conduite de M. de La Chalotais, et enfin intendant de Metz et de Lille. Sa réputation s'accroissait à mesure qu'on le mettait en évidence; la reine entendant souvent parler de lui, voulut le connaître; son esprit lui plut; il promettait des prodiges, des recettes immenses obtenues sans difficulté, et c'est par ces plans séduisans, auxquels il savait donner les couleurs de la vérité, qu'il parvint à gagner la reine.

Il arriva donc tout à coup aux finances, au grand dépit de plusieurs, et surtout du maréchal de Castries, qui travaillait sourdement au rappel de Necker. Mais Marie-Antoinette l'emporta avec d'autant plus de facilité que le comte de Vergennes se déclara pour Calonne. Les parlemens virent aussi avec mécontentement la nomination du nouveau contrôleur général, et de leur opposition naquit une grande partie des maux qui nous accablèrent plus tard. Ce fut donc sous ces auspices que M. de Calonne entra au ministère. Je ne lui fus pas opposé d'abord, et ne me détachai de sa cause que lorsque l'évidence m'eut prouvé que son système n'était qu'une spécieuse mais inexécutable chimère.

Au reste, la cour vit bientôt jusqu'où irait la faveur du nouveau contrôleur général, car peu après son installation il fut nommé ministre d'état. Son début fut accueilli avec d'autant plus de faveur qu'il succédait à deux hommes sans talens, et que nous n'avions pas encore perdu le souvenir de l'avare rusticité de Necker. Le duc d'Ayen, auquel tous les bons mots revenaient de droit, dit, en parlant de Calonne :

— Voici enfin un contrôleur général qui saura prendre avec adresse dans la poche de tout le monde, pour remplir la bourse des honnêtes gens.

La nomination de Calonne amena une métamorphose complète au château. Toutes les physionomies s'épanouirent, l'espoir rentra dans tous les cœurs, l'avenir ne se présenta plus que sous les plus riantes couleurs. C'était encore une de ces déceptions cruelles qui devaient nous faire sentir plus amèrement les calamités qui nous étaient réservées.

J'ouvris l'année 1784 en recevant, en vertu de la procuration du roi d'Espagne, le marquis de Crillon chevalier de la Toison-d'Or; le duc de Brancas lui servit de parrain. Le marquis de Crillon, qui prit depuis le titre de duc, avait commandé avec distinction les armées d'Espagne pendant la dernière guerre, et il en méritait la récompense.

Un conseil devait s'assembler à l'Orient pour juger le comte de Grasse. De fortes présomptions s'élevaient contre le marquis de Vaudreuil, chef d'escadre, et qui était soupçonné de ne pas avoir fait son devoir dans l'affaire dont il s'agissait. Sa famille, qui jouissait d'une grande influence, avait tout à craindre des juges impartiaux, et intriguait pour que la convocation de la cour martiale n'eût pas lieu. Le maréchal de Castries, par un sentiment contraire, persistait à vouloir que tous ceux qui étaient sous le poids d'une accusation quelconque s'en déchargeassent publiquement.

Sa résolution déplut donc au comte de Vaudreuil, qui essaya de l'en détourner, et ne pouvant y réussir, il s'exprima avec tant de chaleur et de causticité, dans une audience du mois de janvier, que M. de Castries se plaignit qu'il lui manquait de respect, en sa qualité de ministre du roi et de maréchal de France. M. de Vaudreuil, franchissant alors toutes les bornes de la modération, repartit que personne mieux que lui ne devait se souvenir de son titre de maréchal, puisqu'il était dû à ses bons offices auprès de la reine.

— S'il en était ainsi, monsieur, répondit le ministre, j'y renoncerais sur-le-champ, car je ne me consolerais jamais de l'avoir obtenu par un intermédiaire si peu honorable.

M. de Vaudreuil devait, après cette réponse, se taire ou se perdre; il choisit le premier parti et quitta l'audience, courroucé de ce qu'il appelait l'ingratitude de M. de Castries. Il alla s'en plaindre à Marie-Antoinette et à madame de Polignac. Je ne sais qui a tenu la plume pendant que le baron de Bezenval dictait le portrait de ce gentilhomme; mais il est d'une ressemblance si parfaite, que j'aime à le citer ici :

« M. de Vaudreuil avait un physique fort agréable ; mais jamais homme ne poussa plus loin l'emportement. Au jeu, à la chasse; dans la conversation, la moindre contrariété le mettait hors de lui. Ses fureurs étaient encore moins le produit d'un sang facile à s'enflammer que celui d'un amour-propre sans mesure, qui ne portait guère que sur des futilités de société, ce qui le rendait plus fatigant encore. Toujours véhément, il n'admirait qu'avec enthousiasme et ne blâmait qu'avec chaleur. Peu stable dans ses idées, il renonçait à une opinion avec autant de facilité qu'il l'avait adoptée. Son esprit avait peu de charme, mais il ne manquait pas de justesse lorsqu'il n'était pas dominé par quelque prévention. Un crachement de sang fréquent et une fort mauvaise santé l'avaient rendu hypocondre et vaporeux ; mais au reste tous ces défauts étaient rachetés par d'excellentes qualités. M. de Vaudreuil était constant et zélé en amitié, plein de noblesse, de franchise et de dévouement, et d'une probité si parfaite qu'elle le rendait quelquefois inflexible envers ceux qui en manquaient.»

Tel était l'homme qui remplaçait le duc de Coigny dans l'amitié de la reine, jusqu'à ce que le comte Axel de Fersen, ambassadeur de Suède en France, obtint la première place dans l'affection de Marie-Antoinette, après avoir acquis son estime. Au reste, le dévouement sans bornes de M. Fersen pour la reine, lorsque ses plus fidèles serviteurs avaient disparu, prouva qu'elle ne s'était pas trompée dans son choix.

L'ordre chronologique des événemens m'amène à constater un rapprochement bien extraordinaire. Le duc d'Enghien, âgé à cette époque de douze ans, fut présenté, selon l'usage, au roi et à la famille royale, par son aïeul et son père, le 21 mars 1784 ; et ce fut le 21 mars 1804 qu'il périt, victime d'un horrible assassinat, dans les fossés du château de Vincennes. Au moment où il parut à la cour, jeune, rempli de grace et d'espérance, qui nous eut dit que le *tu Marcellus eris* de Virgile lui était applicable.

Nous perdîmes vers ce temps notre ancien précepteur, M. de Coëtlosquet. Il était complètement en enfance sur la fin de sa carrière, et n'avait jamais eu, il est vrai, une tête très forte.

Tandis que ce bon mais obscur prélat s'éteignait tranquillement, il arriva à Versailles un homme à grande réputation, aussi spirituel que brave, aussi fin que profond, afin le bailli de Suffren, marin de première classe, qui unissait au sang-froid de l'expérience la provençale ou pétulante valeur de la témérité. Il avait couvert de sa renommée les mers de l'Inde, accru la gloire de notre drapeau, remporté des victoires utiles ; bref, c'était un héros au dessus de l'envie, à qui chacun s'empressait de rendre justice, et c'est le plus beau trait de son portrait.

J'avais été pour ma part à même d'apprécier M. de Suffren à mon passage à Toulon ; je signalai au roi son mérite ; S. M. se décida à l'envoyer dans l'Inde. Une correspondance que j'entretins long temps avec lui me le fit connaître davantage. Je jouissais de ses triomphes, comme s'ils eussent été mon ouvrage : aussi je le reçus avec transport lorsqu'en 1784 il vint à Versailles, et le présentai à la comtesse de Provence en le remerciant de ses exploits.

M. de Suffren fut accueilli avec distinction par le roi, qui causa long-temps avec lui ; il passa ensuite dans l'appartement de la reine, dont la réception fut encore plus flatteuse. S. M. le conduisit chez monsieur le dauphin, à qui elle dit en lui présentant l'amiral :

— Mon fils, apprenez de bonne heure à entendre et à prononcer vous-même le nom des héros défenseurs de la patrie. Ce propos était gracieux ; mais celui de mon neveu le duc d'Angoulême le fut encore davantage.

— Monsieur, dit le prince au bailli de Suffren, je lisais dans ce moment même l'histoire des hommes illustres ; mais je quitte mon livre avec plaisir puisque j'en vois un.

La comtesse d'Artois, qui était trop souffrante pour recevoir, fit une exception en faveur de M. de Suffren ; et certes il en était digne.

A part les pensions auxquelles il avait droit, il fut nommé chevalier des ordres, obtint les grandes entrées de la chambre, et l'on créa pour lui une quatrième charge de vice-amiral, avec la clause qu'elle s'éteindrait à sa mort.

Le 27 avril de cette année, Beaumarchais parvint

enfin à faire jouer au Théatre-Français *le Mariage de Figaro*. Jamais pièce ne rencontra plus d'obstacles avant d'être représentée. Si elle en triompha, ce fut par les sollicitations de ceux-là mêmes qui étaient le plus intéressés à la repousser de la scène. Le roi seul eut le bon sens de comprendre la portée de cette spirituelle conspiration contre l'ordre social. Quant à moi, je me montrai sévère envers cette pièce : elle m'avait fort amusé à la lecture qui en fut faite chez moi, et je la pris sous ma protection. On sait quelles tribulations elle causa à Beaumarchais ; on sait à quel prix il acheta son succès. J'assistai à la première représentation, et l'esprit de l'auteur me fit digérer le scandale.

Parmi ceux qui se signalèrent dans leur opposition au *Mariage de Figaro*, je citerai un prélat qui commençait à intriguer fortement pour enlever à l'évêque d'Autun la feuille des bénéfices : c'était M. de Conzié, évêque d'Arras ; il aurait vendu son ame au profit de son corps ; il n'avait que l'esprit de l'intrigue, et se donna tant de mouvement qu'il finit par obtenir quelque importance à la cour. M. de Conzié joua un rôla dans l'émigration ; mon frère l'investit de toute sa confiance. L'évêque d'Arras brouilla tout, tant par son ignorance que par son impétuosité ; et s'il fut bon ecclésiastique, on ne peut du moins le regarder comme un homme d'état et un sage.

Nous eûmes encore une nouvelle visite royale : le roi de Suède, Gustave III, qui revint en France sous le nom du comte du Haga. A son premier voyage, Louis XV, qui était alors sur le trône, lui confia le secret de la tentative audacieuse qui, en 1772, lui rendit la plénitude de sa puissance, que les états de son royaume avaient successivement enlevée à ses ancêtres. Ce prince, aventureux, brave et téméraire, était d'une beauté remarquable. Il courait sur son compte d'étranges bruits; cependant nous le vîmes avec plaisir. La reine, je ne sais pourquoi, s'avisa de le bouder, et le reçut avec froideur. Le malin comte de Haga, qui s'en aperçut, voulut se venger; mais il aurait pu le faire avec plus de galanterie.

Dans un concert que donna la reine, où elle chanta avec la vicomtesse de La Rochelambert qui, à une figure charmante joignait une voix délicieuse, Sa Majesté demanda au comte de Haga s'il avait été satisfait.

— Ah! madame, répondit le prince, comment ne le serait-on pas, quand on entend madame de La Rochelambert!

On dansa ensuite : la reine ne prenant pas part à ce divertissement, le comte de Haga s'approcha d'elle, et avec une bonhomie qui rendait ses paroles plus piquantes, il dit à Marie-Antoinette :

— Votre Majesté aimait-elle la danse dans sa jeunesse ?

— Oui, monsieur le comte, lui répondit la reine; je l'aime même encore aujourd'hui.

Une femme pardonne rarement un mauvais compliment : aussi, un certain jour que le roi de Suède vint sans façon se convier à dîner chez Marie-Antoinette, elle ordonna à madame Campan, qui me l'a rapporté, d'aller s'informer à son maître-d'hôtel s'il avait de quoi recevoir monsieur le comte.

La reine accusait le roi de Suède de ne pas aimer les dames ; c'était un tort dont il avait hérité de ses prédécesseurs, Gustave-Adolphe et Charles XII. On l'accablait à ce sujet de reproches dont il ne faisait que rire. Louis XVI le trouvait fort aimable ; cependant il était gêné en sa présence. C'était le fruit de la double crainte qu'on nous avait inoculée dès notre enfance, celle de faire trop ou de ne pas faire assez. Le désir de conserver la dignité de notre rang, et cependant de paraître affable, nous rendait gauche et embarrassé ; néanmoins j'étais parvenu, grace à mon habitude de tout méditer, à me défaire de cette timidité ridicule, sans renoncer à la majesté qui convient à un prince.

CHAPITRE XX.

Réception de M. de Montesquiou à l'Académie française. — Anecdote du cabinet des bijoux. — Réflexions du roi de Suède sur la noblesse. — Duel et mort de son chambellan. — Insolence du jeune Vestris. — Le prince Henri de Prusse en France. — Le comte de Provence mystifie les Parisiens. — Sabots élastiques. — La harpie. — Succès de cette plaisanterie. — *Panurge dans l'île des Lanternes.* — Le comte cherche à se bien mettre dans l'esprit de la reine. — Elle achète Saint-Cloud. — Marie-Antoinette fait une querelle au comte de Provence. — Comment il la tourne à son avantage. — Ils se raccommodent. — Nomination dans l'ordre de Saint-Lazare. — Emprunt de cent vingt millions. — Le comte de Provence présente un mémoire au roi concerté avec la reine. — Son conseil l'engage à le refuser.

M. de Montesquiou venait d'être reçu à l'Académie française ; le comte de Haga, qui avait assisté à cette cérémonie, soupa chez moi le même jour, avec le nouvel académicien. Il nous raconta avec feu plusieurs particularités de la célèbre journée où il était réellement monté sur le trône de ses pères, en réduisant l'autorité du sénat et des états. Une circonstance puérile fut sur le point de faire échouer l'entreprise, au moment où il sortait de son appartement pour se montrer au peuple. Il passe dans un arrière-cabinet, où il conservait des bijoux de prix, pour prendre une paire de pistolets éprouvés, dont il désirait se munir en cas de besoin. La porte de cette pièce se refermait d'elle-même au moyen d'un ressort, sur la personne qui entrait, de manière qu'on ne pouvait plus l'ouvrir lorsqu'on se trouvait en dedans. C'était un piége de précaution imaginé contre les voleurs. Ce cabinet n'avait d'autre issue que sa porte perfide. Le roi néanmoins, afin d'éviter cet inconvénient pour lui-même, avait fait placer dans l'appartement un cordon de sonnette qui répondait dans sa chambre à coucher.

Il se dirige donc vers le cabinet, et, tout occupé des grands intérêts de la journée, il oublie en entrant de faire jouer la serrure, afin d'empêcher la porte de se refermer sur lui; aussi, à peine le prince en a-t-il quitté le seuil, qu'un bruit subit lui annonce qu'il est pris au trébuchet. Il s'en inquiète peu, cherche à l'aide d'une lumière le cordon de la sonnette, le tire avec force... mais il lui reste dans la main, les ressorts sont brisés.... Qu'on se figure l'étonnement douloureux du roi; il se trouve renfermé dans un lieu écarté où personne ne soupçonnera sa présence, tandis que les troupes et toute la cour l'attendent, et que de son apparition immédiate dépend le succès de la révolution ! Un violent désespoir s'empare de son ame ; une pensée de mort le saisit; il est prêt à l'exécuter... Au même instant des pas se font entendre, une voix l'appelle; c'est celle de son valet de chambre qui, inquiet de ne pas le voir revenir, le cherche partout : le roi de Suède est sauvé... la porte de sa prison lui est ouverte... « J'embrassai, ajouta-t-il, cet homme, à qui je devais plus que la vie, et lui donnai une riche récompense. Si je fusse resté quelque temps de plus, je perdais la partie et restais l'esclave de mes sujets. »

Le roi de Suède frissonnait rien qu'au souvenir du péril qu'il avait couru dans cette occurrence. Cependant un sort plus terrible l'attendait encore; il devait périr de la main d'un lâche meurtrier!... et Louis XVI, le vertueux Louis XVI, plus à plaindre encore, était destiné à courber sa tête sous la main d'un bourreau!... Combien de fois, depuis cette double catastrophe, ne me suis-je pas reporté par la pensée aux jours où l'un et l'autre réunis à Versailles passaient des heures embellies de tous les plaisirs! Néanmoins, dans ces instans d'illusions trompeuses, où l'imagination paisible de Louis XVI ne craignait rien de l'avenir, celle de Gustave III, plus prévoyante, présageait le coup qui le frapperait. Il nous disait souvent :

— La haine de la noblesse est implacable; elle dort maintenant; mais ce n'est que pour être plus terrible à son réveil : je serai sa première victime!

Le comte de Haga éprouva pendant son séjour à Paris un désagrément qu'il ressentit vivement, et dont nous prîmes notre part. Un de ses chambellans, nommé Duperron, qui l'avait suivi en France, y fut tué en duel par le comte de La Marck, après en avoir été accusé de lâcheté. Un combat devint la conséquence de cette accusation, et M. Duperron y trouva la mort. Le roi crut devoir faire des excuses à l'auguste voyageur et lui offrir la destitution de M. de La Marck. Gustave III refusa Louis XVI avec beaucoup de noblesse, en lui disant que les affaires d'honneur devaient se vider entre ceux qu'elles regardaient, et qu'il n'appartenait point aux souverains de s'en mêler.

La reine reçut une mystification bien plus éclatante au sujet du roi de Suède. Le jeune Vestris, célèbre danseur, refusa de paraître sur la scène, à la demande de Marie-Antoinette, un soir qu'elle était au spectacle avec Sa Majesté suédoise, et qu'elle voulait lui donner le plaisir des gambades. Le danseur rebelle, afin de prouver sa mauvaise volonté, ne cessa de faire des pirouettes dans les coulisses; c'était un méfait qui méritait une sévère punition, et il n'attira au coupable que quelques jours de détention à la Force.

Au comte de Haga, qui partit le 1er juillet, succéda le prince Henri, frère du roi de Prusse, qui vint visiter Paris et Versailles, sous le nom de comte d'Oels. Il arriva vers la fin d'août. Ce prince, s'il n'eût été éclipsé par son frère, aurait passé pour un grand homme. Il était de très petite taille, avait de l'esprit, de la science militaire, une bravoure à toute épreuve; mais il donnait un peu trop dans le travers philosophique; aussi fut-il accueilli à bras ouverts par ce parti, qui le porta aux nues. On fit de lui un objet de comparaison avec nous tout à notre désavantage, et nous ne l'en regardâmes pas de meilleur œil pour cela. La cour ne le vit point par conséquent avec plaisir, et nous nous demandâmes quand il plairait au ciel de guérir de la manie des voyages ces monarques et ces princes qui venaient tour à tour nous déranger, tandis que nous les laissions fort tranquilles dans leurs états.

Quant à moi, je n'avais pas besoin d'aller si loin pour trouver des sujets de distraction : il y en eut une que je pris la liberté grande de renouveler plus d'une fois, celle de mystifier la badauderie sans pareille de messieurs les Parisiens; car ils la poussaient à un tel point qu'on pouvait aisément leur faire croire les plus grandes extravagances.

J'en parlais un jour chez moi en nombreuse société, et je prétendis que je ferais croire la chose la plus absurde aux bons habitans de la capitale, sans qu'ils prissent seulement la peine de l'examiner. On me contesta respectueusement cette opinion, car l'amour-propre est encore plus fort que la flatterie; et moi, piqué au jeu, je me promis d'en venir à mon bonheur.

Peu de temps après un horloger de Lyon annonce aux Parisiens, par l'organe du *Journal de Paris*, qu'il traversera la Seine, des Tuileries au quai d'Orsai, à l'aide de sabots élastiques, sans dépasser la surface de l'eau et sans se mouiller les pieds; mais il y mettait pour condition qu'il trouverait sur la plage opposée une somme de cinq cents louis, si je me le rappelle bien. Cette proclamation est à peine connue que chacun s'empresse de souscrire pour voir renouveler le miracle du fils de Dieu. J'affecte d'agir comme les autres, afin de faire tomber plus facilement dans le piége ceux qui devant moi ont juré de ne pas s'y laisser prendre. Chacun se hâte d'apporter qui dix louis, qui vingt ! La reine, le comte d'Artois, tous les habitués du château. Une foule de riches Parisiens s'unissent à ces illustres souscripteurs, et la somme se trouve bientôt au complet.

Cependant on est impatient de voir l'expérience curieuse de M... On s'informe quand elle aura lieu ; on attend ; on demande que le jour soit fixé. Mais l'homme aux miracles reste invisible, il n'existe que dans mon imagination ; et malheureusement, pour satisfaire tout le monde, il n'est pas en mon pouvoir de le faire agir comme je l'ai fait parler. Enfin, au bout d'un certain temps, on soupçonne la mystification, et moi de rire et de me moquer de ceux que j'ai attrapés. Il n'y eut pas moyen de nier qu'on s'était laissé prendre pour dupes ; mais chacun jura du moins, comme un des héros du bon La Fontaine, qu'on ne l'y prendrait plus, tandis que de mon côté je me promettais bien de ne pas m'en tenir à cette petite vengeance.

Quelques mois s'écoulent ; puis le bruit arrive au

château qu'une gravure, accompagnée d'une notice *fort intéressante*, circule dans Paris : elle représente un monstre ; la description ci-jointe la fait connaître ; je la rapporte telle que je la composai :

« Ce monstre a été trouvé au royaume de Santa-
« Fé, au Pérou, dans la province du Chili. C'est
« un animal amphibie fort curieux : il demeurait
« le jour dans le lac de Fagna, situé sur les terres
« de Prospère Weston, et en sortait la nuit pour
« venir dévorer les bestiaux des environs. Sa lon-
« gueur est de onze pieds ; sa face est à peu de
« chose près celle d'un homme ; sa bouche, qui
« est fendue d'une oreille à l'autre, est garnie de
« dents de deux pouces de long ; le front est sur-
« monté de deux cornes de vingt-quatre pouces
« de long, assez semblables à celles d'un taureau ;
« les crinières pendent jusqu'à terre ; les oreilles,
« d'une grandeur démesurée, ont la forme de celles
« d'un âne ; deux ailes de chauve-souris se déploient
« sur le dos ; les cuisses et les jambes ont vingt-
« cinq pouces ; il a deux queues, dont l'une, très
« flexible, lui sert à saisir sa proie, et l'autre,
« qui se termine en flèche, fait l'office d'un dard ;
« tout son corps est couvert d'écailles. Ce monstre
« a été pris dans un piége qu'on lui avait tendu ;
« il fut environné de filets et conduit au vice-roi,
« qui le nourrit quelque temps au moyen d'un
« bœuf et de trois ou quatre cochons par jour,
« dont on dit qu'il est très friand. Le vice-roi a

« fait donner des ordres sur toute la route qu'on
« pourvoie aux besoins de ce monstre surprenant,
« en le faisant voyager par étapes jusqu'au golfe
« d'Honduras, où on l'embarquera pour la Havane;
« de là on le transportera aux Bermudes, puis aux
« Açores, et ensuite à Cadix, d'où on le conduira
« à petites journées à la famille royale. On compte
« prendre également la femelle, afin d'en perpé-
« tuer l'espèce en Europe, qui paraît être de celle
« des harpies, qu'on avait regardé jusqu'ici comme
« un animal fabuleux. »

La platitude de cette relation, son invraisem-
blance, n'étonnèrent point nos badauds, depuis les
dernières classes jusqu'aux plus élevées. Le monstre devint aussitôt une réalité qu'on s'empressa de
reproduire de mille manières. La mode s'en empara;
il y eut des chapeaux et des couleurs à la harpie.
Les ignorans s'en ébahirent, les académiciens pré-
parèrent des dissertations, quelques savans parlè-
rent même d'aller à Cadix examiner de près ce phénomène de la nature, et aucune voix ne s'éleva,
dans le premier moment, pour détromper la multitude, tant chacun était sous le charme de l'illusion.

J'avoue que j'eus peine à cacher ce triomphe qui
surpassa le premier; car, en vérité, la plaisanterie
était par trop grossière pour qu'on s'y laissât prendre. Il y eut des esprits assez mal faits pour s'en
fâcher; mais je ne fis qu'en rire.

A cette époque heureuse d'insouciance, je n'avais rien de mieux à faire qu'à me donner de semblables passe-temps, qu'à rimer des vers, qu'à jeter sur le papier les plans et esquisser les scènes de quelques ouvrages lyriques, que le public applaudissait sous le nom de celui qui consentait à en être le père putatif. Aller de Brunoy au Luxembourg, saisir à la volée quelques résolutions du conseil, voilà quel était l'emploi de mes journées et la mollesse dans laquelle s'écoulait ma vie.

Je cherchais parfois à me bien mettre avec la reine, que ses amis ne cessaient de prévenir contre moi. On amenait les brouilles, et j'étais seul à préparer les raccommodemens; mais ce n'était que le calme qui précède de nouvelles tempêtes. On se servait auprès de Marie-Antoinette, pour l'exciter contre moi, d'un moyen sûr, celui de prétendre que je blâmais ses dépenses et le choix de ses plaisirs.

Nous eûmes à ce sujet une altercation pénible lors de l'acquisition que le roi fit pour elle du château de Saint-Cloud, qui appartenait au duc d'Orléans. Cet achat inutile, puisque la reine avait refusé le grand Trianon, coûta quatorze millions. C'était un peu cher dans les circonstances où, pour faire face aux besoins urgens, on allait emprunter plus de cent millions. Cependant je crus devoir me taire; mais comme il se trouve toujours des méchans qui vous prêtent des discours auxquels on n'a pas songé, on prétendit que j'avais désapprouvé tout haut l'acquisition du roi ; et lorsque j'allai chez Marie-Antoinette, je la trouvai froide et contrainte à mon égard. Voulant connaître la cause du nuage qui s'était tout à coup élevé entre Sa Majesté et moi, je lui demandai si elle était indisposée, sa grossesse autorisant cette question.

— Je devrais l'être, me répondit-elle, d'après les chagrins qu'on ne craint pas de me causer en blâmant tout ce que je fais.

C'était une attaque indirecte ; mais je voulus forcer la reine à s'expliquer plus clairement, afin de pouvoir me justifier si j'étais accusé.

— Si ce reproche s'adresse à moi, madame, répondis-je, il me semble que j'ai le droit d'en demander l'explication ; car ce serait m'attaquer sans me permettre de me défendre.

— Il m'est facile de vous satisfaire, répliqua la reine, et je crois que vous n'êtes pas homme à démentir vos propres paroles. Des personnes dignes de foi m'ont assuré que vous vous étiez plaint que moi et mon entourage dépensions la moitié des revenus de l'état en frivolités.

Je sentis l'avantage que me donnait ma belle-sœur, et me hâtai d'en profiter en disant :

— Dès que Votre Majesté affirme que je me suis exprimé en ces termes, devant *des gens dignes de foi*, je ne puis me permettre de nier le fait; il ne s'agit plus maintenant que de le constater, et c'est à vous, madame, que j'ai recours, pour vous prier de me nommer les personnes qui m'ont entendu parler de la sorte. J'aurais même le droit de l'exiger ; mais je crois Marie-Antoinette encore plus équitable que Thémis, qui cependant ne condamne jamais un homme sans l'entendre.

— Vous les nommer, répliqua la reine avec embarras, je ne le puis, car j'ai promis...

— De protéger leur calomnie?... Cela est impossible. Votre Majesté a trop de droiture pour cela. Or, comme je ne crains pas d'accuser de mensonge ceux qui n'ont pas craint de me noircir dans l'esprit de la reine, je demande à être confronté avec eux, afin de les démasquer plus sûrement.

— Cessez de me presser davantage, répondit Marie-Antoinette en rougissant, je suis liée par une promesse qui me force à me taire.

— Alors, madame, c'est me donner le droit de me plaindre. On cherche à me ravir votre amitié, et vous me refusez les moyens de me défendre lorsqu'on m'accuse. Je me vois donc forcé de déclarer solennellement que je n'ai point tenu le propos qu'on me prête. Je sais trop ce que je dois à Votre Majesté, et ce que je me dois à moi-même, pour m'exprimer avec si peu de retenue. Mes ennemis, qui, au résultat, sont les vôtres, ont intérêt à nous désunir. Ils sont bien coupables ; et je crois pouvoir vous dire, madame, que vous êtes trop facile à les écouter.

J'étais réellement ému en parlant ainsi, et mon indignation était trop légitime pour que je ménageasse mes termes ; la reine le sentit et ne s'en fâcha pas ; mais elle balbutia quelques paroles d'excuses qui ne me satisfirent qu'à demi ; aussi ne voulant point en rester là, j'ajoutai que l'accusation devenait trop grave pour que je la laissasse tomber ainsi ; que je voulais absolument en avoir raison en faisant punir les calomniateurs, et que je la priais de m'excuser si, de ce pas, j'allais épancher ma douleur dans le sein du roi mon frère, auquel peut-être ces mêmes faussetés étaient parvenues. J'avouerai ici que je ne pensais pas le moins du monde à exécuter cette espèce de menace : c'eût été mal servir Marie-Antoinette dans l'esprit de Louis XVI ; mais je tenais à savoir si je n'avais pas été accusé par la reine elle-même auprès de mon frère. Il n'en était encore rien, et Sa Majesté m'assura gracieusement qu'elle serait la première à me justifier, si le hasard avait fait parvenir les mêmes propos aux oreilles du roi ; que, quant à elle, elle avait tout intérêt à me prouver qu'elle croyait avoir été trompée, en punissant de son indignation les personnes qui avaient osé lui en imposer sur mon compte, et qu'elle espérait que la meilleure intelligence règnerait désormais entre nous. Je m'inclinai alors pour baiser sa main ; mais s'y opposant, la reine m'embrassa elle-même avec beaucoup de grace.

Cette réconciliation dura plus d'une année ; j'espérais même qu'elle avait mis fin à jamais à toutes nos querelles ; mais au commencement de 1786 d'autres intrigues vinrent, à mon grand regret, détruire ce bon accord. Cependant Marie-Antoinette devait d'autant plus se rattacher à notre famille, que la France était sur le point de se brouiller avec l'empereur son frère, relativement à la navigation de l'Escaut, et qu'étant accusée injustement par le public de se montrer plutôt sœur qu'épouse, il lui devenait nécessaire d'être bien avec un prince de la famille dont l'influence commençait à se faire sentir.

On commença l'année 1785 par un emprunt de cent vingt-cinq millions. C'était en anticipant sur l'avenir que M. de Calonne prétendait subvenir aux dépenses du présent. Tout le château trouva ce moyen admirable ; mais le reste du royaume le vit sous un jour moins avantageux. Le roi ne l'approuvait qu'à demi ; mais chacun autour de lui le vantait, et force lui fut de l'admettre. Il est vrai que tout le monde eut sa part de cet emprunt ; on le partagea en bons frères : c'était un autre temps qu'aujourd'hui.

Tandis que je vivais en bonne intelligence avec la reine, j'en profitai pour tenter une démarche dont nous étions convenus ensemble, et qui pouvait avoir d'heureux résultats. L'ascendant que M. de Vergennes prenait sur le roi augmentait de jour en jour. Nous étions menacés d'avoir dans le conseil un autre Maurepas, plus jeune, plus habile, et qui mènerait tout à sa guise. Si j'entrais dans le conseil, je balancerais son influence et empêcherais qu'elle ne nous accablât entièrement. Je dressai en conséquence un mémoire, dont le public n'eut qu'une connaissance imparfaite, ce qui fit qu'on en dénatura les termes et le but, et je suis bien aise de le dire en passant, afin de réfuter les pamphlets de l'époque.

Ce mémoire proposait simplement au roi, dans les phrases les plus claires, de me donner entrée au conseil, afin que je pusse y discuter ses intérêts, qui étaient les miens, contre ceux qui faisaient de la cause publique une cause personnelle. J'y faisais entendre que mes études me rendaient propre à figurer avec avantage parmi les conseillers de Sa Majesté, et que la reine m'y verrait avec plaisir.

J'avais supplié le roi de garder ce mémoire pour lui seul; mais il se hâta, au contraire, de le communiquer à ses deux oracles, MM. de Vergennes et de Breteuil. Ces messieurs, effrayés, s'efforcèrent d'amener le monarque à me faire un refus formel. Ils lui représentèrent l'embarras où je mettrais le conseil, la règle que Louis XV s'était faite de ne jamais y appeler aucun des princes du sang. Je serais, dirent-ils, le représentant du parti jésuitique; car, dès cette époque, lorsqu'on voulait nuire à quelqu'un, on prétendait qu'il était l'agent des fils d'Ignace Loyola, et certes je ne me comptais point au nombre de leurs amis. Bref, on circonvint si bien le roi, qu'il me répondit par un refus, appuyé sur de grandes raisons d'état, qui ne m'en firent pas mieux supporter l'amertume. Je continuai donc à vivre dans mon rôle négatif.

CHAPITRE XXI.

Naissance du duc de Normandie. — Présage funeste. — Causerie avec M. de Montesquiou. — Citation. — Le roi au *Te Deum*. — Mort du duc de Choiseul. — La reine doit aller à Notre-Dame. — Elle veut y mener le dauphin. — Position pénible de Madame. — Le comte de Provence la conseille. — L'étiquette mise en jeu. — Querelle entre les deux belles-sœurs. — Madame l'emporte. — Joie triomphale. — La reine est encore mal reçue à Paris. — Effet de sa mauvaise humeur. — Comment le comte de Provence se conduit. — Le tonnerre à Rambouillet. — Comment le comte de Provence est instruit à l'avance de l'intrigue du collier. — Le joaillier Bœhmer. — La descendance de Valois. — Suite de l'affaire. — Le cardinal de Rohan et le baron de Breteuil.

La reine accoucha fort heureusement le 27 mars 1785, à sept heures moins cinq minutes du soir, d'un prince nommé Louis-Charles, et qui prit le titre de duc de Normandie. Ce fut mon infortuné neveu, qui régna dans les fers sous le nom de Louis XVII, auquel je succédai dans l'exil. La Providence le destinait à recevoir dans le ciel la couronne du martyre, pour prix de ses précoces infortunes ; il les supporta avec autant d'héroïsme que de résignation. Dès sa naissance, il annonça une santé vigoureuse, qui lui présageait une longue vie; mais les bourreaux de Louis XVI et de Marie-Antoinette avaient décidé que cette jeune fleur serait moissonnée avant le temps.

La naissance de ce prince fut accompagnée d'une particularité qu'on remarqua peu, et dont je me suis toujours souvenu. Il y avait au chevet du lit de parade de la reine une couronne fermée qui faisait partie des ornemens; elle se détacha tout à coup à l'instant où Vermont prononça les paroles d'usage, *la reine va accoucher*, et alla se briser en roulant près de la couche où était Marie-Antoinette.

Frappé de cet incident, j'en parlai à Montesquiou, qui se piquait d'expliquer les songes, et il me répondit :

— Le nouveau-né sera roi, mais pour peu de temps.

— Ensuite?

— Ensuite, monseigneur, il ne laissera pas de postérité.

— Eh bien ?

— Monseigneur, vous savez quel est celui que la loi salique appelle à lui succéder.

— Vous êtes un fou, monsieur l'astrologue.

— Soit; mais personne n'a droit de se plaindre, car je donne mes prédictions pour rien. Convenez cependant, monseigneur, que si celle-ci se réalise, il me sera permis de la faire payer un bon prix.

Je me mis à rire pour toute réponse. Au résultat, je rapporte ce fait, non comme digne de foi, mais il doit du moins sembler bizarre. Les esprits les plus forts attachent souvent de l'importance aux choses qui en méritent le moins, tant l'homme a de penchant à la superstition. Lucrèce a bien dépeint cette faiblesse humaine en disant :

> ... *Veluti pueri trepidant, atque omnia cœcis*
> *In tenebris metuunt, sic non in luce timemus,*
> *Interdum nihilo quæ sunt metuenda magis, quàm*
> *Quæ pueri in tenebris pavitant fugruntque futura.*

« Semblables aux enfans à qui tout fait peur dans l'obs-
« curité, nous appréhendons en plein jour des choses qui
« ne sont pas plus à craindre que celles qui excitent la
« frayeur de ces esprits faibles. »

Le baptême de mon auguste neveu eut lieu le jour même de sa naissance. Je le tins sur les fonts baptismaux, avec madame Élisabeth, qui représentait la reine de Naples, sœur de l'accouchée. Après la cérémonie, M. de Vergennes apporta au duc de Normandie le cordon du Saint-Esprit, que les enfans des rois ont seuls le droit de porter dès leur naissance.

Louis XVI se rendit à Notre-Dame de Paris, le 1er avril, pour assister au *Te Deum* d'usage. J'étais dans son carrosse avec le comte d'Artois, le duc de Chartres, le prince de Condé et le duc de Bourbon. Les princes de Conti et de Penthièvre allèrent directement à l'église. Nous fûmes reçus par le peuple avec enthousiasme : le roi, qu'on aimait généralement, était toujours bien accueilli lorsqu'il venait seul. Nous revînmes à Versailles très fatigués, mais fort satisfaits.

Le 9 mai suivant mourut le duc de Choiseul; il succomba au chagrin dévorant que lui faisait éprouver sa disgrace. Il eut à ses derniers momens les mêmes consolations qui avaient accompagné son exil : une foule nombreuse, composée des personnages les plus illustres de la cour, environna son lit de mort; il put se croire aimé de tout le monde, et sa vanité expirante y trouva sans doute un soulagement.

La reine témoigna un vif intérêt à M. de Choiseul : pendant sa maladie, elle envoyait chaque jour savoir de ses nouvelles. Ces démonstrations ne coûtent rien. Le duc laissa treize ou quatorze millions de dettes; c'était une valeur au dessus de tous ses biens. Il légua donc à sa veuve le soin de les acquitter sur sa fortune particulière, car elle était plus riche et moins noble que lui. Je remarquai dans le testament du défunt une disposition bizarre, celle de faire planter sur sa tombe un cyprès mâle.

Il y eut à ses obsèques un concours nombreux de personnes de la cour, parmi lesquelles on remarqua même celles qui l'ayant craint pendant sa vie croyaient devoir faire encore quelque chose pour apaiser son ombre. J'ai entendu des gens prétendre que, si le duc de Choiseul s'était trouvé à la tête des affaires en 1789, la révolution n'aurait pas eu lieu. Hélas! je doute qu'il eût arrêté ce torrent dévastateur, auquel la main d'un homme ordinaire ne pouvait opposer qu'une digue impuissante.

Le 24 mai la reine devait aller en grande cérémonie à Paris, pour ses relevailles. Lorsque le roi ne paraissait pas dans ces sortes de cérémonies, la comtesse de Provence occupait, par son rang, la droite de Sa Majesté dans le carrosse d'apparat. Mais une fantaisie de la reine faillit renverser l'usage établi, ce qui ne pouvait se faire qu'au détriment de Madame. Marie-Antoinette désirait être accompagnée du dauphin, et, dans ce cas, le prince étant placé avec sa gouvernante et sa mère dans le fond du carrosse, la comtesse de Provence se trouvait forcée de s'asseoir sur le devant. Elle ne pouvait y consentir sans compromettre sa dignité, et là dessus Madame n'entendait pas raison.

Dès que la comtesse de Provence eut connaissance de ce projet, elle vint me le communiquer toute en larmes.

— Ah! me dit-elle, à quelle humiliation nous allons être exposés, vous et moi! La reine veut me mettre en second après la princesse de Polignac; jamais je n'y pourrai consentir.

Je fis expliquer la princesse plus clairement, et je convins qu'en effet nous nous trouvions dans une position fort délicate. Contrarier la reine dans ce moment eût été rompre la trêve qui existait entre nous ; d'un autre côté, j'avais à ménager le juste sentiment de notre dignité; et, après avoir bien réfléchi et examiné le cas, je me décidai à rester neutre, confiant à Madame le soin de défendre son droit, qui du reste ne pouvait être remis en meilleures mains.

J'ai intérêt, dis-je à la comtesse, à ne pas me brouiller avec la reine. Vous pouvez au contraire lutter contre elle, sans autre risque que celui de vous fâcher et de vous raccommoder ensuite ; agissez donc hardiment, je ne vous désapprouverai en rien : seulement je me tiendrai à l'écart.

Ma femme avait trop de sens et d'esprit pour ne pas entrer dans mes idées. Elle se décida à défendre sa cause sans mon intervention, et fit d'abord venir le marquis de Brézé, grand-maître des cérémonies, pour le consulter sur l'étiquette prescrite dans ces sortes d'occasions. M. de Brézé répliqua qu'il n'était point reçu que la reine se fît accompagner de monseigneur le dauphin, et qu'agir ainsi serait une innovation à l'étiquette, que le roi, dans sa profonde sagesse, désavouerait lorsqu'on lui en aurait fait sentir l'inconvénient.

Madame, forte de cet éclaircissement donné par l'homme qui, sur ce point, ne pouvait se trouver en défaut, se rendit auprès de Marie-Antoinette et lui fit comprendre qu'elle ne pouvait, sans déroger à son rang, condescendre à ses désirs. La reine qui, pendant tout son règne, n'avait jamais bien senti l'importance du cérémonial, manifesta le chagrin que cet obstacle lui causait; elle se fâcha presque, et, dans son dépit, se plaignit qu'on voulait la tyranniser.

— S'il y a ici de la tyrannie, madame, répondit la comtesse de Provence, ce n'est point de mon côté qu'elle se trouve. Je croyais qu'il était permis à un sujet de défendre ses droits devant son souverain; mon intention n'était donc pas de déplaire à Votre Majesté, et, pour le lui prouver, je consens à occuper la troisième place si monsieur le dauphin vient seul avec nous.

Madame, en faisant cette offre, ne craignait pas d'être prise au mot; elle savait trop bien que madame de Polignac ne renoncerait jamais à son privilége d'accompagner partout le dauphin, concession, d'ailleurs à laquelle l'étiquette se serait encore opposée. Cette proposition était donc une adresse de sa part, afin de faire croire du moins à sa bonne volonté.

La reine, se voyant battue, réfléchit un moment, puis répondit :

— Eh bien! madame, usez de vos droits, j'y consens; venez seule avec moi, puisqu'on veut priver une mère du bonheur de montrer son fils au peuple. Vous ne connaissez pas toute l'amertume de cette privation !

Bien que la comtesse de Provence comprît la malice que renfermaient ces paroles, elle ne chercha point à les relever. Satisfaite d'avoir remporté le point principal et sauvé l'honneur de notre maison, elle revint me trouver triomphante, et m'embrassa les larmes aux yeux en me disant :

— Du moins, pour cette fois, on ne nous humiliera pas !

Je la félicitai sur la manière dont elle s'était tirée d'un pas aussi difficile, et j'eus même peine à contenir ma joie en présence de nos intimes.

Le cérémonie eut lieu ; elle fut encore plus froide que celles qui l'avaient précédée. Tout enthousiasme pour la reine semblait être éteint dans le cœur du peuple. Marie-Antoinette aurait dû le sentir et travailler à regagner ce qu'elle avait perdu. Jamais maxime ne put être mieux appliquée que celle-ci dans cette circonstance :

Le silence du peuple est la leçon des rois.

La reine, de retour aux Tuileries, se renferma chez elle pour cacher son mécontentement. Elle dîna en tête-à-tête avec madame Élisabeth, sans inviter Madame ni la comtesse d'Artois, ainsi que l'usage le prescrivait. Mais ce qui acheva de tout brouiller, fut le souper que donna le comte d'Artois le même jour, auquel il ne convia ni sa femme ni la mienne.

Tous ces détails, rapportés à Versailles, y causèrent une grande surprise, et même une sorte de scandale. La politique n'est pas moins nécessaire à la cour dans les petites choses que dans les grandes.

Je pus me féliciter en cette occasion de m'être conduit avec une habileté qui me rendit entièrement étranger à la querelle. Madame, blessée au vif, ne put garder autant de modération ; elle se plaignit hautement, s'adressa même au roi, qui lui fit des excuses pour la reine, en cherchant à pallier son procédé inconvenant. Hélas ! le moment approchait où Madame ne devait que trop être vengée ! Mais avant de rapporter l'affaire du collier dans tous ses détails, je dois mentionner un événement qui arriva sur une de mes dépendances, et dont on tira même un assez triste présage.

Le 2 août le tonnerre tomba à Rambouillet, sur mes écuries ; il fit un ravage considérable, blessa ou tua plusieurs chevaux, et mit le feu à divers endroits. On vint en grande hâte m'apprendre ce désastre ; je partis sur-le-champ pour en vérifier les effets, qui me parurent singuliers. Cet événement donna matière à de grandes conjectures ; on voulut y voir un avertissement céleste ; mais s'il était réel, il ne se réalisa du moins que quelques années plus tard.

Avant d'en venir à un fait qui me sera pénible à raconter, je vais achever de mentionner ce qui se passa dans ce mois. Le 31, le roi et la reine tinrent sur les fonts de baptême le duc d'Angoulême ; je remplis le même devoir à l'égard du duc de Berry, au nom du roi d'Espagne ; la comtesse de Provence, qui le partagea, représenta la reine de Sardaigne, sa mère. Le premier de ces jeunes princes fut nommé Louis-Antoine, et le second Charles-Ferdinand. L'évêque de Senlis, M. de Roquelaure, premier aumônier du roi, remplaça le cardinal de Rohan, alors à la Bastille, où il expiait des torts que je vais enfin rapporter dans toute leur étendue.

On avait encore cherché à me brouiller avec la reine; une explication s'en était suivie, mais elle avait mal tourné. Je me livrais seul dans mon cabinet à ma mauvaise humeur, maudissant les gens qui se faisaient un malin plaisir de mettre la division dans la famille, lorsque j'entendis frapper doucement à la porte.

Mon premier mouvement fut d'envoyer promener l'importun qui venait déranger mes méditations; mais pensant qu'il s'agissait peut-être de quelque message important, je laissai échapper, quoique à regret, le mot *entrez!*

C'était Montesquiou. Il essuya la bourrasque en homme qui ne la craint guère; puis, sans chercher à se justifier d'avoir troublé ma solitude, il s'efforça de dissiper le nuage qui couvrait mon front, et je m'aperçus que lui-même affectait une gaîté qu'il ne ressentait pas. Ma curiosité se trouvant excitée, je lui demandai s'il avait quelque nouvelle à m'apprendre.

— Oui, monseigneur, me répondit-il; j'en sais une qui fera même quelque bruit: le fameux collier de diamans, que l'on avait trouvé trop cher pour le roi de France, vient d'être volé à Boehmer.

— Male peste ! dis-je, voilà une belle équipée ! Nomme-t-on les voleurs ?

— On les nomme, monseigneur ; le cardinal de Rohan et la reine sont accusés du larcin.

— Miséricorde ! m'écriai-je, avez-vous perdu le sens ?

— Ah ! monseigneur, s'il ne s'agissait que de faire le sacrifice de ma raison pour empêcher ce funeste scandale, je consentirais sur-le-champ à être enfermé avec les fous.

— Au nom du ciel, expliquez-vous ! D'où peut sortir cette infâme calomnie ?

— Je l'ignore ; mais tout ce que je puis dire à Votre Altesse Royale, c'est que Boehmer affirme avoir vendu le collier au cardinal pour le compte de la reine ; qu'il m'a montré le marché revêtu, ou à peu près, de la signature de Sa Majesté ; que la reine ignore cette intrigue ; et qu'en définitif le collier a disparu.

J'écoutais Montesquiou sans le comprendre. J'étais si ému, que je fus obligé de m'asseoir ; puis je lui ordonnai d'être plus intelligible, et de me raconter tout ce qu'il savait de cette triste histoire ; il m'en fit le récit en ces termes :

« Ce matin, Boehmer est venu chez moi pour
« me prier de lui accorder un entretien particulier.
« Son agitation m'a surpris ; j'ai fait défendre ma
« porte, et lui ai demandé ce qui l'amenait. Il m'a
« dit alors que lui et Bassange, son associé, pos-

« sédaient en commun une parure de diamans de
« dix-huit cent mille livres ; qu'ils l'avaient vaine-
« ment proposée à divers souverains ; que le roi de
« France n'en avait pas voulu, et que la reine,
« sollicitée d'en faire l'acquisition, avait répondu
« avec noblesse qu'elle préférait voir un vaisseau
« de plus dans la marine qu'un autre collier dans
« son écrin. Les joailliers, n'espérant plus rien de
« ce côté, se retirèrent, persuadés que le bijou pré-
« cieux ne sortirait plus de leurs mains. Mais une
« proposition qu'on leur adressa presque tout de
« suite après ranima leur espoir.

« Une comtesse de La Motte, issue par bâtar-
« dise de Henri II, et très liée avec le cardinal de
« Rohan, leur proposa de vendre le collier à ce
« dernier, qui était chargé de l'acheter pour le
« compte de la reine, cette princesse désirant sans
« doute, dit madame de La Motte, cacher pendant
« quelque temps cet achat. Les joailliers, ravis de
« placer un objet de ce prix, virent le cardinal,
« traitèrent de la somme, qui fut réduite à seize cent
« mille livres, et acceptèrent en paiement divers
« billets à trois mois de date l'un de l'autre, signés
« par le cardinal, sous la condition que Sa Majesté
« ratifierait elle-même le traité.

« La chose a eu lieu ainsi, le collier a été livré
« en retour d'un écrit de Sa Majesté, portant pour
« seing : *Marie-Antoinette de France.* »

— Mais, m'écriai-je, en interrompant Montesquiou, ce n'est point la signature de la reine; elle écrit ses prénoms et rien de plus.

— C'est aussi, monseigneur, la réflexion que j'ai faite et qui m'a convaincu qu'il existe là dessous un infâme complot que je ne puis m'expliquer; je vois seulement qu'on a profané le nom de la reine. Dans quel but? je l'ignore. Quel est le coupable? je ne puis encore le désigner.

— Nous chercherons plus tard à le découvrir ; mais poursuivez votre récit.

— Voilà le fait, monseigneur : Boehmer prétend ne pas avoir été payé, la reine n'a point vu le collier, et le joaillier outré veut faire une esclandre. Il est venu me trouver pour me prier de lui obtenir une audience de Votre Altesse Royale.

— C'est précisément ce que je ne lui accorderai pas. Dieu me préserve de voir mon nom mêlé dans cette intrigue!

— C'est aussi, monseigneur, ce que j'ai dit à Boehmer ; je me suis même refusé à vous en parler. J'ai d'abord allégué votre dignité, qui vous défendait de prendre part à cette affaire, et cent autres motifs.

— Vous avez bien fait. *Je suis content de toi, Couci.*

Puis prenant un ton plus analogue à la circonstance, je demandai à Montesquiou ce que prétendaient faire les joailliers.

— Ils veulent s'adresser au baron de Breteuil, me répondit-il.

— Je conseille alors au cardinal de faire bonne contenance, car le baron a contre lui une vieille rancune qui pourrait bien éclater en cette occasion. Mais où est le collier?

— Le grand-aumônier dit qu'il est entre les mains de la reine, qui, de son côté, nie l'avoir reçu.

— Alors le cardinal en impose, ou la parure a été dérobée en route.

— M. de Rohan affirme avoir vu un valet de Marie-Antoinette venir le chercher; et, s'il faut tout dire à Votre Altesse, il prétend même qu'il a eu des entrevues nocturnes avec Sa Majesté, et il montre plusieurs billets de cette princesse, écrits dans les termes les plus affectueux. Les joailliers les ont eus en mains.

Je ne pus retenir une exclamation de surprise. La reine détestait le grand-aumônier; elle ne parlait de lui qu'avec mépris, et elle lui aurait écrit et donné des rendez-vous clandestins! Je me perdais dans ce dédale obscur; j'entrevoyais une horrible intrigue qui me faisait frémir, craignant qu'elle ne portât atteinte à la dignité de la couronne.

Le cardinal de Rohan était un homme dévoré d'ambition, bavard, menteur, prodigue, orgueilleux, sans vertu aucune, sans talent, un vrai Rohan enfin, et digne de sa race.

Le baron de Breteuil, son ennemi déclaré, avait plus d'adresse et de science; ce plus n'était pas grande chose, mais assez cependant pour mériter des égards; il était opiniâtre, vindicatif, adversaire redoutable. La reine lui accordait sa confiance, le roi en faisait cas; il devint plus tard leur unique conseiller, la cheville ouvrière de la résistance que l'on voulut opposer à la révolution. Mais c'était lancer un nain contre des géans; le baron fut terrassé avant de combattre, et la prise de la Bastille lui donna le coup mortel. M. de Breteuil, lorsqu'il s'abandonnait à la fougue de son caractère, ne connaissait plus que la passion qui le dominait. Dans cette occurrence sa haine pour le cardinal de Rohan ne lui montra que le triomphe de la vengeance, et c'est ce motif seul qui le fit conseiller au roi et à la reine de donner à l'affaire en question la fatale tournure qu'elle prit.

La comtesse de La Motte descendait des Valois. Mais elle n'en faisait pas moins bon marché de sa personne et de sa dignité, imitant en cela son mari qui ne valait guère mieux qu'elle. Jolie au demeurant, leste, éveillée, ayant de l'esprit, et une imagination fertile en expédiens, elle enlança si bien dans ses rets le grand-aumônier, qu'elle lui fit commettre une faute grave, et peut-être à son insu. Au résultat, je ne puis rien affirmer sur les particularités de ce complot ourdi dans les ténèbres, et que l'on n'est jamais parvenu à dévoiler dans tout son jour. Le parlement, qui n'y fut point étranger, voulut faire passer pour dupe le cardinal, afin de flétrir la reine; et de la représenter comme poursuivant qui ne l'avait point offensée; mais je puis du moins attester que Marie-Antoinette, indignement compromise dans cette trame odieuse, était pure de tout blâme ; je ne voudrais même pas insister davantage sur ce point, par respect pour elle et pour moi.

Néanmoins les ennemis de la reine intriguèrent contre elle en faveur d'un homme qu'on méprisait; ils ne craignirent pas de calomnier une femme qui méritait l'estime à tous égards, pour soutenir celui qui déshonorait sa profession par tous les vices. Je sens à ce seul souvenir mon indignation se réveiller. L'injustice faite à Marie-Antoinette vient encore, après tant d'années, s'offrir à moi avec tout son affreux cortége, tant il est vrai qu'il est certaines impressions sur lesquelles le temps ne peut rien.

Je m'entretins encore long-temps avec Montesquiou de ce fait étrange. J'en prévoyais toutes les conséquences sans en découvrir le remède. Irais-je trouver la reine? Mais la querelle de la matinée me faisait craindre que cette démarche ne fût prise en mauvaise part ; enfin, après avoir pesé toutes les considérations pour ou contre, je me décidai à rester tranquille chez moi et à voir venir les choses.

Quelques jours s'écoulèrent ; les joailliers parurent devant Marie-Antoinette. L'abbé de Vermont, qui était présent, prit la parole pour S. M.; et après s'être fait expliquer toutes les particularités de l'affaire, il exigea, au nom de la reine, puisqu'on prétendait qu'il existait une ratification du traité signé de sa main, qu'une copie en fût remise : ce qui eut lieu. Le faux était patent; et jusque-là on ne pouvait en accuser que le cardinal. La princesse, malgré sa juste colère et son désir d'éclaircir cette œuvre ténébreuse, hésita sur le parti qu'elle devait adopter ; et une idée funeste l'engagea, ainsi que l'abbé de Vermont, à faire venir le baron de Breteuil.

Celui-ci, ayant écouté le récit que lui fit l'abbé, comprit tout l'avantage qu'il pourrait en retirer contre son ennemi, pour lequel il se montra toujours implacable. Il excita S. M. à ne point ménager le cardinal ; mais il est nécessaire, ajouta-t-il, avant d'agir, que je prenne des mesures propres à mettre le coupable dans l'impossibilité de nier son crime.

Pendant ce temps j'étais en proie à une vive inquiétude ; je me reprochais mon inaction, et, d'une autre part, je frémissais de la responsabilité que j'attirerais sur moi en me mêlant de cette affaire dans le cas où elle tournerait mal. J'aurais voulu avertir le roi, calmer la reine, désintéresser les joailliers ; et tandis que je flottais indécis, les événemens suivaient leur cours naturel. Le grand-aumônier, se laissant guider par la comtesse de La Motte-Valois et le fourbe Cagliostro, multipliait les preuves de sa crédulité, sinon de sa friponnerie. Je tais tout ce qui a été si souvent répété, et je ne m'attache qu'à faire connaître les scènes ignorées de ce drame célèbre.

CHAPITRE XXII.

Entretien de la reine et de Monsieur. — Sages conseils repoussés. — M. de Vergennes. — Ce que le comte de Provence lui dit. — M. le garde-des-sceaux. — Conseil chez le roi. — Le cardinal de Rohan devant la reine. — On se décide à l'arrêter. — Ce qu'il fait. — L'abbé Georgel. — Le cardinal à la Bastille.

Nous étions dans le mois d'août 1785, et nous approchions par conséquent du dénouement. Mon inquiétude redoublait ; je savais que la reine se reposait sur le baron de Breteuil pour démêler cette intrigue, et je prévoyais déjà tout ce qu'un pareil choix avait de dangereux. Il y avait des instans où je voulais m'adresser à un membre de la famille de Rohan, afin de prévenir le cardinal sur la conduite qu'il devait tenir ; mais auquel me confier ? Le prince de Soubise, qui en était le chef, consacrait au vice les dernières années de sa vie ; le prince de Guémené suivait ce bon exemple. J'étais loin de me douter, la veille de la catastrophe, que le lendemain chacun tiendrait à honneur de passer dans le parti des Rohan.

Le 15 août, à sept heures du matin, Cléry, premier valet de chambre de duc de Normandie, vint me dire, de la part du roi, que S. M. me priait de lui apporter moi-même le travail qu'il m'avait remis huit jours auparavant, afin d'en conférer ensemble. N'ayant nulle connaissance de ce travail, je compris que Louis XVI souhaitait me parler sans donner l'éveil à la curiosité. Comme j'étais entouré de mes gens, je feignis d'avoir affaire dans mon cabinet, et Cléry, devinant mon intention, me suivit jusqu'à la porte, puis il me dit à la hâte et à voix basse :

— Non pas le roi, mais la reine.

Ma surprise augmenta : que me voulait Marie-Antoinette, à une heure presque indue pour elle ? Mais quelques réflexions sur la position de la reine eurent bientôt mis fin à mes conjectures, en me faisant deviner ce dont il s'agissait. En entrant chez S. M., je trouvai aux aguets une femme de confiance de ma belle-sœur, madame Campan, fine mouche, qui ne laissait rien passer, tout en ayant l'air de ne rien savoir, bien que la reine lui dît tout. Aussi chacun la craignait, chacun croyait devoir compter avec elle. Moi-même je lui donnais à l'occasion mon tribut d'approbation ; et comme elle conservait encore quelques restes de beauté, j'allais même quelquefois jusqu'aux agaceries, d'autant plus sûr de moi-même, que je savais être peu avant dans ses bonnes graces.

En voyant madame Campan, je lui demandai

si elle était chargée d'être mon introductrice ; et sur sa réponse affirmative, je la suivis à travers plusieurs couloirs obscurs et escaliers dérobés qui nous conduisirent enfin dans la chambre de Marie-Antoinette. S. M. n'était pas encore levée ; elle avait le visage enflammé, les yeux rouges, et je crus remarquer les traces de quelques larmes sur ses joues. Elle m'accueillit néanmoins avec un sourire de bienveillance, que j'appréciai d'autant mieux que j'y étais peu accoutumé. Après les complimens d'usage, la reine me fit asseoir près de son lit, et me dit de l'accent le plus doux :

— Quels que soient les intérêts qui nous divisent, mon frère, et à mon grand regret je vous jure, je sais que l'honneur de la famille vous est cher, et que vous ne balancerez jamais à prendre sa défense : apprenez donc qu'il est dans cet instant compromis de la manière la plus injurieuse, et que nous devons, sans tarder, travailler à le rétablir dans tout son éclat. C'est pour un fait aussi grave que j'ai désiré vous parler.

Ce début m'atterra. Je compris sur-le-champ sur quel terrain glissant on voulait m'amener. Je répondis brièvement à ma belle-sœur que j'étais étranger aux divisions que des gens malintentionnés cherchaient à semer entre nous : mon seul désir étant de la servir, je souhaitais choisir un instant plus opportun que celui-ci pour traiter à fond le sujet important qu'elle voulait bien me communiquer ; qu'au surplus, j'étais à ses ordres en tous les temps, et que je la remerciais de m'avoir jugé, dans cette circonstance, tel que j'étais réellement.

La manière simple et franche dont je m'exprimai parut toucher la reine. Elle me tendit la main avec cette grace qui lui était naturelle. Je la baisai respectueusement, et j'attendis en silence la confidence qu'elle allait me faire.

Marie-Antoinette sembla s'y résoudre avec peine; ses traits s'altérèrent. Je la vis rougir et pâlir tour à tour ; puis elle se décida enfin à parler. Je l'écoutai avec un calme qui la surprit et l'irrita; ses yeux me le dirent ; et lorsqu'elle eut achevé son récit, je lui expliquai la cause de mon sang-froid.

— Vous êtes sans doute étonnée, madame, lui dis-je, de ne me voir donner aucun signe d'indignation ; mais j'ai eu le temps de maîtriser celle que je ressens, car vous ne m'apprenez rien dont je ne fusse parfaitement instruit à l'avance.

— Quoi ! vous saviez tout, et vous ne m'en avez rien dit?

— J'aurais craint d'être indiscret.

— C'était mal me juger ; je suis toujours reconnaissante de l'intérêt qu'on me témoigne, et j'aurais été bien aise d'ailleurs d'avoir votre avis plus tôt. Mais de qui tenez-vous ce secret? Je me flattais de n'avoir que des amis sûrs, et je.... elle s'arrêta.

— Aucun de vos amis, madame, n'a trahi la confiance auguste de Votre Majesté. J'ai été mis dans la confidence par un des intéressés à l'affaire.

J'expliquai alors à Marie-Antoinette ce que j'ai dit plus haut.

— Je suis charmée, reprit la reine, de n'avoir à accuser personne d'indiscrétion ; et maintenant que cette inquiétude est dissipée, dites-moi ce que vous pensez de cette malheureuse affaire, et de quelle manière je dois agir.

— Je l'ignore moi-même, madame ; d'ailleurs mon opinion peut différer de la vôtre, et puisque votre résolution est déjà prise....

— N'importe, mon frère, parlez sans crainte, et surtout avec franchise ; oubliez dans ce moment la reine pour ne voir dans la reine qu'une sœur.

Je savais d'avance que mon avis ne serait suivi qu'autant qu'il se rapporterait à celui des alentours de la reine, qui avaient déjà disposé leurs batteries de manière à ce que rien ne pût y être changé. Mais n'écoutant que mon devoir, je ne balançai point à parler avec cette sincérité à laquelle on venait de faire un appel si sincère.

— Puisque vous l'exigez, madame, répondis-je, je vais vous parler à cœur ouvert, et je vous engage, de mon côté, à ne voir dans mon langage que celui d'un frère qui fait de votre cause la sienne propre. Je ne vous cacherai donc pas que cette trame odieuse est enveloppée d'un mystère qui m'effraie, non que je ne sache que Votre Majesté est au dessus de tout soupçon ; mais il est toujours dangereux pour des personnes de notre rang de se trouver mêlées dans des débats où leur nom ne devrait jamais être prononcé ; car alors l'opinion publique, qui a ses caprices et sa tyrannie, se montre dans toute sa rigueur. Mon avis est donc que, loin de donner des suites à cette affaire, il faut chercher à l'étouffer. Mander le cardinal en votre présence ; le convaincre que, s'il n'est pas coupable, on a du moins abusé de sa crédulité ; lui témoigner votre indignation, en lui promettant de lui faire prêter sur le trésor royal la somme nécessaire au paiement du collier, qui sera retenue sur les appointemens de son abbaye de Saint-Wast; exiger qu'il donne sa démission de grand-aumônier avant de quitter Votre Majesté ; et enfin lui faire promettre de se retirer indéfiniment à Strasbourg, s'il ne veut encourir tout le poids de votre juste colère. Il est urgent surtout que tout ceci reste dans le plus profond secret ; on s'assurera ensuite de la dame La Motte de Valois, qui, selon toute apparence, a extorqué le collier ; on la contraindra du moins à dire ce qu'elle en a fait, et de cette manière le public n'aura qu'une connaissance imparfaite de l'intrigue, et la majesté du trône ne sera point compromise.

— Y songez-vous, mon frère ! me répondit la reine, d'un ton qui me prouva que mon conseil n'était pas de son goût : puis-je laisser impuni l'outrage du cardinal, et, par cet excès d'indulgence, fournir contre moi de nouvelles armes à la calomnie ? Elle me poursuit avec trop d'acharnement pour ne pas avancer, si c'est moi qui recule ; car, ne l'espérez pas, il n'est point de secret que les méchans ne sachent découvrir lorsqu'il peut servir à leur vengeance.

— Je regrette de déplaire à Votre Majesté ; mais dussé-je, madame, encourir votre colère, je ne puis que vous répéter qu'il est des cas où l'on gagne plus à se taire qu'à parler.

— Jamais ! répondit Marie-Antoinette avec véhémence. La reine de France doit sortir pure de l'infâme accusation dont on ose flétrir son nom. Elle ne doit pas craindre d'exposer sa conduite au grand jour, de confier son innocence à l'équité d'un juge. Oui, mon frère, le coupable comparaîtra devant le parlement ; c'est lui qui jugera cette cause, et la France entière rendra justice à celle qu'on a injustement accusée.

— Ne craignez-vous pas, ma sœur, que le sacré collége s'oppose à ce qu'un de ses membres soit soumis à la juridiction des parlemens ? Le corps des évêques se déclarera probablement aussi en sa faveur, et voilà des obstacles sérieux. Vous savez ce que peut l'intrigue ; les Rohan sont puissans ; la magistrature saisira cette occasion d'accroître son importance ; et si elle acquitte le cardinal.....

— L'acquitter! s'écria la reine, l'acquitter !... c'est impossible ! il ne peut immoler l'innocent au coupable, lors même qu'il oublierait les bienfaits qu'il a reçus de Marie-Antoinette.

— Je le désire, madame ; mais avant d'agir, je vous conseille de consulter des hommes dont la sagesse et l'expérience puissent vous guider dans cette circonstance difficile.

— C'est aussi mon intention. Ce matin même les ministres doivent s'assembler chez le roi ; je leur soumettrai le fait, et je m'en rapporterai à leur décision. Je désirerais, mon frère, que vous vinssiez à ce conseil ; mais je crains que votre avis ne diffère complètement de celui de ces messieurs.

— Cependant, madame, si vous jugez ma présence nécessaire dans cette assemblée, vous pouvez disposer de ma personne.

— Je vous remercie de vos bonnes intentions, répondit la reine avec embarras ; mais décidément je crois que cela est inutile : ces messieurs n'oseraient plus se prononcer après vous, et il vaut mieux leur laisser liberté entière, dans mes propres intérêts.

Je me levai, terminant ainsi cette longue conversation, qui ne me rapprocha qu'imparfaitement de la reine. Cependant elle rendit justice plus tard au conseil que je lui avais donné.

Je venais de rentrer, lorsqu'on m'annonça M. de Vergennes, qui venait me rendre réponse au sujet d'une personne que je lui avais recommandée. Je ne pus m'empêcher de lui dire quelques mots de l'affaire en question : il me parut l'ignorer entièrement, et je le crus sincère, car j'avais en lui toute la confiance que méritaient ses vertus. Après avoir achevé mon récit, je reconnus avec plaisir que son opinion était conforme à la mienne, et je le priai d'user de son crédit pour la faire adopter dans le conseil, dont il devait faire partie. Il me le promit, et ce fut de lui que j'appris tout ce qui s'y était passé et ce que je vais rapporter ici.

Le conseil convoqué par la reine fut composé du roi, de Marie-Antoinette, comme partie plaignante; de M. de Miromesnil, garde-des-sceaux, magistrat le matin et comédien le soir, disant blanc ou noir, selon que ses intérêts l'exigeaient, et désirant se mettre dans les bonnes graces de la reine afin d'obtenir la chancellerie, qu'il briguait alors; de M. de Vergennes, ministre des affaires étrangères, et du baron de Breteuil, ministre de la maison du roi. Ce fut ce dernier qui fit le rapport de toute l'affaire. Il chargea cruellement le grand-aumônier; puis mit sous les yeux du roi et de ses collègues le mémoire des joailliers, l'acte prétendu signé par la reine, et une déclaration du banquier Saint-James, portant que cette pièce lui avait été montrée comme originale.

La reine prit ensuite la parole. Elle parla avec autant d'énergie que de sensibilité, nia avoir donné l'autorisation d'acheter le collier, et demanda que le coupable reçut un châtiment proportionné à son crime; ajoutant que, comme mère et reine de France, on lui devait une réparation éclatante de l'outrage qu'elle avait reçu ; qu'elle l'implorait du roi, et qu'à son refus elle s'adresserait au parlement et à toutes les cours souveraines du royaume.

L'éloquence touchante de Marie-Antoinette entraîna non seulement le garde-des-sceaux, mais encore M. de Vergennes, qui émit ma proposition sans chaleur, et même sans conviction intime, tant il avait été subjugué par les argumens de sa souveraine. Les ministres, interpellés pour donner leur avis, déclarèrent unanimement qu'il fallait procéder sans retard à l'arrestation du cardinal de Rohan, de la dame La Motte de Valois et de tous ceux qui avaient trempé dans cette escroquerie.

Le baron de Breteuil, enchanté d'être autorisé à fondre sur son ennemi, dit que le grand-aumônier attendait dans une pièce voisine que le roi allât à la messe, et qu'on pouvait donner ordre de le saisir sur-le-champ.

M. de Vergennes répondit qu'il serait convenable, avant d'en venir aux voies de rigueur, de prévenir le cardinal de ce dont on l'accusait, et que peut-être il donnerait une explication satisfaisante.

— Quelle explication peut-il donner ? s'écria la reine. Le fait est patent ; il existe un faux, et le collier a été volé.

Le roi penchait toujours pour les moyens de douceur : celui qui fut proposé par M. de Vergennes lui parut sage, et il le dit au conseil. Le garde-des-sceaux se rangea de l'avis de Sa Majesté, en ajoutant toutefois qu'il était urgent de ne point retarder l'explication, qui pouvait avoir lieu à l'instant même, puisque le cardinal de Rohan était à proximité du conseil.

Marie-Antoinette, se tournant alors vers M. de Breteuil, lui ordonna de faire appeler le grand-aumônier.

C'était le jour de l'assomption. Plusieurs évêques, quelques aumôniers, et une foule nombreuse de seigneurs et de curieux remplissaient l'œil-de-bœuf, où le cardinal de Rohan se pavanait dans toute sa magnificence; revêtu de ses habits pontificaux. Il ne s'attendait donc guère au coup de foudre qui allait le frapper. En entrant chez le roi, il commença à craindre pour sa personne, lorsqu'il eut jeté les yeux sur l'assemblée; mais son incertitude dura peu. Louis XVI, prenant les mémoires des joailliers et du banquier, ainsi que le traité de l'achat, les lui présenta en disant :

— Monsieur le cardinal, on porte contre vous d'étranges accusations : en voici les preuves. Lisez et répondez sur-le-champ.

Le prince de Rohan n'eut besoin que de jeter un coup-d'œil sur les papiers pour apprécier sa position. Il fut atterré, car il manquait de présence d'esprit et de fermeté. Un nuage passa devant ses yeux; ses idées s'obscurcirent; il divagua, et osa dire qu'il avait acquis le collier par ordre de la reine.

— Par mon ordre! s'écria la princesse, qui ne put maîtriser son indignation. Aurez-vous l'audace de soutenir cette imposture devant votre souveraine ? oserez-vous répéter en face les mensonges dont vous l'avez noircie en arrière ? Parlez. Ai-je eu aucune communication particulière avec vous ? vous ai-je donné un seul ordre relativement à cette odieuse affaire ?

— Je n'ai agi, madame, que d'après les vôtres, répondit le cardinal.

— Vous oubliez, monsieur, reprit Marie-Antoinette avec dignité ; tandis que tout son corps tremblait de colère, vous oubliez que la reine de France ne vous accordait pas assez d'estime pour vous charger d'aucune négociation particulière, bien que celle-ci vous eût peut-être convenu mieux que toute autre. Je ne m'abaisserai donc point davantage à écouter un langage indigne de mes oreilles, et il ne vous est demandé qu'une chose, c'est de fournir la preuve de ce que vous avancez.

— Je l'ai en main, madame, dans un billet écrit et signé par vous, d'après lequel vous m'autorisez à acheter le collier en votre nom.

On somma le cardinal de montrer le billet. Il prétendit l'avoir dans son portefeuille, et je ne me rappelle pas bien s'il le présenta réellement. Il est certain toutefois que la reine le foudroya par ses répliques. Son embarras augmentait de plus en plus, ses paroles devenaient incohérentes ; enfin le roi en eut pitié, et lui enjoignit d'entrer dans un cabinet voisin pour se remettre de son émotion, et écrire ce qu'il jugerait propre à le justifier. Le cardinal profita de la proposition de Sa Majesté ; et, sans trop savoir ce qu'il faisait, il écrivit quelques phrases sans suite, revint auprès du roi, auquel il donna le papier contenant, dit-il, sa déposition, car il ne se regardait encore que comme témoin dans l'affaire.

On avait agité pendant son absence ce que l'on ferait de lui, et il fut décidé à l'unanimité qu'on l'arrêterait sur-le-champ. Le prince de Rohan, par une insolence déplacée, acheva de gâter sa cause. Il voulut donner à entendre que la reine le traitait mieux en particulier qu'en public; et Marie-Antoinette, outrée d'un tel excès d'audace, ne garda plus de mesure, et demanda vengeance au roi d'un tel affront. Louis XVI, ayant peine aussi à contenir son courroux, dit au cardinal, d'un ton foudroyant :

— Sortez, monsieur !

Le prince obéit et s'éloigna en chancelant comme un homme ivre. Le roi fit mander le duc de Villeroi, capitaine des gardes alors en service, et le prévint que, n'ayant pas le temps de faire dresser une lettre de cachet, il donnait devant lui au baron de Breteuil, ministre de sa maison, l'ordre de procéder à l'arrestation du grand-aumônier, et qu'il lui enjoignait de prêter main-forte, à l'aide de ses gardes, au commandement émané de sa volonté suprême.

Le duc, surpris d'un tel ordre, sentit néanmoins qu'il fallait s'y conformer. Il suivit donc le baron de Breteuil pour autoriser de sa présence l'acte qui allait avoir lieu. Le cardinal, dans ce moment, arpentait la grande galerie, livré à ses réflexions : il aurait voulu en être bien loin, si les devoirs de sa charge ne l'eussent retenu. Son visage exprimant une émotion pénible, l'archevêque de Toulouse, qui faisait partie de la foule, vint à lui pour lui demander s'il souffrait.

— Non, répondit le grand-aumônier, je suis impatient de voir venir le roi, car une affaire importante m'appelle à Paris dès que je serai libre.

Une minute après sortirent de la chambre du monarque le capitaine des gardes et M. de Breteuil. Ce dernier, s'adressant à M. de Jouffroy, sous-lieutenant de la compagnie du duc, lui ordonna de la part de Sa Majesté d'arrêter le cardinal de Rohan. Ces paroles, qui furent entendues de l'assemblée, produisirent un coup de théâtre où la frayeur et la curiosité jouèrent le premier rôle.

Le cardinal, je dois lui rendre cette justice, recouvra dans ce moment tout son sang-froid. En suivant l'officier des gardes, il se baissa sous prétexte de rajuster sa jarretière, et dans son bonnet rouge écrivit quelques mots au crayon à l'abbé Georgel, son grand-vicaire ; puis déchirant avec prestesse le feuillet des tablettes dont il s'était servi, il continua sa marche, et, en rentrant dans son appartement, remit le billet à l'un de ses domestiques, rangés, selon l'usage, en double haie sur son passage.

Le domestique était un rusé valet, qui comprit, à l'action de son maître, et aux gardes dont il était accompagné, qu'il n'y avait pas un instant à perdre. Il courut donc à l'écurie, sella un cheval à la hâte, et partit au grand galop pour Paris. Il trouva l'abbé Georgel au palais cardinal. L'abbé Georgel, après avoir lu le billet du grand-aumônier, brûla ou fit disparaître un certain portefeuille rouge renfermant toutes les lettres supposées de la reine : ces pièces de conviction ne furent donc pas produites au procès. Peu de temps après que le cardinal eut expédié ce courrier, M. d'Agoult, sous-aide-major des gardes, le conduisit à Paris, avec l'ordre exprès de surveiller sa personne. M. de Breteuil et M. de Crosnes arrivèrent à quatre heures chez le prince ; ils mirent le scellé sur ses papiers, et à minuit le cardinal fut transféré à la Bastille.

L'abbé Georgel, ex-jésuite, était né pour l'intrigue. Hardi et prudent tout à la fois, fort attaché au prince de Rohan, il avait toutes les qualités requises pour démêler ou conduire le complot le plus compliqué. Du reste, inhabile politique, déloyal, faux, astucieux, il ne démentit pas son infâme caractère pendant cette fatale affaire, dans laquelle il calomnia l'infortunée Marie-Antoinette avec une scélératesse digne de lui.

Dès que l'audience fut terminée, le roi écrivit au prince de Soubise, pour lui apprendre ce que la nécessité l'avait forcé de faire contre un membre de sa famille. Voici ce billet, dont j'ai conservé la copie, et qui prouve l'excessive bonté du roi.

« Mon cousin,

« Je viens, à mon grand regret, de donner
« l'ordre d'arrêter le cardinal de Rohan pour un
« fait qui le concerne seul, et qui est étranger à
« ma personne et à l'état. Votre neveu est sous
« le poids d'une accusation grave, qui pèsera sur
« lui tant qu'il ne sera pas justifié d'une manière
« satisfaisante. Je vous écris pour vous annoncer
« ce fâcheux événement, et vous témoigner le
« chagrin que j'en éprouve. Soyez certain que je
« n'emploierai ma puissance qu'à faire rendre
« prompte justice à qui de droit, etc., etc. »

Les Rohan ne surent aucun gré à Louis XVI de cette attention délicate.

FIN DU TOME SECOND.

TABLE DES MATIÈRES

CONTENUES

DANS LE TOME SECOND.

Pages

Chap. Ier. — Tableaux de famille. — La princesse Clotilde est demandée solennellement en mariage. — Embarras de l'ambassadeur. — Le comte de Provence représente le prince de Piémont. — Cérémonie du mariage. — Épigramme. — Le *Connétable de Bourbon*, tragédie. — Le comte de Guibert. — Le comte de Provence va en Savoie. — Le poète Ducis. — Chambéry. — Le roi de Sardaigne. — La reine sa femme. — Le prince de Piémont. — Le reste de la famille. — Scène dans la loge royale pendant la représentation de *Roméo et Juliette*. — Adieux à la royale famille. — Rentrée à Versailles.   1

Chap. II. — On se dispute la surintendance de la maison de la reine. — On voudrait en charger la comtesse d'Artois. — Le comte de Provence éclaire son frère sur ce piége. — La brigue continue entre les duchesses de Chartres et de Bourbon. — Propos de la reine. — Les courtisans se font des droits des faveurs des princes. — La maréchale de Mouchy donne sa démission. — La princesse de Chimay. — Maladresse de madame de Lamballe. — Elle lasse la reine. — Les princes du sang disputent au duc d'Angoulême l'*Altesse Royale*. — Acquisition de Runay. — Détails sur la cour. — Le comte d'Artois trop lié avec le duc de Chartres. — Mort du maréchal de Muy. — Intrigues pour le remplacer. — Le comte de Saint-Germain. — Discussion avec la reine au sujet du *Connétable de Bourbon*. — Couplets infâmes contre Sa Majesté.   14

Chap. III. — Conversation avec M. de Maurepas sur les couplets criminels. — M. de Sartines fait des révélations tardives. — La reine est moins bien reçue par le peuple. — Elle s'en plaint au roi. — Cabale contre les trois ministres, Saint-Germain, Malesherbes et Turgot. — M. de Clugny. — Mot du chevalier de Coigny. — Détails d'intérieur du château. — Causerie avec M. de Montbarrey. — Le prince de Saint-Mauris son fils. — Commencement de la faveur de madame de Polignac. — La maison de son mari. — Anecdote d'une première nuit de noces. — Portrait de la comtesse Jules de Polignac. . . .   27

Chap. IV. — La comtesse de Provence et la comtesse d'Artois. — Le comte de Polignac, premier écuyer. — Mauvaise humeur de la famille de Noailles. — La faveur continue dans la maison de Polignac. — L'abbé Legay veut enseigner au roi le moyen d'avoir des enfans. — Fête à Brunoy. — Méchancetés contre la reine. — Le roi serrurier. — Conversation à ce sujet. — La reine s'occupe du cérémonial. — Lettre que lui écrit l'empereur son frère. — Il vient à Versailles. — Détails sur son séjour à la cour. — Malice du comte de Provence. — Conduite de l'empereur envers la famille royale.   43

Chap. V. — Voyage dans le Midi. — Orléans et la Pucelle. — Blois et le duc de Guise. — Tours. — Le comte de Provence se fait recevoir chanoine de Saint-Martin. — Bordeaux. — La route. — Toulouse. — Sorèze. — Deux élèves. — Carcassonne. — Une femme d'esprit. — Montpellier et la robe de Rabelais. — Marseille. — Toulon. — Lyon. — Mâcon et Châlons. — Rentrée au gîte. — Necker aux finances. — Son portrait. — Sa femme et sa fille. — M. de Clugny. — L'archevêque de Toulouse. . . 57

Chap. VI. — Cromot-Dubourg, surintendant des finances du comte de Provence. — Ses manies. — Son fils Fongy. — MM. de Saint-Germain et de Maurepas. — Le matou de la comtesse. — On veut renvoyer M. de Saint-Germain. — Conversation du roi et du Mentor sur le prince de Montbarrey. — Celui-ci est nommé ministre de la guerre. — Grossesse de la reine. — Dilapidation des finances. — Fête de la Saint-Louis à Trianon. — Mauvaise humeur du roi. — Querelle dans le ménage. — On y mêle le comte de Provence. — Comment il s'en tire. — Le petit Trianon. — Madame de Canillac. — Mort du cardinal de la Roche-Aymon. — Les Rohan, le comte de Maurepas, la reine, l'abbé Georgel. — Intrigues et révélations à la grande-aumônerie. 71

Chap. VII. — Conversation du roi avec madame de Marsan. — Sa Majesté veut charger le comte de Provence de parler à la reine relativement à la grande-aumônerie. — Il refuse. — On l'y force. — Colère de la reine. — Propos du roi. — Suite de cette affaire. — Les Montesquiou deviennent les aînés des princes à la couronne. — Causerie à ce sujet. — Mot piquant du comte de Maurepas. — Épigramme. — Mort du marquis de Pezay. — Son oraison funèbre. — La généalogie et le jeu de l'oie. — Le peintre Doyen. — Le comte de Chabrillant. — L'ambassadeur de Maroc. — Son discours. — Réponse du roi. . . 86

Chap. VIII. — Le page Dubourget. — Scène chez le roi. — Le comte d'Artois au bal de l'Opéra. — Esclandre. — Colère de la famille de Condé. — Le comte de Provence donne un conseil inspiré par l'honneur.

— L'étiquette parfois est une sottise. — La comtesse de Provence et sa sœur. — Le prince de Condé chez le comte de Provence. — Billet du roi. — Attitude chevaleresque du comte d'Artois. — Conversation avec lui. — Le comte de Maurepas et le comte de Provence dans le cabinet de Louis XVI. — Audience accordée au prince de Condé. — Ce qui s'y passe. — Comment elle se termine. — La clef de la cassette. — A quoi on songe dans un moment important. 102

Chap. IX. — Le comte de Maurepas propose un accommodement impossible. — Le public est pour la duchesse de Bourbon. — Rapport fâcheux du lieutenant de police. — Le duc de Chartres. — Le chevalier de Crussol et le baron de Bezenval. — Séance solennelle de réconciliation qui manque son but. — M. de Bezenval communique au comte d'Artois l'opinion des Parisiens. — Il en cause avec MM. de Crussol, de Vaudreuil et de Polignac. — Duel du comte d'Artois et du duc de Bourbon. — Réception faite à la Comédie française aux différens membres de la famille royale. — Voltaire à Paris. — C'est le comte de Provence qui lui obtient la permission d'y venir. — Il va le voir incognito. — Costume de l'auteur. — Conversation. — Voltaire propre frère de Richelieu. 117

Chap. X. — Réflexions politiques sur la guerre d'Amérique. — Exposé rapide des causes et des événemens de la révolution des États-Unis. — Portrait de Franklin. — Le roi de France traite avec les insurgens. — Prévision du comte de Provence. — Deux ministres. — Maison de madame Élisabeth. — Deux calottes rouges. — Stupéfaction du comte de Provence, à l'aspect de trois femmes de ministres soupant chez la reine. — Combat de *la Belle-Boule*. — Mort de J.-J. Rousseau. — Première grossesse de la reine. — On triche au jeu de Marly. — Le bourreau en *polisson* au jeu de Marly. — Le marquis de Tavannes, le prince de Saint-Maurice et l'habit rose. — Espiéglerie de Louis XVI. — Le duc de Chartres marin. 133

Chap. XI. — Détails du premier accouchement de la reine. — C'est une fille. — Madame Royale. — Le comte de Provence se justifie. — Citation historique à propos. — Pari sur un fait de mémoire. — Le comte de Provence l'applique à sa nièce. — On lui en fait un crime. — Nouveaux statuts des ordres de Saint-Lazare. — Nominations dans ces ordres. — Les Grammont et les Polignac intriguent, pour une charge de garde-du-corps, contre les Durfort. — Conversation de madame-Tartufe. — Le roi donne définitivement le Luxembourg au comte de Provence. — Relevailles de la reine. — Le peuple muet. — Mauvaise humeur d'une grande princesse. — Scène faite à un souper *d'amis*. — Comment la comtesse de Provence le termine. — Plaisirs d'hiver. — L'Espagne déclare la guerre à l'Angleterre. . . . 148

Chap. XII. — La reine a la rougeole. — Visite qu'elle fait à madame de Polignac. — Propos du prince de Poix. — Impopularité du comte d'Artois. — Fanfaronnade du duc de Lauzun. — Malice des courtisans sur les Mouchy. — On s'amuse trop. — Le roi se fâche. — Consigne qu'il donne. — La reine y est prise. — M. de Maurepas mis en jeu. — Lettre du roi à madame de Duras. — Fête de Saint-Cloud. — Citation faite à regret. — Inoculation de madame Élisabeth. — Duel du prince de Condé et de M. d'Agoult. — M. de Noé, évêque de Lescars. — D'Avaray. — Le comte de Provence se sépare de M. de Laval. — Mutation dans sa maison. — Le comte d'Estaing à Versailles. — Son opinion sur la marine. — Détails sur lui-même. — Mariage du maréchal duc de Richelieu. 163

Chap. XIII. — M. Necker intrigue. — Il attaque le comte d'Artois et le comte de Provence, et tous les grands officiers de la couronne. — Louis XVI et madame de Brienne. — Persiflage du Mentor. — Le cocher de M. de Brancas. — Un ministre et un gentilhomme. — Cause de la chute du prince de Montbarrey. — Le comte de Maurepas porte M. de Puységur au ministère de la guerre. — Mort tragique du chat de la comtesse de Maurepas. — Conséquence de cet événement. — Le comte de Provence se moque de M. Necker. — Le roi lui parle de ce ministre. — Réponse du prince. — Soirées chez madame de Polignac. — La reine joue la comédie. — La comtesse de Balby. — Colère de la duchesse de Lespare. — Nomination dans la maison du comte de Provence. — Naissance de Jules de Polignac. . . 179

Chap. XIV. — Mort de l'impératrice Marie-Thérèse. — Joseph II. — Renvoi du prince de Montbarrey. — Deux syllabes semblables dans deux noms donnent un portefeuille. — Comédie de société à Trianon. — Petitesse du duc de Fronsac. — La comtesse d'Artois. — Démêlé entre la comtesse de Provence et la reine. — Mot du comte d'Artois. — Détails d'intérieur. — Quels spectateurs on invite. — Séparation du duc et de la duchesse de Bourbon. — Suite de cette affaire. — Le comte d'Artois travaille contre M. Necker. — Le comte de Provence cause avec le roi. 196

Chap. XV. — Compte rendu de Necker. — Tempête qu'il soulève. — Ses partisans à la cour. — Hommes et femmes. — Indécision de la reine. — Ses paroles ur le *conte bleu*. — Necker veut des choses impossibles. — Plaisanterie que sa vanité inspire au comte de Provence. — Elle augmente ses ennemis. — Détails des derniers jours de son premier ministère. — La reine le reçoit bien. — Le comte de Maurepas le persifle. — Necker part. — Comment il exhale sa colère. — Joie des courtisans. — Douleur du peuple. — M. Joly de Fleury contrôleur général des finances. — Le duc de Chartres et le public. — Le marquis d'Argenson aubergiste et maître de poste. — Mesdames de Lordat et d'Ossun. — Naissance du dauphin. — Le baron de Breteuil quitte l'ambassade de Vienne. — Le comte de Grasse. — On calomnie son neveu. — Paroles dures que le roi adresse à celui-ci. 210

CHAP. XVI. — Détails nouveaux sur la naissance du dauphin. — Joie du roi. — Son entretien avec le comte de Provence. — La reine et la princesse de Guémené. — Lettre mystérieuse. — Ce qu'elle contenait. — Singulière réflexion qu'elle inspire au comte de Provence. — Comment elle disparait. — Le roi à Paris. — Ce qu'il dit au comte d'Artois. — Funeste présage. — Madame Poitrine, nourrice du dauphin. — Mot profond du comte d'Artois au duc d'Angoulême. — Le Mentor tombe en enfance. — Regrets du roi. — Funérailles du comte de Maurepas. — Position de la reine. — Comment le roi était trompé. — Le comte de Vergennes aspire à remplacer le défunt. — Madame Victoire parle pour M. de Machault. — Madame Adélaïde soutient le cardinal de Bernis. — Le comte de Provence empêche le roi de l'accepter. 225.

CHAP. XVII. — Intrigues de l'abbé de Vermont. — La reine ne veut pas appuyer l'archevêque de Toulouse. — Elle prend toute l'influence. — Mort de madame Sophie. — Malice du comte de Provence. — L'archevêque de Toulouse est créé seul chevalier des ordres du roi. — Madame de Genlis gouverneur des enfans du duc de Chartres. — Le grand-duc Paul à Paris. — Retour de Joseph II. — Le comte d'Artois va au siége de Gibraltar avec le duc de Bourbon. — Mort de la duchesse Phalaris. — Détails de famille. — Le comte Louis de Narbonne. — Le prince et la princesse de Guémené. — Leur banqueroute. — Comment le marquis de Montesquiou l'annonce au comte de Provence. — Suite de cette affaire. — Le prince et la princesse de Guémené perdent leurs charges. — Intrigues pour les obtenir. — Mesdames de Maillé, de Chimay et de Duras. — La reine se fâche avec madame de Polignac. — Elle lui écrit. — La pauvre famille, qu'elle est à plaindre ! 241

CHAP. XVIII. — Madame de Polignac prête serment. — Le chanteur Garat. — Le comte de Provence se querelle avec la reine. — Paix conclue avec l'Angleterre. — Conditions du traité. — Réflexions. — Le comte d'Adhémar. — Pari fait avec M. de Montesquiou. — Disgrace de M. Joly de Fleury. — Conversation du roi et de la reine. — M. d'Ormesson contrôleur général. — Ce qu'il dit au roi. — Réponse de Sa Majesté. — Brouille entre le comte de Vergennes et le garde-des-sceaux. — D'Ormesson se déclare pour ce dernier. — On le renvoie. — Détails d'intérieur. — Maréchaux de France. — Mesmer, Mongolfier, Cagliostro. — Le comte de Provence fait une tournée en Lorraine. — Paix générale en Europe. — Équipée de madame de Polignac. — Elle lui réussit. — Le roi paie les dettes des princes. — Nomination dans l'ordre de Saint-Lazare. . . 254

CHAP. XIX. — Disgrace de M. Amelot. — Le baron de Breteuil. — Il plait à Louis XVI et à la reine. — M. de Calonne aux finances. — Son portrait. — Situation du ministère renouvelé en partie. — Mot du duc d'Ayen. — Joie au château. — Ordre de la Toison-d'Or donné à Crillon. — Querelle entre MM. de Castries et de Vaudreuil. — Portrait de ce dernier par le baron de Bezenval. — Présentation du duc d'Enghien, et rapprochement singulier. — Mort de M. de Coëtlosquet. — Le Bailli de Suffren. — Comment il est reçu à Versailles. — Ce que lui dit le duc d'Angoulême. — Première représentation du *Mariage de Figaro*. — M. de Conzié, évêque d'Arras. — Le roi de Suède à Versailles. — Il déplaît à la reine. — Embarras de la famille royale quand elle se montrait en public. 266

Chap. XX. — Réception de M. de Montesquiou à l'Académie française. — Anecdote du cabinet des bijoux. — Réflexions du roi de Suède sur la noblesse. — Duel et mort de son chambellan. — Insolence du jeune Vestris. — Le prince Henri de Prusse en France. — Le comte de Provence mystifie les Parisiens. — Sabots élastiques. — La harpie. — Succès de cette plaisanterie. — *Panurge dans l'île des Lanternes*. — Le comte cherche à se bien mettre dans l'esprit de la reine. — Elle achète Saint-Cloud. — Marie-Antoinette fait une querelle au comte de Provence. — Comment il la tourne à son avantage. — Ils se raccommodent. — Nomination dans l'ordre de Saint-Lazare. — Emprunt de cent vingt millions. — Le comte de Provence présente un mémoire au roi concerté avec la reine. — Son conseil l'engage à le refuser. 278

Chap. XXI. Naissance du duc de Normandie. — Présage funeste. — Causerie avec M. de Montesquiou. — Citation. — Le roi au *Te Deum*. — Mort du duc de Choiseul. — La reine doit aller à Notre-Dame. — Elle veut y mener le dauphin. — Position pénible de Madame. — Le comte de Provence la conseille. — L'étiquette mise en jeu. — Querelle entre les deux belles-sœurs. — Madame l'emporte. — Joie triomphale. — La reine est encore mal reçue à Paris. — Effet de sa mauvaise humeur. — Comment le comte de Provence se conduit. — Le tonnerre à Rambouillet. — Comment le comte de Provence est instruit à l'avance de l'intrigue du collier. — Le joaillier Bœhmer. — La descendance de Valois. — Suite de l'affaire. — Le cardinal de Rohan et le baron de Breteuil. 292

CHAP. XXII. — Entretien de la reine et de Monsieur. — Sages conseils repoussés. — M. de Vergennes. — Ce que le comte de Provence lui dit. — M. le garde-des-sceaux. — Conseil chez le roi. — Le cardinal de Rohan devant la reine. — On se décide à l'arrêter. — Ce qu'il fait. — L'abbé Georgel. — Le cardinal à la Bastille. 309

FIN DE LA TABLE DU TOME SECOND.

www.ingramcontent.com/pod-product-compliance
Lightning Source LLC
Chambersburg PA
CBHW060639170426
43199CB00012B/1606